互联网+

电力营销服务产品运营

Product operation

国网浙江省电力有限公司　编著

中国电力出版社
CHINA ELECTRIC POWER PRESS

内 容 提 要

本书结合目前“互联网+”时代的新常态及供电企业在互联网产品运营过程中存在的普遍问题，分析总结了国网浙江省电力有限公司在“互联网+”电力营销互联网产品运营方面的创新与实践。本书分为五章，第一章介绍互联网运营的基本概念、工作内容；第二章介绍渠道运营、产品运营、活动运营、内容运营、数据运营五大运营职能工种相关的基础理论体系和单点突破技法；第三章介绍运营活动实施的整个流程及相关操作要点；第四章介绍运营效能评估的概念、方法、实施步骤；第五章介绍国家电网各电子渠道的运营协同机制及相关运营案例解析。

本书可供供电企业及相关行业互联网产品运营岗位人员、社会培训班学员等阅读学习。

图书在版编目（CIP）数据

互联网+电力营销服务产品运营 / 国网浙江省电力有限公司编著. —北京：中国电力出版社，2020.10（2023.12重印）

ISBN 978-7-5198-4892-7

Ⅰ. ①互… Ⅱ. ①国… Ⅲ. ①互联网络—应用—电力工业—市场营销学 Ⅳ. ① F407.615-39

中国版本图书馆 CIP 数据核字（2020）第 156028 号

出版发行：中国电力出版社
地　　址：北京市东城区北京站西街 19 号（邮政编码 100005）
网　　址：http://www.cepp.sgcc.com.cn
责任编辑：穆智勇（zhiyong-mu@sgcc.com.cn） 柳　璐
责任校对：黄　蓓　王海南
装帧设计：张俊霞
责任印制：石　雷

印　　刷：三河市航远印刷有限公司
版　　次：2020 年 10 月第一版
印　　次：2023 年 12 月北京第二次印刷
开　　本：787 毫米 ×1092 毫米　16 开本
印　　张：12
字　　数：222 千字
印　　数：1501—2000 册
定　　价：60.00 元

编委会

前言

随着人民美好生活需要的日益增长，广大群众对电力供应的依赖性越来越强，对便捷用电和智慧生活体验的要求越来越高。供电企业需要从保障和改善民生这一根本任务出发，持续提升服务便捷性，提供可靠、便捷、高效、智慧的新型供电服务，给广大人民群众带来更强的幸福感。

移动互联网快速发展带来的消费革命，给民众生活带来巨大便利的同时也改变着用户的消费习惯和服务需求，而客户行为习惯的变化也给电力企业带来了新挑战与新机遇。随着用户行为向移动端迁徙，渠道电子化、业务线上化、服务产品化已经成为趋势，因此未来客户服务和客户运营是决定客户选择的关键，而运营也是市场竞争、营销发展的制胜法宝和新动能所在。

在建设“具有中国特色国际领先的能源互联网企业”的新时代企业战略目标的牵引下，打造以客户为中心的现代服务体系，构建一个全面覆盖客户运营、市场运营、产品运营、活动运营、内容运营和渠道运营等为核心能力的先进营销运营管理体系，构建能源互联网新生态和自运营阵地，聚集线上客户流量，实现精准服务和客户互动是企业发展的战略需要。“互联网 +”让传统营销服务插上了互联网的翅膀，也孕育了一个新的专业——运营，让营销侧能够前所未有地清晰“看到”客户是谁，“听到”客户的心声，“感知”客户的习惯。互联网运营能够更好地连接产品与用户，电力企业运营则“让电力服务 / 产品与用户连接更紧密”，与用户之间架起一座信息互动的桥梁，打通用户“心智”，满足客户个性化、差异化、增值化服务需求。电力企业的运营是指围绕公司市场经营、客户发展目标，利用互联网、大数据等手段，实施的服务产品化、活动策划、渠道发展、客户激励等一系列经营活动，持续推动客户与企业的价值共赢。始终围绕着满足客户需求为目标，通过市场及战略规划，充分发挥客户、市场、产品、活动、渠道、内容等 6 个方面的核心运营能力，实现与客户的连接力，持续经营和维护客户，传递品牌价值，传播企业形象，实现客户价值转化，保持经营目标连续增长。

编者

2020 年 8 月

目　录

第一章 综 述

本章从互联网运营的发展形成、运营概念、工作内容、运营岗位基本素养等方面进行介绍，帮助读者对互联网运营工作及岗位建立清晰认识，对常见运营方式、运营策划与实施、运营效能评估等内容加深了解。

第一节 互联网 + 产品运营基本概念

从广义的角度上说，一切围绕着产品进行的人工干预行为都称为产品运营。它是基于互联网产品，以最低的预算、最优的路径、最高效的执行、最有效的手段吸引并留住大批忠实用户，建立产品在市场上的竞争壁垒，并最终取得产品市场成功的过程。简单而言，产品经理负责产品的设计、策划，而产品运营则负责产品整体的营销和用户服务。

当跳出运营的工作细节，去看待整个运营的工作过程时可以发现，互联网中几乎所有工作都是由产品运营驱动的，运营就如同黏合剂一般将产品、技术、商业、市场、营销等粘连起来，确保各个模块完好运转。运营岗位同样也是随着互联网的发展逐渐形成与出现的。

一、互联网 + 产品运营形成

（一）“入口”和“流量”概念形成

1998～2000 年期间，中国的网民数呈现爆发增长态势，年均增长率高达 231%。涌入的各类信息和网站越来越多之后，一个概念渐渐兴起，并越来越在互联网世界中占据着举足轻重的地位，它就是“入口”。通俗来说，要是能够占据某个“入口”，就天然拥有了数量巨大且源源不断的流量。例如腾讯公司，早期通过 QQ 积累了大量用户流量，为了巩固自身的商业地位又不断拓展其他入口最终发展成为国内最大的互联网企业之一。在互联网世界中，流量已经被证明是有价值的。

在 PC 互联网时代发展阶段，包括目录导航类网站（如 3721、hao123 等）、百度搜索、浏览器乃至一些与系统集成的广告流氓软件都一定程度上成为某种流量和用户基数巨大的“入口”。出于商业目的，“入口”的控制者更容易引导用户去往指定的地方，以获得一定利益。因此，抢占“入口”成为诸多互联网产品必须重视的事情。这一时期，围绕着如何让自己的产品和品牌能够在“入口”处获得更多的曝光和点击，各类产品各显神通。

例如，人们发现百度和其他搜索引擎的网页爬虫程序是具备某种规律的，只要把网站变得对这些规则更加友好，就能够在搜索引擎相关关键词的搜索结果页拥有更高的排名。于是，围绕着如何把自己的网站变得对搜索引擎更加友好，渐渐演化出来一个围绕网站流量引入的运营职能，称为搜索引擎优化（SEO）。

面对着不断发展变化的互联网，互联网的流量入口也在变化，如图 1-1 所示。围绕着如何更有效地获取流量，以及降低流量获取成本，一类称为“流量运营”“渠道运营”的岗位慢慢开始出现。

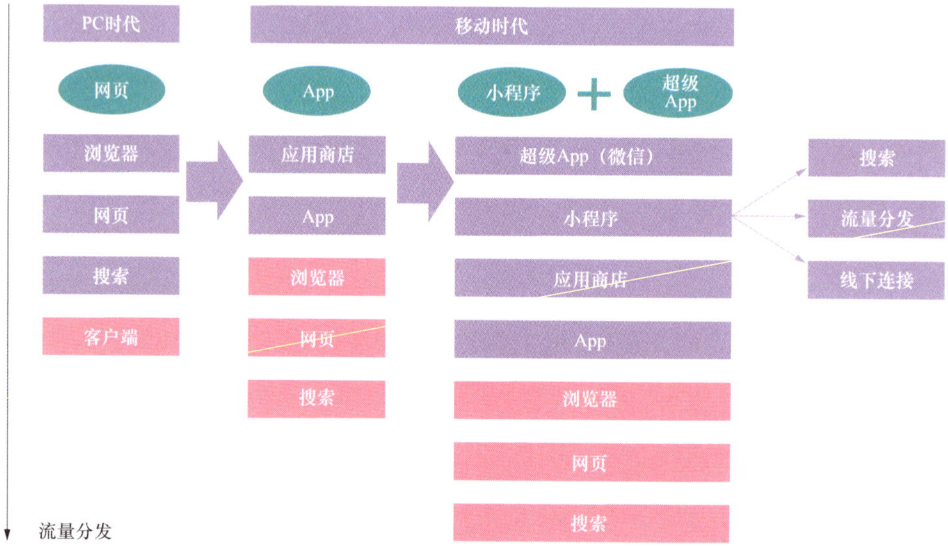

图 1-1　互联网流量入口的演变

（二）互联网 + 产品运营的发展

随着互联网行业的发展以及网民数量的持续提升，流量的获取和维护方式变得越来越丰富多样，且技术含量和技能要求越来越多，包括对于相关数据的监测，也越来越全面和完善。以往简单推广就能看到数据直线上涨的时代已经过去，因而许多互联网公司越来越注重流量获取后的用户维系工作。

例如在“内容”方面，随着相关产品和服务越来越多，以往专门负责网站内容编写工作的编辑需要完成的工作和需要掌握的技能也越来越多。2004 年左右，新浪、网易等互联网公司中的编辑开始被称作“内容运营”，而各大 BBS 论坛里的“社区运营”的叫法也普及起来。名称的变化也赋予这个岗位全新的定位（如图 1–2 所示），除了写好稿子，内容运营要考虑怎样的标题更容易获得流量、相关稿件是否可以与其他媒体和站点进行合作和分发等。

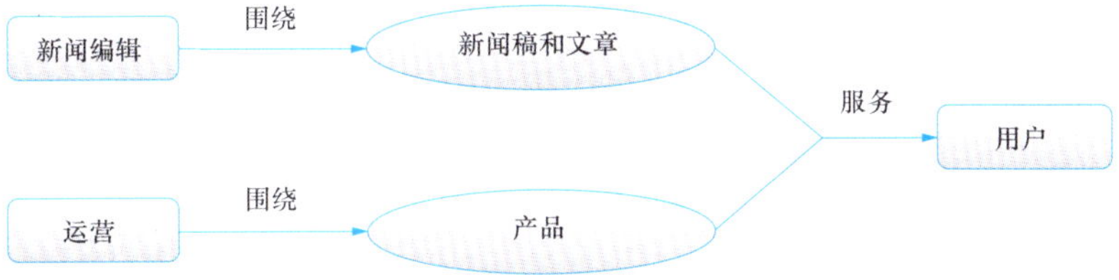

图 1–2 内容运营与编辑岗位的定位差异

在用户关系维护方面，可以采用的手段也越来越多。比如可以通过开设微信公众账号与用户更好地进行互动与沟通，也可以组织线下宣传活动、消息推送等。同时，随着用户数量的上升，需要更加严谨的管理机制和体系。

于是，互联网产品经营过程中越来越需要类似的多面手，但又不能够用“编辑”“策划”“网络推广”等岗位来定义他们的时候，在一些互联网公司内部也逐渐有了“运营”的叫法。

比如，随着电商、网游产品崛起而诞生的类目运营、行业运营、游戏运营；随着旅游出行产品产生的商旅运营、酒店运营、网约车平台运营；随着微信公众号、微博、今日头条等而兴起的新媒体运营；随着美团、饿了么等出现的商务运营、店铺运营；随着抖音、快手、斗鱼等产品走红的直播运营、主播运营等。代表性互联网公司及运营岗位如表 1–1 所示。

表 1–1 代表性互联网公司及运营岗位

类别	代表性公司	代表性产品	代表性运营岗
资讯	新浪、网易、搜狐	门户网站：新浪网、搜狐网	内容运营
	天涯、千橡互动、西祠	BBS 论坛：天涯社区、猫扑网、西祠胡同	社区运营
电商	阿里巴巴、京东	电商平台：淘宝网、京东商城	电商运营（类目运营、行业运营、商家运营）
旅游	携程、同程	旅游服务类产品：携程网、同程旅游	商旅运营、酒店运营
游戏	盛大网络、网易	网络游戏：热血传奇、梦幻西游	游戏运营
出行	滴滴、上海钧正	出行软件：滴滴出行、哈啰出行	网约车平台运营（运力运营、安全运营、司机服务运营）
搜索导航	百度、搜狗	搜索引擎：百度搜索、搜狗搜索	SEO 运营、SEM 运营
	苹果、小米	应用商店：App Store、小米应用商店	ASO 运营
新媒体	腾讯、新浪、字节跳动	新媒体流量产品：微信公众号、微博、今日头条	新媒体运营（公众号运营、微博运营、头条运营）

续表

类别	代表性公司	代表性产品	代表性运营岗
外卖	美团、拉扎斯	外卖平台：美团外卖、饿了么	商户运营、店铺运营
影视综艺	腾讯、百度、优酷	影视综艺客户端：爱奇艺、腾讯视频	网剧运营、节目运营
视频	字节跳动、360、斗鱼网络	直播短视频软件：抖音、花椒、斗鱼	直播运营、主播运营
金融	蚂蚁金服、京东数科	互动金融产品：支付宝、京东金融	支付运营、金融产品运营、银行合作运营

随着各类运营岗位的兴起和发展，“运营”的人设定位和边界也越来越立体、丰满。运营的工作从散落单点式分布的综合性工作内容，逐渐串联成了“拉新、促活、留存、转化”的一条线，再逐步升级到了“获取用户、激活用户、提高留存、营收变现、裂变传播”的全生命周期运营闭环。

二、互联网＋产品运营概念

（一）运营基本概念

一般的互联网公司有产品、技术、运营三大部门，不同的产品在这三个方面有不同的侧重，例如“BAT”中百度重技术、腾讯重产品、阿里重运营。产品、技术、运营的关系如图 1–3 所示，简单地说就是产品把东西想出来，技术把东西弄出来，而运营则让用户把东西用起来。

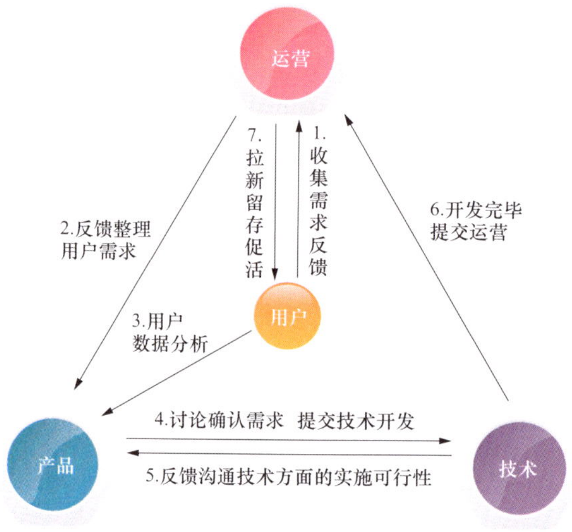

图 1–3 产品、技术、运营的关系

广义上来说，运营通常是指对运营过程的计划、组织、实施和控制，是与产品生产和服务创造密切相关的各项管理工作的总称。一个产品从计划到正式推出，对应的运营工作通常非常繁杂，从前期准备各种运营计划及提案，到产品上线后的运营方案组织与实施，并对各种推广效果进行有效监测，都是运营人员需要做的工作。再具体一些，如从发布软文、内容的编辑审核，到产品的种子用户获取、核心用户运营、活动策划，甚至媒介宣传的工作都会涉及，工作职能范围广泛。如果没有企业的产品、业务，运营的价值也无法体现，运营必须依附在产品上开展。凡是有助于产品用户数据增长、活跃度增加、提高企业收入的获取等各项琐碎事情都与运营相关。

在《运营之光》中，作者黄有璨曾对“运营到底是什么”有过总结与定义，提出：运营，本质上是为了帮助产品与用户之间更好地建立起关系，我们所需要使用的一切干预手段。体现在具体工作方向上，运营有两大导向，一是拉新、留存、转化等，二是用户管理和维系。当然，在整个互联网领域，围绕着增长、盈利目的，我们可以选择的手段非常丰富，需要做的事情也复杂而多样，因此无法把这样的职能用一个具体的词来描述，最终被大家统称为“运营”。同时，“运营”一词也被用来指代从事这一工作的从业者。

而从狭义来说，运营又可以概括为围绕拉新、留存、促活、转化四个方面，通过开展各种手段实现流量增长、盘活、盈利的目的，同时维系用户与产品之间积极的关系的工作。因此运营工作围绕的核心是产品，面向的对象是使用产品的用户群体，如图 1–4 所示。本书主要以狭义运营概念介绍互联网 + 产品运营的相关内容。

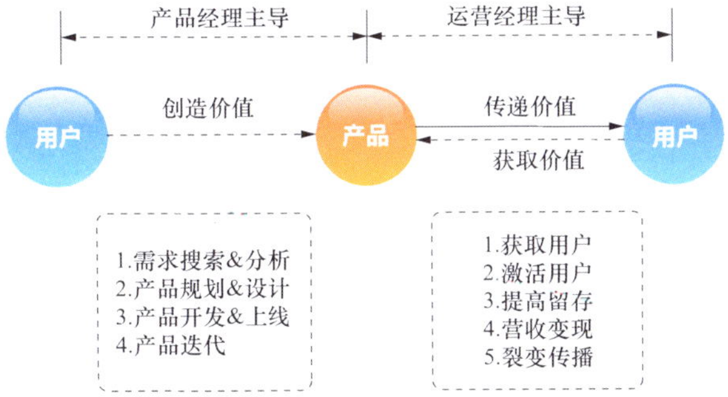

图 1–4 运营、产品、用户之间的关系

（二）运营工作目标

从基础的层面来讲，运营要关注和涉及的工作包括拉新、留存、促活、转化（营收）四个方面。

1. 拉新

拉新指用户拉新，即获得用户。任何产品及项目都面临着新用户来源的问题，需要在不同阶段制定出适合的策略激发更多新用户的加入。用户的拉新是运营中关键的一步，通常分为两个层面，一是产品拉新，二是业务拉新。如 App 的下载、微信公众号得到新关注即为产品拉新；对于产品内提供的具体业务或服务使用，如鼓励拉动电力用户通过“掌上电力”App进行在线交电费、开通智能缴费等即属于业务拉新。

拉新通常是通过一系列推广手段，吸引用户使用产品，一般有制造话题传播、策划营销事件、广告投放、应用内开展运营活动等方式。当然，所有产品都有特定的定位，拉新工作不能盲目开展，应该先弄清楚产品契合的用户群体，然后有目的地去寻找和推广。

2. 留存

留存是指用户在网站或App中留下来、持续使用的意思。新用户进来后，运营人员就需要想对策解决用户的留存问题，只有把用户留存下来，拉新才有意义和价值。

在客户留存方面通常有做好新用户的引导帮助、提供更有关联的内容、减少用户的操作成本、消息推送提醒等方式。留存反映的是产品引导新用户转化为稳定、活跃用户的效果。在不同的行业，留存的评判标准也不同，如电商行业衡量复购率，资讯行业衡量浏览量和点击量等。

3. 促活

促活是指促进用户使用产品的活跃度，是稳定性用户留存后必不可少的一项步骤。不同类型的产品，用户端活跃率也存在较大差异。衡量活跃用户数通常会加上一个周期，如一天的活跃用户数称为日活跃数（DAU），类似的还有周活跃数（WAU）和月活跃数（MAU）。

促活运营方式通常有利益激励、互动引导、积分奖励等级激励体系建立等手段，促活与留存是相对应的，因此在相关手段上也较类似。用户促活是每一个互联网公司都必须具备的重要运营环节，如果用户不活跃，产品不仅缺乏发展的动力，更可能会出现用户流失的现象。

4. 转化（营收）

转化是指用户状态、行为发生变化或到达另一个结果，如注册用户成为活跃用户、活跃用户成为付费用户。对电商来说，转化意味着最终付费；对社区产品来说，转化意味着用户成为内容贡献者。通常，提升转化的因素不仅会受到产品体验的影响，同样会受到促销、奖励、客户需求等因素的影响。

转化可以增加平台或产品的价值，同时为企业带来收益，通常使用转化率衡量转化的效果。转化率是完成转化目标的用户占总体用户的比例，注册、下单、登录、线上办电，都可以用转化率进行量化。围绕运营四要素常见运营手段详见表1–2。

表 1-2　　围绕运营四要素常见运营手段

运营目标	常见运营手段
拉新	线下地推、广告渠道投放、付费广告、口碑传播、搜索引擎推广、应用商店推广、软文推广、事件营销
促活	签到打卡、消息推送、用户积分、会员等级、优质内容运营
留存	用户关系维护、消息召回、直投邮件（EDM）
转化（营收）	促销、奖励、增值服务、广告变现

（三）运营工作特征

1. 运营的本质是对流量负责

互联网的本质是连接，而所有的连接中，参与其中的用户最为关键。产品有人使用才有后续盈利的可能，比如百度连接了用户和网站网页、阿里连接了用户和卖家商品、腾讯直接将用户之间连接、今日头条连接了用户和感兴趣的内容等。

当用户参与其中，且数量越来越大后，各种不同需求会不断叠加，然后产品才有拓展和迭代的空间。

2. 运营是以结果为导向

当明确运营为流量负责时，可以清楚地理解每件具体的运营工作都是针对一个具体的关于流量的目标。一个关于流量的目标可以描述拆解为：什么时间，什么指标，做到什么数量。

例如“掌上电力（2019 版）”App 在上线开展试点运营期间，设定的预期 6 个月，新增注册用户数达到 200 万；预期 12 个月，把用户平均月活达到 5% 的目标等。

3. 运营是以业务为核心

无论是做用户关系维护、活动开展、宣传推广或推广，最终是要产生价值的，价值要围绕产品的商业价值来开展。电商最直接的商业价值就是产生销量，带来利润。社交类产品一开始很难直接看到现金流，通常可以使用曲线救国的方式，先做用户量，将用户圈进来，有了流量后再考虑变现，如广告收入、会员收费等商业模式。作为一个运营人员，需要知道所负责产品的商业目标。

尽管运营是以业务为核心的，但并不能不顾惜用户感受，伤害用户，同样也要平衡各种运营手段下用户的体验、满意度等。

三、互联网 + 产品运营发展趋势

（一）互联网 + 运营发展趋势

随着互联网的深入发展，运营从早期的技术驱动型过渡到后来的产品驱动，再逐渐朝着运营驱动的方向发展，在互联网运营过程中扮演着越来越重要的作用。

早期互联网的发展主要是信息互联网及互联网工具应用，解决的是信息连接的问题，如今的互联网越来越跟传统行业深度结合，既带有互联网连接的重要属性，又与传统商业逐步融合，因此，运营扮演的角色越来越重要。

1. 运营精细化

随着互联网人口红利的结束，传统互联网的纯流量打法时代逐渐结束，精细化运营的价值越来越被体现出来。

（1）流量的精细化运营。流量的采购成本越来越贵，对于互联网公司来说，必须不断提升获客能力，即不断筛选优质的获客渠道，并且不断提升流量的转化率，降低用户获取成本。

（2）用户的精细化运营。企业发展由用户的增长驱动，企业自身用户的结构是否合理、用户是否健康成长、核心业务是否搭建了一条健康的用户成长通道，这些都是精细化运营所要解决的问题。

（3）产品的精细化运营。互联网产品是用户接触的第一站，互联网的产品体验既是用户最直观的第一印象，也是决定用户转化率最为关键的环节。因此，如何精细化打磨产品，不断通过产品运营的方式提升产品的体验度和转化率，是产品精细化运营的方向。

人力成本也是企业发展的一个关键指标，要提升运营的效率绝对不能只靠堆人。既然是互联网，就需要借助互联网工具的优势，提升运营的效率。目前，大多数公司的运营流程是：产品梳理业务逻辑和产品设计，提交产品开发，然后开发测试上线，运营策划活动进行推广等，是一项极费人力的事情。

除了阿里、京东这样大体量公司有完善的营销工具外，大多数公司的营销工具都需要经过无数个复杂的流程，仍不能确定每个工具都能发挥出极大的价值。而对于日常活动，运营者可根据活动需求，在支撑运营的系统后台自行挑选活动工具模版，进行个性化灵活配置，一个人就可以完成活动从策划到执行的全流程，对于大多数公司来说极大地节省了运营成本，同时提升了运营快速反应的能力和效率。精细化运营流程与应用如图 1-5 所示。

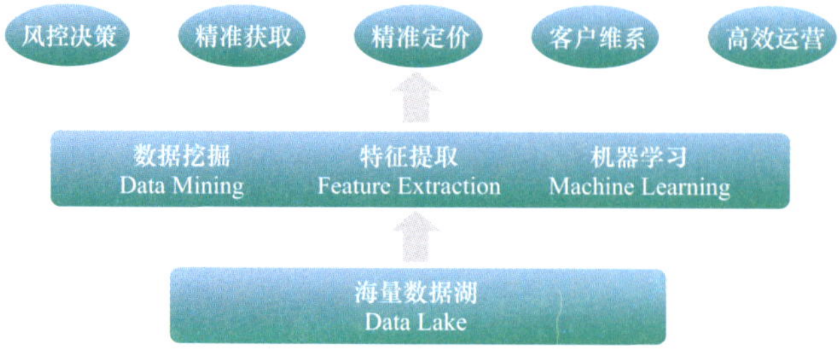

图 1-5　精细化运营流程与应用

2. 运营个性化

传统互联网多年来一直倡导“千人千面”，针对不同用户群体需要展现不同的推荐内容，如今在电商和新闻领域基本上已经实现，尤其是今日头条和淘宝网，其中手机淘宝 App 首页广告的千人千面从运营的角度来讲，不仅是内容运营的个性化，更是每个用户成长的个性化。

以滴滴打车为例，虽然一直在发放红包补贴，但是根据每个用户的成长阶段，发放的红包和补贴的额度是完全不一样的，其背后有一整套完整的个性化的运营算法做支撑。以新用户为例，每个新用户初期得到的红包面额较大、门槛较低，以便尽快导入用户，培养用户使用习惯，然后再通过业务奖励类红包的方式把用户向其他业务转移。随着用户活跃度降低用户的补贴额度，如果用户长期不活跃，红包的金额会逐渐增加，实现用户召回的功能，这些逻辑都是个性化运营在支撑。

通过搭建用户标签体系，并根据所得用户标签，可以实现对用户人群的归类和区分，从而针对不同的人群实施个性化运营策略。用户标签个性化运营体系框架如图 1-6 所示。

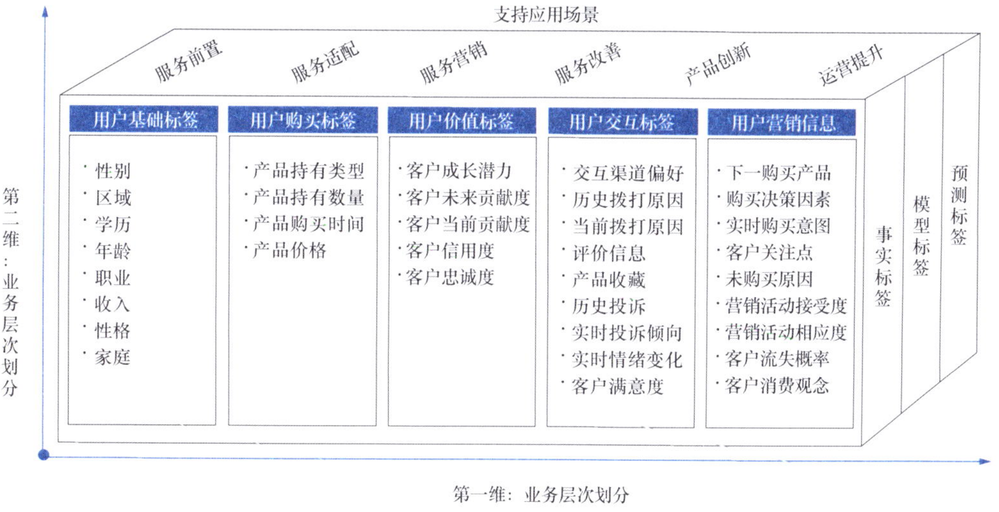

图 1-6 用户标签个性化运营体系框架

3. 运营数据化

数据是互联网最基本的属性之一。如今，数据的重要性和价值越来越被认可，数据驱动运营、数据驱动增长逐渐得到重视。对于企业来说，应构建好数据体系框架，逐步让运营积累数据，分析数据，从而形成相应流程、机制，逐步利用数据驱动运营工作。互联网产品数据运营体系建设框架示例如图 1-7 所示。

（1）流量数据。需要清晰地知道流量渠道从哪来、花了多少钱、具体的投入与产出如何。

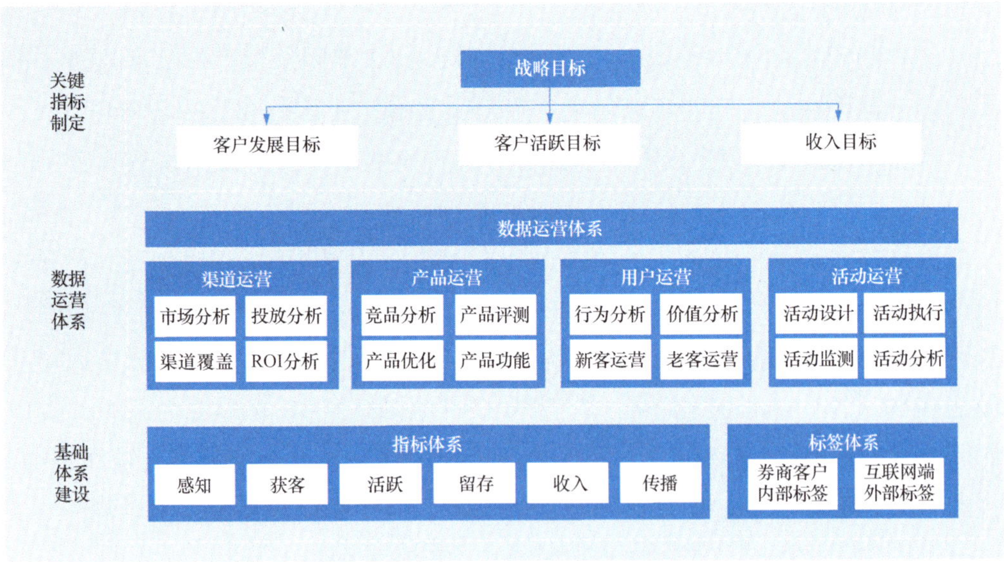

图 1-7　互联网产品数据运营体系建设框架示例

（2）用户数据。如业务自身的用户结构如何、是否健康，用户是否在正常的成长轨迹上，都需要数据做支撑，发现问题，分析问题。

（3）转化率数据。渠道转化率、注册转化率、用户转化率的数据，以及到每个子业务的转化率数据。

（4）营销工具的数据。每个产品和工具被开发出来，都需要通过使用而产生价值，只有通过数据分析，才能知道工具是否被有效使用。

（5）活动类的数据。活动是每个公司都会经历的运营项目，如何低成本高效率地做活动，节省运营经费，需要通过数据分析哪些活动是投资回报率（return on investment，ROI）高的、哪些是不合理，通过数据分析沉淀优质的活动方式，摒弃效果不佳的活动方案。

（二）电力行业运营发展

为了满足客户实时服务的需求，降低营业前台服务压力和服务成本，电力行业的互联网电子渠道在近些年得到迅猛发展。随着互联网技术与渠道的演变，电力公司互联网运营也便随电子渠道发展逐步迭代。电力行业电子渠道演化之下的运营发展见表 1-3。

表 1-3　电力行业电子渠道演化之下的运营发展

阶段	雏形阶段（20 世纪 90 年代）	信息互联网阶段（2003 年）	电子渠道崛起阶段（2013 年）	互联网 + 电力业务运营阶段（2016 年）
电子渠道的发展特征	电话咨询服务的出现	95598 网站的出现	微信、支付宝、微博等平台的发展及用户大量聚集	“掌上电力”“电 e 宝”等电力服务 App 推出

续表

阶段	雏形阶段（20世纪90年代）	信息互联网阶段（2003年）	电子渠道崛起阶段（2013年）	互联网+电力业务运营阶段（2016年）
运营工作发展特征	职能单一，围绕电话咨询开展服务运营	拥有自主对外的网站窗口，满足企业宣传及开展客户服务工作	以用户为运营、服务对象开展各类电子渠道内容建设，提供基本的营销服务窗口	以电力业务为核心，发展自有电子渠道；兼顾第三方电子渠道的推广与应用；形成专业的组织与岗位分工
相关工作职能	围绕客户反馈问题开展服务运营	围绕企业网站开展信息发布，围绕客户反馈开展服务运营	围绕第三方平台电子渠道（微信、支付宝等）开展内容发布、品牌宣传、服务运营等相关工作，并围绕渠道用户开展一定的运营活动	全面开展全渠道运营工作，围绕自有App渠道开展用户拉新、维护工作，围绕电力自有业务开展全渠道推广

1. 电子渠道发展的雏形阶段

20世纪90年代，还没有提出明确的电子渠道的说法。当时，电话业务是通信的代名词，用户办理用电业务必须到营业厅。为方便客户咨询业务，商家借助人工与电话结合的方式，形成最早的远程服务方式。这一时期，电话已经开始流行，电力企业开始推出电话远程咨询服务，形成电话营业厅的雏形，这个阶段主要围绕电话咨询，向客户提供服务与帮助。同时，通过客户反馈，逐步对自身电力业务进行优化完善，用互联网公司的岗位分工，可称为服务运营。

2. 信息互联网阶段

2003年，伴随着互联网的普及，电子渠道开始崭露头角。网上营业厅成为电子渠道的典型代表，用户可以在电脑上登录95598官方网站，查询电费、电量情况。此阶段电子渠道的功能局限于查询服务和少量的业务办理，而运营工作主要围绕网站建设与维护开展，包括网站内容的发布与管理、客户服务运营等工作。

3. 电子渠道崛起阶段

2013年后，移动互联网产品及业务类别爆炸式增长，用户在线获取服务的需求也爆发式增长，各电力公司投入资金加快电子渠道建设，具有较强传播属性及较高用户流量的微信公众号、支付宝生活号、新浪微博等电子渠道逐渐发展为营销服务的主要渠道，并成为电力公司线上服务窗口与企业宣传的重要阵地。围绕这些渠道建设，在电力公司内部逐渐形成具体分工，如形成专门人员负责渠道的内容运营、活动开展、数据成效评估、品牌宣传等相关工作。

这个阶段，国家电网有限公司推出统一业务办理平台“掌上电力”App，自主交费平台“电e宝”也在此阶段诞生，各省级电力公司也在根据国家电网有限公司总部的要求或自发开展相关App的推广，逐步尝试开展App的运营工作，如用户拉新、促活等相关运营推广工作。

4. 互联网 + 电力业务运营发展阶段

2016 年后，个别发展较快的电力企业，其电子渠道所提供的功能已经超出了传统的业务办理及查询等基本功能，同时，互联网电子渠道还为电力创新产品、服务的孕育提供了环境。互联网电子渠道的作用不再局限于企业宣传和客户服务，部分电力公司尝试为利用最新的互联网思维及通信技术为用户提供不同的个性化、智能化的增值服务产品，例如某省电力公司开发的“电魔方”，围绕用户搬家、用电两大场景，帮助居民客户实现节能和省钱的目的。

同时，围绕相关产品、服务的推出，积极尝试相关的运营与推广，例如某电力公司通过“掌上电力”App 渠道开展“能量豆”产品的推广活动，国网浙江省电力有限公司也在尝试更互联网化的运营手段和方法。

国家电网有限公司对互联网营销服务日益重视，并加强现代服务体系建设，2018 年首次试点上线运营“掌上电力（2019 版）”App，并将其作为公司互联网的统一服务入口。随后，各省电力公司建立了专门的部室负责电子渠道的运营工作，这标志着通过互联网 + 运营改变电力企业营销服务的一系列变革被放到了国家电网有限公司企业发展战略的高度，而互联网 + 运营在电力企业也正朝着专业化、精细化的方向发展。

第二节　互联网 + 产品运营工作内容

在梳理运营工作思路时，应先回归到思路流程的本质上，界定清目标和结果，并站在全局的角度梳理整个运营关键节点，最后策划各环节的具体策略，才能形成有效的系统性的运营策略。本节主要介绍“互联网 + 产品运营”的基本理论与逻辑，从运营工作的本质出发，帮助读者建立运营的工作思路与基本方法。

一、运营基本工作内容

（一）产品在不同阶段的运营

在整个产品生命周期中，不同阶段中产品目标是不一样的，产品设计和产品运营都要遵循一定的节奏和规律，这就是产品生命周期的概念，即一个产品从开发、引进、成长、成熟直至衰退的过程，如图 1–8 所示。对于企业来说，就是要尽量提高引进用户阶段的效率，加速成长的步伐，延长成熟以及成功的周期，减缓衰退的进程。

1. 导入期做好产品试错与验证

在导入期，产品的市场前景不明朗，功能不完善。所以只能持续探索，快速迭代，接收用户的反馈，解决用户的需求与痛点，做好产品口碑。这个阶段需要有一

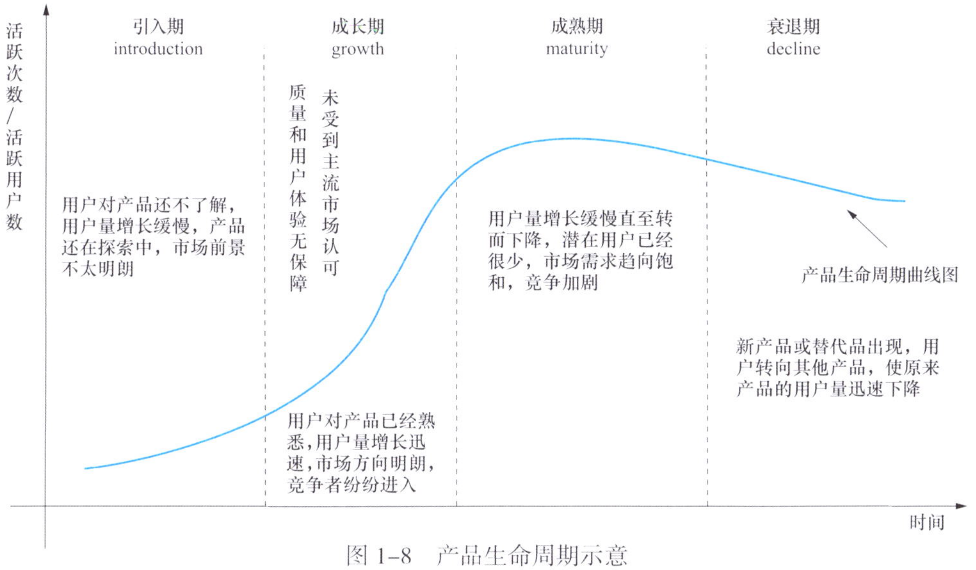

图 1-8 产品生命周期示意

定的用户，帮助验证产品模式。

（1）引入种子用户。以“知乎”为例，早期投入市场时，选择的是半封闭形式，创始人通过自己的人脉，将界内一些较为知名的人物邀请到知乎。同时，知乎官方通过派发邀请码及审核认证的方式，吸引了大批知名博客博主和专业领域意见领袖入驻平台进行试用。这种方式实际上是知乎平台在种子用户间搭建了一座沟通的桥梁。积累第一批种子用户后，运营可以将用户遇到的问题和建议反馈给产品经理，产品经理根据用户的需求，对产品进行改进。

（2）确定产品的形象与风格。产品研发之初，明确了产品的用户目标群体与自身的需求价值，即可根据产品的核心功能或特色进行自身风格形象的打造。在感官层面，对产品的展示形象有一个全方位的设计，包括产品的标识、标语、产品界面视觉形象等；在用户认知层面，通过侧重型的传播、服务特色的倾向去营造用户的产品认知与氛围。

例如小米手机诞生之初，小米公司围绕“为发烧而生”的口号对产品的品牌风格、形象进行定位，锁定青年用户群体。同时，成立小米社区，在产品问世前充分以 50 万社区用户的需求为出发点，在各个手机厂商安卓操作系统体验参差不齐的情况下设计出最贴近用户需求的 MIUI 系统，这样独特的发展之路为小米沉淀了一大批忠实粉丝，成功打造出“发烧”手机的极客[1]品牌形象。

2. 成长期进一步扩大用户规模

成长期阶段最重要的就是用户增长。产品验证完自己的模式后，正式推出到

---

[1] 极客是美国俚语 Geek 的音译。随着互联网文化的兴起，这个词含有智力超群和努力之意，又被用于形容对计算机和网络技术有狂热兴趣并投入大量时间钻研的人。

市场上，供用户选择。在这个时期，产品会根据用户的需求快速迭代。这个阶段增长速度非常重要，因为会面临很多竞争对手，如果速度不够快，竞争对手将占领市场，到时可能再无翻身之地。

常见的用户增长手段很多，比如补贴、广告投放、事件策划、活动、塑造标杆案例进行包装和传播等，要找到产品适合的方式。对于消费类的产品，比如滴滴、美团、饿了么等，适合用补贴的方式。

3. 成熟期扩大用户活跃带来收益

成熟期阶段，重点在于用户活跃度和商业变现。处于这个阶段的产品，已经在业务、用户等方面积累了一定的数据，在产品实现商业价值目标的驱使下，运营工作将进一步思考如何优化运营效能，因此通过数据挖掘开展用户的精细化运营、用户激励体系的搭建、活动体系的搭建、广告 & 电商变现等是这个阶段的运营趋势与重点。

比如用户的精细化运营，一般都是做用户的分层、分级运营，针对不同层级的用户采取不一样的运营措施，从而达到目的，如将低价值的用户转化为高价值的用户、提升销售额扩大企业收益等。

再比如活动体系的搭建，这个阶段，产品一般会有专门的地方去放活动，如淘宝、京东会有专题、频道、功能展示活动和内容，而且运营时这些地方有活动排期，会定时更新。

4. 衰退期做好用户的留存与维系

衰退期阶段，最主要的是做用户防流失和用户维系。对于运营，需要定义出用户流失的标准，建立预警机制，然后采取相应的手段，防止用户流失。这个阶段做起来很难，可能做了很多正确的事情，但还是无法挽回用户。

（二）用户在不同阶段的运营

用户的运营发展与产品一样，都遵循一定的规律，AARRR 模型理论是目前互联网公司用户运营最重要的运营指导理论。

1. 指导用户增长的 AARRR 模型

AARRR 模型是 Growth Hacker 公司创始人肖恩·埃利斯（Sean Ellis）最早提出的用户增长模型概念，如图 1–9 所示。AARRR 是 Acquisition（获得）、Activation（激活）、Retention（保留）、Revenue（获得收益）、Refer（用户传播）五个单词的缩写，不同于产品生命周期的概念，它是站在产品的角度，将五个过程连接起来作为一个用户运营，从用户注册到引导用户分享裂变的过程是用户运营比较完整地针对用户的工作流程。

从图 1–9 可以看到，从用户获取到激活到留存，留存到传播和收入像一个自上而下的漏斗，越往下越窄。AARRR 模型中的 5 个环节构成了每个用户接触产品后的历程，要想用户增长，就要减少每个环节可能造成的用户流失，提高转化率。在

AARRR 模型的每个环节规划产品、运营措施，帮助产品获得持续的用户增长。

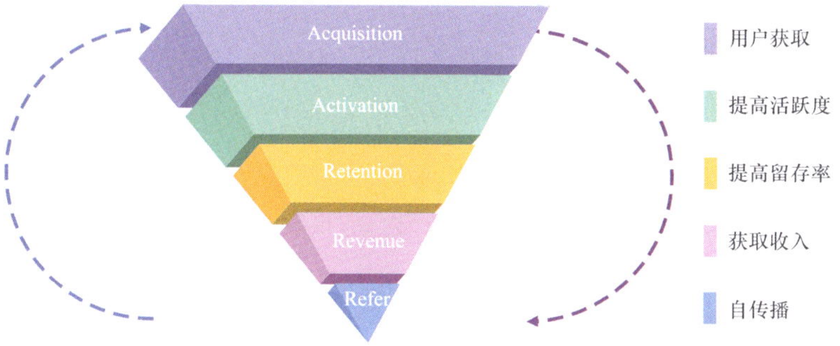

图 1-9 驱动用户运营的 AARRR 模型

2. AARRR 模型各阶段的运营

AARRR 模型各阶段运营手段如图 1-10 所示。

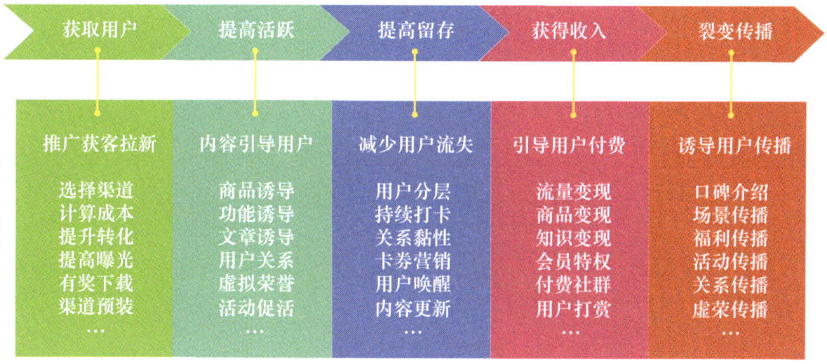

图 1-10 AARRR 模型各阶段运营手段

（1）获取用户。本阶段主要目的是将潜在的目标用户转化成产品用户，并使用产品。提高用户注册转化率的关键在于调优产品着陆页，准确传达产品的核心价值；其次加强产品的新手引导，比如采用讲故事、语音、视频等形式，用户觉得新鲜、好玩，才会使用产品。

获取用户阶段，需要让潜在用户接触产品。获取用户的方法很多，如搜索引擎发现、点击网站广告进入、根据媒体报道下载等，但成本高，要结合行业、产品、公司状况、发展阶段及团队能力选择推广方式。

（2）提高用户活跃。用户注册后，通常会体验产品，辨别产品的质量，以及产品的功能是否符合需求。所以在用户体验过程中，需让用户快速发现产品优势，如果不能在设计上快速体现产品优势，则需要通过新用户活动让用户体验。

提高用户活跃需要针对产品功能设计，内容型产品（新闻 / 社区）突出内容的有趣、有用、有关、时效、猎奇；商品型产品（电商）结合热点、人群设计活动；工具型产品寻找内容或其他活跃点，提升用户使用频次。

（3）提高用户留存率。用户留存因素主要是由产品本身决定的，当用户长时间使用后，发现产品功能的使用场景有限或无法满足需求，用户还是会流失。但仍然需要运营通过各种手段提高用户注册率、用户活跃率。

提高留存率有两种方法，一是针对所有用户做黏性活动，如签到打卡、会员卡、积分；二是通过用户分层做针对性运营，用户分为普通用户、活跃用户和核心用户，内容型产品通过用户荣誉诱导和特权诱导留存核心用户扩大活跃用户，通过建立 RFM❶ 用户分层模型，针对不同价值用户开展有针对性的运营，提升留存。

（4）获得收益。获取收益就是要用户消费，将留存用户转化为付费用户。用户付费是产品自我生存能力的关键，也是商品类产品的关键指标。本阶段的一个重要数据指标是 LTV❷，即用户给产品贡献的价值，是公司从用户所有互动中得到的全部经济收益的总和。引导付费的关键在于对用户特征的分析，推荐或设计活动时抓住用户心理。

（5）用户自传播。裂变传播是现在较重视的运营方法，裂变传播能够带来自然流量的增加，减少推广成本，同时用户黏性也比较强。裂变传播的运营方法需要找到用户心中的核心利益点，是用户自传播的内驱力，如饿了么的红包分享功能等。

AARRR 模型系统性构建产品运营体系如图 1-11 所示。

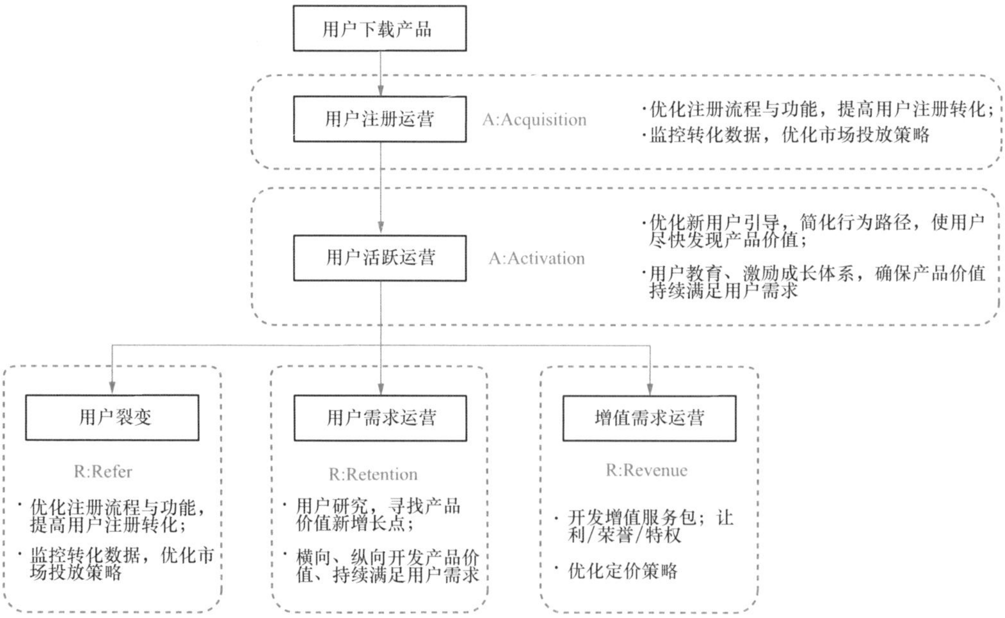

图 1-11 AARRR 模型系统性构建产品运营体系

❶ RFM 模型是衡量客户价值和客户创利能力的重要工具和手段。

❷ LTV（life time value）生命周期总价值，意为用户终生价值，是公司从用户所有的互动中所得到的全部经济收益的总和。

二、运营基本工作流程

运营基本工作流程如图 1–12 所示。

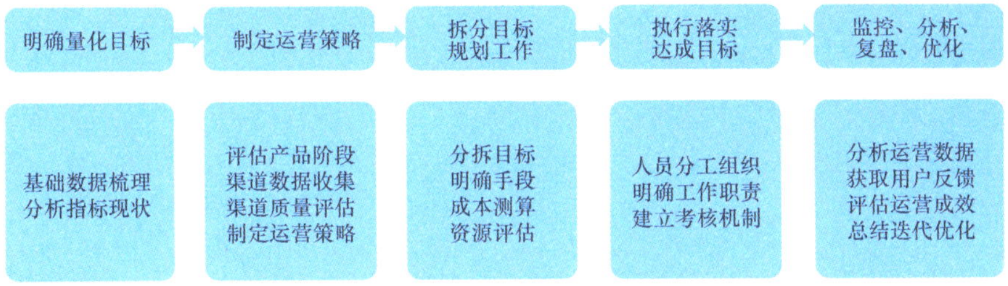

图 1–12 运营基本工作流程

1. 明确可量化目标

运营的基础是数据，目标是活跃率和活跃用户规模等明确内容。因此，在运营的整个过程中，都要和数据打交道。如果对运营细节进行拆分，针对内容的投放会关注内容的生产能力和消费能力，即有多少用户产生了多少内容及这些内容被多少人浏览和评论过。如果进行用户管理，要明确初始状态的用户规模和活跃用户比率，并明确运营的目标值及过程中用户流失的情况等。

明确运营的初始状态和可量化的目标后，需要找到明确的用户群。如做用户流失后的召回行动，需要明确定义这批流失用户，并获得他们的信息，才能清楚地了解用户的规模、分布，以及使用什么样的召回手段最为有效。

2. 制定整个运营策略

应评估产品的现状、当前所处阶段及竞争环境，来制定运营策略。如果产品处于初期，那么运营策略可能会偏重于获取种子用户、拉新；如果产品处于成熟期，那么运营策略就会偏重于转化付费。

在整个策略的执行中，需要做好数据的收集。如果是获取种子用户、拉新，需要收集到各个拉新渠道的数据，包括来了多少人、有多少人注册、留存怎么样，这样才能分析各个渠道的流量质量；如果来的用户很多，却没有注册，是流量质量问题还是未做好引导工作等。数据分析主要目的是提供下一步决策的依据。要知道在整个过程中存在的问题，以便做进一步的优化调整。

3. 拆分目标，规划工作

需要根据第一步制定的运营策略分解目标，如果目标是获取种子用户、拉新（量化），这一步需要确定通过哪些渠道去获取用户以及各个渠道需要带来的用户数（预估量化）；如果目标是用户转化付费（量化），这一步需要确定通过哪些运营手段（活动、促销）激发用户并为产品付费，最好能预估各个运营手段带来的付费量；

还要做好工作前的准备工作，争取资源（预算、人力资源）等。

4. 执行落实，达成目标。

根据第三步的工作规划，分配各项工作，落实到人，每个人负责哪些工作版块，最好有一个考核机制，然后就是执行工作。

5. 监控、分析、复盘、优化

所有计划执行后，作为一个合格的运营，一定要学会收集数据，分析数据和相关用户反馈，评估运营工作成效，再根据数据和用户反馈寻找潜在问题、潜在产品方向和用户需求等，并将结论代入新一轮的运营工作中。

第三节 运营岗位基本素养

现实中，无论从事何种运营工作，运营工作过程的思考、分析、判断、决策，都离不开相关知识与理论的支撑，以及对人的能力要求。

一、运营岗位必备知识

运营工作本身是一个非常大的范畴，一个人是无法覆盖所有运营工作的，所以，根据工作的侧重点将运营分成若干类型，而各个类型运营岗位工作都有其领域特定的专业知识。

运营是一项针对性强的工作，解决“具体怎么做”的问题，因此运营虽然依靠实践，但还是有据可依，有理论支撑。理论知识包括基础知识、运营知识、社会学知识、人性和心理学知识等，如图 1–13 所示。

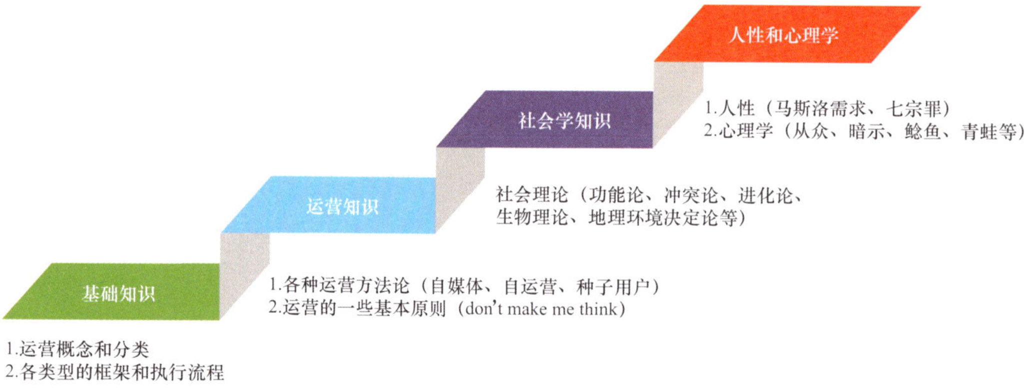

图 1–13 运营的知识体系四个方面

对于运营岗位，若要在工作中很好地思考、解决问题，需要深入研究相关案例及涉及的理论方法。运营基础知识体系索引见表 1–4。

表 1-4 运营基础知识体系索引

一级目录	二级目录	说明
学科知识	心理学	重点了解社会心理学、人格、认知、发展、决策心理学等
	传播学	重点了解信息的传播规律、传播媒介、对人的影响等
	统计学	统计是数据分析的基础，了解基本的统计方法即可
	营销学	重点了解营销的理念、思维，运营与营销在许多方面是相通的
	经济学	理解商业社会的基础学科之一
	管理学	理解企业运作的基础学科之一
	职场人际	运营涉及大量的协调沟通工作，尤其需要深谙沟通的艺术
互联网基础	历史及发展	推荐《浪潮之巅》，对信息产业、互联网产业历史、硅谷传奇有宏观认知
	商业模式	包括盈利模式、产品模式、用户模式、增长模式等
	企业架构	了解互联网企业的人员组织构成
	企业运作	了解企业运作的目标、组织协作关系
	互联网思维	推荐《互联网思维独孤九剑》，体系化了解互联网思维的本质与应用
运营工作	渠道推广	了解线上线下的各类推广渠道、成本
	内容运营	包括产品内的内容运营（UGC）以及产品外的内容运营（用于引流）
	事件营销	利用社会热点策划内容或活动，以达到产品广泛曝光的目的
	用户运营	通过对产品内的用户干预以提升用户的养成状态
	活动运营	通过线上线下活动的策划实施，从而增加新用户或者活跃产品用户
	产品运营	提升产品某功能模块的用户使用率、体验度、转化率等
	新媒体运营	通常是企业的官方微信公众号、官方微博或者其他官方自媒体平台等
	社群运营	以线上线下社群的模式直接的组织用户群体深度参与产品，方式灵活
	电商运营	针对电商类平台的内部商品品类管理、曝光、转化、活动组织等
	品牌策划	提升用户对产品的品牌认同，促进产品的曝光、传播、转化
	商务公关	确保产品及企业始终保持良好的社会形象
	数据分析	数据分析是判断运营策略是否有效以及持续优化运营策略的基础
	竞品分析	对竞品及其策略的持续跟进、优劣势分析、取长补短是运营的基本技能
	新模式探索	运营非常重视创新，而对互联网新兴科技、产品的敏感度是创新的基础
基础技能	Office	包括 Word、Excel、PPT
	监测统计	主要是第三方工具、例如百度统计、新媒体统计、电商趋势统计等
	流程图	梳理运营思路或内部沟通时使用
	PS	文案、内容制作的基本技能
	H5	移动端常见的宣传工具
	问卷调查	用户调研工具之一
	脑图	梳理运营思路或内部沟通时使用
	搜索	除了对信息的搜集能力，还包括对优质内容、创意内容的积累

当然，若只是为了“找一份运营工作”，无需将上述内容学习得透彻、精通，只要有初步的感性认识、明白是怎么回事即可。掌握一门知识，应重视实践，从实

践中获取与总结完善。

运营工作属于典型的“目标驱动型”工作，其最终成果，无论是产品的新增用户数、活跃用户数还是其他内容类指标，都是最容易量化的。这都意味着运营人需要有强烈的“主动”“结果导向”“争取资源”“组织协调”意识。

运营工作中会产生协作关系的企业员工主要包括两类人员，一类属于产品“内部”人员，包括产品经理、技术研发、设计等；另一类属于产品“外部”人员，如公关、品牌、商务等。产生协作关系的人员多，侧面反映出运营在互联网企业中的中枢地位。

二、运营岗位必备能力

所有运营岗位人员都是零基础入门，在一个接一个任务的执行过程中获得成长。运营岗位方向的成长可以分为初级运营、资深运营、高级运营三个阶段，具体的运营岗位能力要求如表 1–5 所示。

表 1–5　运营岗位能力要求表

能力项	初级运营	资深运营	高级运营
执行力	√	√	√
学习能力	√	√	√
专业知识与技能		√	√
沟通能力		√	√
业务规划			√
管理能力			√
基础知识与技能	√	√	√

1. 初级运营能力要求

初级运营工作者只需关注执行力和学习能力两个核心能力。

（1）执行力。执行力是完成预定目标的操作能力。当有人拖沓抱怨时，有人却踏踏实实完成工作，甚至主动从各种渠道了解有没有更好的完成方法，交出超出预期目标的成果。

（2）主动学习意识。主动学习意识是拉开人与人差距的基础能力。埋头工作的人，可能执行力超强，但只有有意识地学习，才能往更高阶段发展。对于一个新手运营，工作内容大多是陌生的，有学习意识的人，可以不断提升自己的知识储备，更好地分析任务的核心目标、规律、技巧，甚至找出以前存在的问题，提出改进意见。

2. 资深运营能力要求

跨过入门阶段，就是一个有经验的初级产品运营，可以帮助团队做更重要的事情，可以承担独立模块的运营工作。

资深运营仍处于汲取营养的成长阶段，核心能力是业务知识技能和沟通能力。

（1）业务知识技能。资深运营的业务知识技能要求对自己负责的事情具有透彻的理解。对用户，可以把握用户需求的核心和变化，推出有效的运营措施；对自己，可以完整理解业务的运营逻辑，做出准确的判断并制定有效策略；对团队，可以有效和各个相关团队沟通配合，准确及时地实现需求。

（2）沟通能力。资深运营的沟通能力是在执行力基础上更高层次的要求，它表示运营人员要有能力在不同人和团队之间做好沟通协调，争取到自己想要的东西，具体到工作中就是争取各种资源实现自己的需求。故首先要清晰准确地表达自己的需求，让他人能理解你想要什么以及如何配合。

需求被清晰表达后，并不一定会顺利实现，那就需要下一个阶段的沟通。一般来说，需求得不到实现的原因是资源被投入到其他地方，如果确信自己的方案有效，就需要调动各方力量协调资源，包括向领导求助、召开沟通协调会议、收集用户反馈、提出分析观点、营造舆论影响等，都是沟通能力的体现，它的最终目的是得到所需的运营资源。

3. 高级运营能力要求

高级运营须具备过硬的知识技能和业务能力，对他们的要求不是做事，而是规划和管理。

（1）业务规划与决策能力。业务规划与决策能力即能够独立地完成一个运营模块的规划工作，并在不同方案中或者出现问题时采取正确的决策，在市场上保持产品的竞争力。一个系统的规划、一个正确的决策，都建立在多年工作经验上。在过往的工作中，运营人员锻炼了良好的用户需求能力，不仅可以满足用户的现有需求，甚至能深入挖掘用户表达不清的隐含需求，推出令人惊艳的运营方案。

例如，当很多人都希望知乎平台有积分奖励政策时，运营人员并没有采用这个偷懒的方案，而是进一步加强了对内容生产者的精神激励，即推出荣誉认证措施，并且加大了对知识付费的投入，让内容生产者得到切实的经济激励，同时也能让用户接受的内容继续保持较高的质量。这就是一个成功的业务规划和决策。

（2）管理能力。管理能力是对高级产品运营的新挑战，从原来的单打独斗到领着一个小团队工作，角色的转换影响了工作内容和方式。管理能力可以具体拆分为工作流程的建立和人才的培养。

团队的配合需要合理的工作流程，并且把团队工作中的经验沉淀下来，用流程化的方式提高整体团队效率。此外，还需要帮助团队成长，可以传授经验，也可以通过安排任务让每个人获得充分的成长。所以，对于一名高级产品运营，其贡献不再用个人贡献衡量，而是看整个团队的工作成果。

第二章　常见的运营方式

随着互联网行业的高速发展，运营的价值日益体现。一方面，运营的地位越来越高，无论多大规模的企业都开始重视运营；另一方面，运营的概念太广，从写文案到陪用户“聊天”到做活动到填充审核内容，都可以纳入“运营”的范畴内。运营到底应该做些什么，似乎很难具体说明。

本章站在运营职业的角度，通过系统的运营方法论、大量通俗易懂的案例解析，由点及面地讲述渠道运营、产品运营、活动运营、内容运营、数据运营五大运营职能工种相关的基础理论体系和单点突破技法。

第一节　渠道运营

产品的推广引流是运营过程中尤为重要的一个环节。在竞争格局日益激烈的大环境下，如何找准合适的渠道，获得精准流量，从而以较低的成本获取目标用户，是渠道运营关注的核心所在。本节通过介绍渠道运营的定义、工作流程和常见方法，让读者了解如何选择渠道及利用渠道进行推广的技巧。

一、渠道运营的定义

在一般的互联网公司，渠道运营指的是通过一切可以利用的资源和流量为产品带来新增的手段，包括付费推广、换量、联合品牌活动、自媒体内容营销等。运营人员可以根据产品的推广需求选择合适的渠道，并制定相应的推广策略。

随着移动互联网行业的高速发展，市场上的推广渠道越来越多样化。但对于渠道运营人员来说，渠道的质量比数量更加重要，有时候投放 100 个普通渠道都不如投放 1 个优质渠道的效果好。那么，如何才能提升渠道投放的精准性呢?

这里有一个通用的原则，即在适合的时间，适合的地点，将适合的内容推荐给适合的人。基于这个原则，需要选择合适的渠道，做好用户洞察分析，进行素材的个性化定制。

以腾讯广点通广告投放平台为例，运营人员可以根据用户属性和社交关系将信息精准地推送给目标人群。选择带有特定标签的用户进行指定投放，甚至可以根据兴趣爱好、购物习惯等细分维度对用户做进一步筛选。如此一来，能够快速找到一批与产品高度契合的目标用户，再迎合他们的阅读偏好制作广告内容，投放效果就会比较理想。腾讯广点通广告投放人群信息组成如图 2–1 所示。

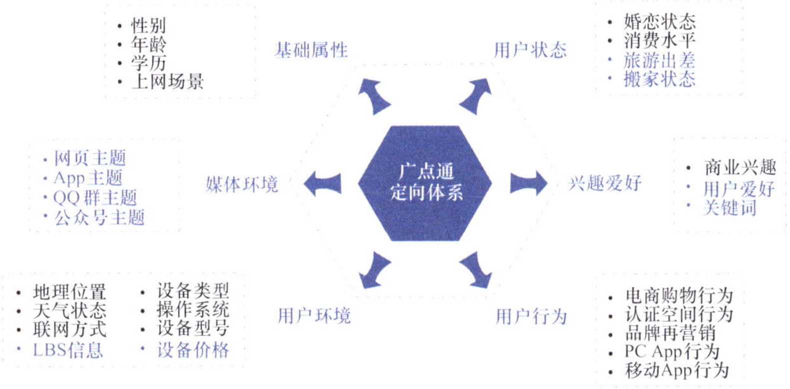

图 2–1 腾讯广点通广告投放人群信息组成

二、渠道运营的工作流程

渠道运营的工作流程大致可分为渠道挖掘、渠道评估、渠道优化三个阶段。其中，渠道挖掘可拆分为渠道调研、渠道筛选两个步骤，渠道评估包括渠道投放测试和渠道效果评估，渠道优化包含了渠道取舍、渠道优化等工作内容，渠道运营工作流程如图 2–2 所示。

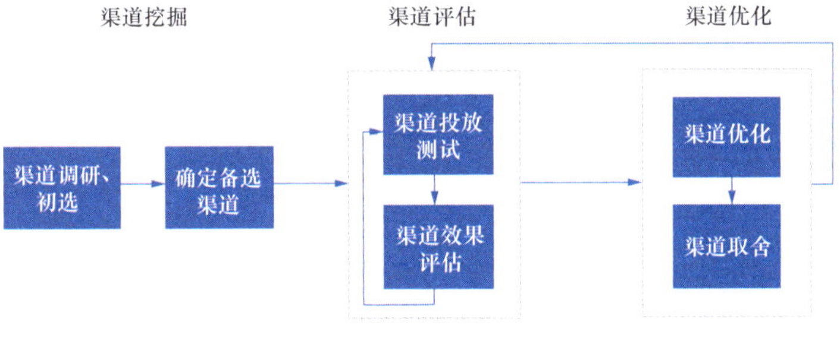

图 2–2 渠道运营工作流程示意

1. 渠道的挖掘

市场上常见的推广渠道主要包含搜索引擎、信息流广告、科技网站、媒体推广、社交广告、第三方电子市场、资源置换、刷排名、厂家预装等。每个渠道都有自己的优势和劣势，运营人员需要了解每个渠道的特性，结合产品自身情况进行选择。

初期可通过调研、报告查询、与渠道代理商沟通等方式评估这些渠道覆盖用户与产品目标用户的契合度、渠道定向到目标用户的精准度、渠道的投放成本等。若调研结果符合预期，可先针对意向渠道进行小范围投放测试。

2. 渠道的评估

很多渠道运营人员会采用多渠道推广方式量化推广效果，但是每个渠道的质量参差不齐，就需要通过各种数据指标对每个渠道的用户数量和用户质量进行评估，从而选取优质的推广渠道，为产品的推广策略提供强有力的优化依据。

以 App 推广为例，渠道评估指的是对渠道质量评估。渠道质量评估体系可分为渠道有效性评估、渠道留存评估和渠道 ROI 评估，分别对应新增、活跃和收益这三个目标，目的是量化渠道效率、渠道留存质量和投入产出效率，渠道评估体系如图 2–3 所示。

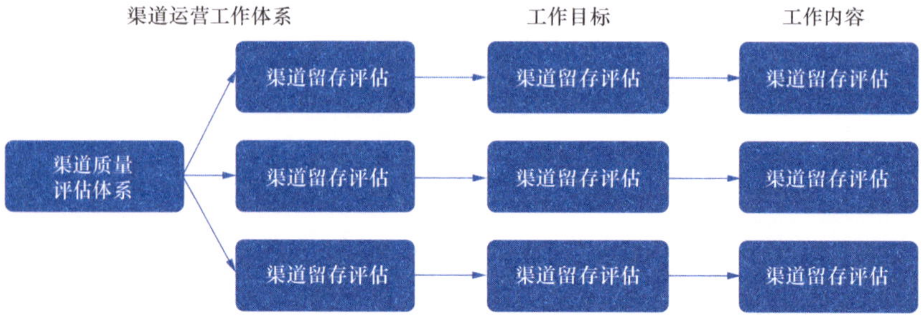

图 2–3　渠道评估体系

渠道推广评估体系通常由数量指标、转化率指标、质量指标三部分组成。数量指标用于衡量渠道用户数量，常见的维度有单位时间内的展示数量、下载数量、安装数量、注册数量、登录数量等 UV 访问数据。由于不同渠道对于各个环节的统计定义不同，可在众多指标中选取对比渠道中定义相同的指标进行横向比较。对比时要控制好变量，在推广文案相同的情况下选择渠道最好的位置，或在投入成本相同的情况下进行对比。

转化率指标用于衡量渠道各环节的用户转化高低，渠道用户看到产品宣传并最终变化成为产品用户的路径为接触广告 – 下载 App – 安装 App – 打开 App – 注册 – 登录，可以用图 2–4 所示渠道漏斗分析模型进行分析。统计各环节的数据，不但便于评判每个渠道在各个环节用户转化率的情况，更加能够监控到自己的产品在推广过程中可能存在的问题。

质量指标用于衡量渠道带来用户的质量好坏。常见的质量指标有一次用户占比、*N* 日用户留存率、人均日使用时长、人均日登录次数。运营可以根据自己对不同指标的要求给各个维度赋予权重，再将评估的多个渠道的每个指标进行打分或排名，

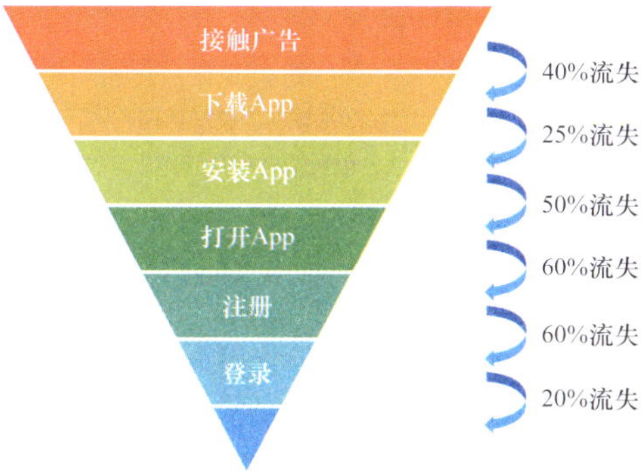

图 2-4　渠道漏斗分析模型示意

最后将各个指标与权重值相乘得到综合得分，并根据综合得分判定渠道的质量好坏。

3. 渠道的优化

渠道效果优化主要围绕投放素材、投放策略（包括定向策略、时段策略、出价策略等）进行，渠道效果优化方向见表 2-1。

表 2-1　渠道效果优化方向

优化项	优化方式
投放素材优化	（1）每次投放准备多套素材，并行测试，快速淘汰点击率低、转化低的素材； （2）投放素材强调产品利益点，可与营销活动配合宣传借势营销、热点营销； （3）点击率明显下降后，及时更换投放素材； （4）转化率偏低，快速调整或更换广告文案、创意和着陆页
定向策略优化	根据用户地域、性别、年龄、兴趣标签等组合不同的投放定向条；件，根据点击率和转化率等反馈测试出最优条件组合
投放时间优化	选择转化效果最好的时间段投放广告，如有必要，可避开流量竞争激烈的时段和部分节假日
出价策略优化	根据每日预算、曝光量、点击率、转化率调节出价，将有限预算优先用在转化效果更好的广告上，确保投放效果最大化

以 App 推广投放为例，用户在各类信息流中看到 App 产品的推广页面后，会决定是否注册，推广用的活动页面需要由运营主导制作。可以在单个 CPA❶ 不变、推广位置不变的情况下，尽可能提升访问用户数到 App 注册的流量转化。在活动页面投放过程中，若要在 CPA 或 CPS❷ 投放成本不变、投放位置不变的情况下，提升访问用户数量到 App 注册的转化率，需要使用 A/B 测试❸，基于数据优化投放的

❶ CPA（每次行动成本，cost per action）计价方式是指按广告投放实际效果，即按回应的有效问卷或订单计费，不限广告投放量。

❷ CPS（cost per sale）方式，以实际销售产品数量换算广告刊登金额。与 CPA 一样是互联网广告投放中常见的计费方式。

❸ A/B 测试是为 Web 或 App 界面或流程制作两个（A/B）或多个（A/B/n）版本，在同一时间维度，分别让组成成分相同（相似）的访客群组（目标人群）随机访问这些版本，收集各群组的用户体验数据和业务数据，最后分析、评估出最好版本，正式采用。

活动页面（A/B 测试的原理和方法，见本章第五节）。

三、渠道运营的常见方式

1. 应用市场推广

应用商店推广是目前最主要的 App 推广渠道之一，也是用户下载量最多的渠道。通过购买推荐位（首页推荐、分类推荐、精品推荐、榜单推荐、装机必备推荐等）和特定搜索关键词，可让 App 获得更多的曝光，获取更多的目标用户。

应用市场推广适用于推广 App，支持根据地域、性别、年龄、兴趣、机型、联网方式、手机系统、已安装应用等选择目标用户群体。其优势在于用户多、分发量大、精准度较高；缺点在于维护成本较高。

2. 广告联盟推广

广告联盟又称 DSP 平台，DSP 是一种在线广告平台，服务于广告主，帮助广告主在互联网或移动互联网上进行广告投放，同时 DSP 平台集合了众多中小网络媒体资源（包括中小网站、个人网站、移动端网站等），广告主按照网络广告的实际效果向联盟会员支付广告费用。常见的有阿里巴巴、腾讯广点通、百度网盟、搜狗网盟等。

广告联盟优势在于广告形式多、用户覆盖广，能快速覆盖不同设备终端、不同地域、不同年龄层、不同兴趣爱好、不同网络搜索行为的用户。但广告联盟数量众多，质量参差不齐，可能存在刷流量的情况，因此选择渠道时建议优先选择体量大、有品牌影响力的联盟。

3. 搜索引擎推广

搜索引擎推广通常有搜索引擎优化（SEO）、搜索引擎营销（SEM）两种方式。搜索引擎优化是利用搜索引擎的规则提高网站或特定搜索结果在有关搜索引擎内的自然排名，是网站技术层面的一种推广手段。

对于运营，搜索引擎营销是可以直接操作的一种推广方式。搜索引擎营销是根据用户使用搜索引擎的方式，利用用户检索信息的机会尽可能将营销信息传递给目标用户。通常可通过搜索关键词竞价广告及其他搜索引擎提供的广告展位进行广告投放。

搜索引擎推广用户触达精准度高，用户主动搜索，意图明确，且流量庞大。如果企业投放的关键词与品牌词、竞品词、产品词、业务词高度相关，搜索引擎广告能有效触达目标用户。

4. 信息流推广

信息流广告是位于社交媒体用户的好友动态，或资讯媒体和视听媒体内容流中的广告根据平台的属性可分为社交类、资讯类、视频类。穿插在内容流中的广告，对用户来说体验相对较好；对广告主来说，可以利用用户的标签进行精准投放。因此，在移动互联网时代到来后迎来了爆炸式增长，几乎所有的互联网媒体都推出了信息流广告平台，如今日头条、微博、抖音、微信朋友圈等都推出了信息流广告服务。

信息流广告突破传统广告形式，广告内容与产品功能混排，通常是以软性的内容广告进行曝光，让受众顺其自然地地接受；同时，信息流广告平台流量大，能够做到人群的精准定向。但推广用户的内容获取场景和消费场景并不一致，容易造成点击者的需求不强烈从而导致转化率偏低。

5. 换量推广

换量即指置换资源，是一种比较常见并有效的 App 推广方式。可以跟应用市场置换，也可以跟其他应用置换的是线上或线下的广告资源，如广告位、短信邮件营销、积分兑换等。在不付费的前提下一般要用自己的平台广告位资源推广对方产品，有内容合作、弹窗、焦点图、应用内推荐、积分墙等形式。

以支付宝生活缴费为例，作为一个嵌入支付宝内的城市公共服务业务，曾联合支付宝生态内的其他生活服务业务如饿了么、淘票票进行资源互换合作，双方互换广告位展示对方的广告信息，相互利用各自的强大流量进行互补。

在寻找合作渠道或答应对方的合作申请时，需要评估该渠道是否有值得合作的价值及该渠道的品牌调性是否与本品牌一致，主要从目标用户群体接近、品牌效应均等、置换流量相当等方面进行评估。

一般而言，换量的资源比直接买广告的资源便宜。对一些没有商业化的渠道，资源不售卖，可以通过换量的方式获取。但换量合作需要广泛拓展资源，无法做到持续稳定的效果。

6. 联合品牌推广

联合品牌推广是通过至少 2 个以上品牌相互联合设计一款产品、就一个热点进行互动传播、联合策划设计一组主题广告等，最终形成“1+12”的营销效果。

例如，在音乐类综艺节目市场火爆的今天，腾讯音乐广告巧妙融入爆款综艺，助力品牌表达态度，与中国好声音、中国新说唱、明日之子、梦想的声音、幻乐之城等多个爆款综艺合作，独占 28 个头部综艺版权，每一档节目的播出都带来亿级曝光量，帮助品牌成为热门话题制造者和衍生者，以 IP 为杠杆、“音乐”为势能，笼络更多年轻用户群体。

此外，品牌之间联合策划营销活动，或一个品牌赞助另一个品牌的活动，也是一种常见的联合推广方式。联合营销活动除了实现推广的目的外，还可以实现促活的指标。支付宝生活缴费与弹个车 App 的“攒电量抢千万红包”，对于弹个车 App

来说，获得了在生活缴费活动上的曝光和新流量；对于生活缴费来说，利用弹个车App赞助的权益完成了其用户缴纳水电燃费用的业务指标。

注意：在联合推广前需要考虑与对方是否存在竞争关系、对方品牌形象等方面的问题。

7. 自媒体推广

自媒体是指私人化、平民化、普泛化、自主化的传播者，以现代化、电子化的手段，向不特定的大多数或特定的单个人传递规范性及非规范性信息的新媒体的总称。当前比较受广大品牌商青睐的自媒体渠道有微信公众号、微博、今日头条、抖音、支付宝生活号等。

自媒体渠道的核心价值是沉淀精准用户、降低企业渠道推广成本、服务快捷体验通道。自媒体渠道的用户多为对企业所提供的服务有需求或有兴趣的精准用户，渠道发布的信息与呈现的内容越符合用户预期与需求，获得用户信任与依赖的程度就越高，用户自传播概率也会随之提升，已有精准用户的自传播带来的用户更具备发展为核心用户的潜质。自媒体渠道的用户沉淀到一定量级后，企业的新产品或新功能服务完全可以借助自媒体渠道进行深入的宣传与推广，大幅度降低企业在渠道推广层面投入的成本与费用，企业在开发人力与产品人力资源充沛的情况下，可尝试在自媒体渠道中建设服务快捷体验通道，如某项核心重点功能，以H5或移动端网站的形式开发并投放在自媒体渠道中，帮助用户更快体验功能、使用业务与工具。

运营实施过程中，结合自媒体渠道的价值与作用需要有明确的思路框架作为阶段化建设的策略指引。如电力企业微信公众号渠道，在用户心智培养方面，可以尝试建设功能说明、新功能介绍、常见问题解答等内容单元；在用户活跃度提升方面，可以构建优惠活动、会员签到、会员任务等版块；为促进更多用户的关注与自传播，可增加日常发布与服务相关的系列话题专栏，如用电常识、安全用电、电力新闻等栏目。

8. 地面推广

地面推广更侧重于传统而非网络模式的推广，它注重实地宣传，在传统营销中占较大比重。地面推广的形式多样，如组织路演或会议、投放线下广告，发放宣传单页也属于地推的方式。

地面推广的效果很大程度上取决于推广场景是否合适，如在小区门口推销蛋糕不如在咖啡店、电影院合适，具体需要根据场地周边人群确定合适的推广场景。

地面推广是最能够与用户直接沟通的一种推广方式，它能够在一定程度上消除一些潜在用户的顾虑，提高潜在用户对产品的信任，更利于品牌的宣传推广。但地面推广需要花费更多的时间、资金与人力，受到地域限制，如果不具备较大资金和精力很难支撑下去。

第二节 产品运营

产品与运营不分家，没有好的运营，产品再好也没有人用。但是在互联网产品领域，产品的设计和开发有很多理论和方法，运营却始终是一个模糊的词，日渐被重视又没有被足够重视。事实上，在产品体验和业务流程越来越同质化的今天，运营在很大程度上决定了一个产品能否在市场竞争中脱颖而出。本节从实践的角度对产品运营的逻辑、核心技能和方法进行了系统总结，读者可以从中清晰了解到如何在不同的产品阶段开展运营工作。

一、产品运营的定义

狭义的产品运营，其工作职能主要包括两方面：一是结合用户需求分析和产品体验分析，对产品提出优化需求；二是结合业务需求与增长目标，围绕运营工作开展所需要的新功能、新业务的规划，向产品经理提出清晰的需求，优化产品的应用效果。例如，提出一些能够改进用户转化率的产品优化需求，在 App 的某个页面开辟广告位或用户的会员及积分体系等都属于产品运营的工作范畴。通常情况下，产品运营不需要负责用户运营、活动运营、内容运营等其他细分领域的运营工作，但是需要协助相关运营，围绕用户体验及运营目标，进行产品规划设计，使运营手段能够通过产品更迭的方式进行应用，最大化运营效率。

二、产品运营的工作流程

产品运营的基本工作流程为了解产品 – 制定目标 – 数据分析挖掘策略 – 产品验证与完善。

1. 了解产品、明确定位

（1）了解产品所处阶段。运营要明白所负责产品是处于雏形、成长期、成熟期还是衰退期，根据不同的成长阶段运营制定相应的目标和合理的策略。

（2）了解产品的业务类型和产品形态。运营要清楚所负责产品是属于工具类产品、社交类产品、内容类产品、电商类产品、平台类产品还是游戏类产品，并根据不同类型的产品特性制定运营目标和运营策略。

（3）了解产品规划。产品运营需与产品经理保持沟通，实时了解产品规划或参与产品规划。

2. 制定运营目标

（1）拉新。一般体现在产品介绍、产品图标、产品首页交互和新用户引导等方面。制定目标时需要明确以下问题：谁是产品的目标用户、为什么用这个产品、如何提高他们使用产品的频次和时长。

（2）促活。一般体现在业务形态、常规活动、交互体验等方面。制定目标时需要明确以下问题：不同类型的用户有哪些需求差异、如何让用户第一眼就能对产品产生兴趣、如何建立用户对产品的感知度（即产品调性）。

（3）留存。一般体现在核心业务使用体验、交互体验、用户服务等方面。

3. 数据分析挖掘策略

数据分析有助于运营了解产品现状，实时把握产品动态。准确把握数据变化、数据异常的原因，才能对症下药，优化产品，解决问题。产品运营需要关注的数据，通常分为业务数据、产品数据和用户数据三类。

（1）业务数据。所有运营动作都是为了实现业务数据的增长，所以不论何种运营，最先关注的都应是业务数据。如电力行业 App 的核心业务是缴纳电费，则运营最先关注的应是电费缴纳相关的数据，如缴纳人数、缴纳笔数、缴纳金额、优惠金额等。

（2）产品数据。了解了业务数据的变化，运营应观察产品数据的变动，是否因产品的数据变化导致业务数据的波动，如下载数据、登录数据、页面访问数据、控件点击数据等。

（3）用户数据。产品数据的波动都是来源于用户，因此对于产品运营来说，了解用户数据非常有必要。比如登录用户数突然增长，是新用户注册增加导致登录数据上涨，还是参与优惠活动的用户突然集中登录等。除了观察后台的数据，产品运营也要深入用户，与用户进行沟通或开展调研，收集用户的反馈和建议等。

4. 产品验证与完善

除了创造短期用户价值外，运营还需要协助产品完善长期价值。资深的产品运营在了解产品和数据后，可以大致判断出产品的缺陷。用户反馈（用户调研、社群沟通、用户意见邮箱）来确定自己的判断或者挖掘问题点。结合产品运营的目标，优化设计产品或规划新功能。完善产品功能的流程大致如下：

（1）对用户访问数据、业务转化效果等数据进行诊断分析，挖掘产品问题；

（2）围绕运营目标增长的需要，提出产品功能优化需求或策划新运营功能模块；

（3）规划运营产品，协助产品经理将需求梳理成型，进行产品方案评审、产品测试、产品验收，以及产品应用阶段的问题争端与优化等。

三、产品运营的工作内容

在产品生命周期的不同阶段，运营侧重点不同。因此，产品运营应该根据不同的产品阶段，制定不同的产品运营策略，工作内容也随之发生变化。

1. 根据不同的产品阶段采取不同策略

（1）启动阶段。在产品启动阶段，产品运营的主要目标是结合商业模式和业务模式寻找用户痛点，与产品经理一起做好功能分析，获取种子用户，收集用户反馈，进行快速验证快速迭代。

要实现这个目标，产品运营一般可以采用以下方式：

1）通过市场调研找到业务模式可行性、产品定位和业务场景；

2）通过用户调研、用户访谈找到用户痛点；

3）分析整理用户需求，做好需求分析给到产品经理；

4）确定初期产品数据埋点[1]，做好埋点需求给到产品经理；

5）建立自媒体和社群通道，作为种子用户获取和维护的渠道；

6）建立种子用户沟通社群和面谈机制，跟踪种子用户使用过程并收集或挖掘种子用户使用问题，做好数据分析，不断改进和提升产品体验。

（2）成长阶段。成长阶段最主要的目标是获得用户，提升用户活跃度与用户价值，进而实现用户在某个业务上的转化。此阶段产品运营主要采用以下方法：

1）利用前期积累的种子用户迅速推广，扩大影响力，如"老带新"活动、种子用户口碑传播、软文等。

2）配合运营团队开展整体拉新，促活和留存工作，如活动策划、上线、测试，活动交互优化等。

3）做好数据分析，根据分析需要完善数据埋点需求；关注用户数据 DAU（日活跃用户数量）、MAU（月活跃用户数量），及付费用户数据和 ARPU（每用户平均收入）等数据；关注产品页面访问数据、跳转数据、访问时长、用户使用路径等。数据分析指标详见表 2–2。

表 2–2　数据分析指标

用户注册	注册规模
	增长速度
	渠道质量
	注册流程质量
	用户注册行为

[1] 埋点分析，是网站分析的一种常用的数据采集方法。在产品、服务转化关键点植入统计代码，据其独立 ID 确保数据采集不重复。

续表

用户留存	留存规模
	留存转化率
	使用时间
	使用频率
用户活跃	用户增长速度
	注册 – 活跃转化率
	访问行为统计
业务转化	付费用户规模
	增长速度 付费转化率
	付费金额
	付费用户行为

同时，要做好运营团队和产品经理直接的桥梁，做好需求分析、需求整理和产品需求文档的撰写，跟进产品的迭代和复盘。

（3）成熟阶段。成熟阶段，产品的迭代已经能够保持一个稳定的、周期性的节奏。此阶段产品运营一般需要按照计划持续地、阶段性地配合用户运营、活动运营策划用户激励活动，提炼一些模式成熟且有一定成效的活动成为常规性的产品模块，监测数据确保产品各业务正常有序地运转等。

（4）衰退阶段。衰退阶段，产品运营需要策划新的业务模式和增长点，解决用户更深更广的需求和痛点，与公司团队一起创造新的盈利点。

产品运营需要分析哪些用户流失及为何流失，并思考如何通过站内信召回、推送消息、邮件召回、短信召回、电话回访等手段召回用户。每种召回工具都有利有弊，多种方式搭配效果更好，目前最主流的是推送消息 + 短信的组合搭配。用户流失原因分析内容见表 2–3。

表 2–3　　用户流失原因分析

用户流失	流失用户规模
	流失用户速度
	流失用户行为
	流失用户原因分析
	挽回策略和效果分析

2. 从数据挖掘中对症下药

产品运营对数据要有很强的敏感度，合格的运营一定是数据驱动运营，通过日积月累地观察数据，发现变化、异常和问题，并对产生的数据进行结构分析、趋势分析、关联分析、回归分析等。

（1）挖掘问题。以产品的页面访问量变化为例，如果发现 App 的一个页面访问量突然下降且下降幅度远超过平均值，那么应该进行问题排查：与该页面的访问有关联的因素都有哪些；所有的页面访问量是否都存在类似问题；在系统运维层面、产品层面是否存在问题等。

如果发现一个页面访问量增长幅度远超平均值，同样可以按照上面的思路进行查因，如和该页面的访问有关联的因素有哪些、上线了什么活动、市场部的推广页面导流到了该页面、产品增加了什么功能所致等，需要有一定的分析手段去挖掘问题。访问量增长原因挖掘如图 2-5 所示。

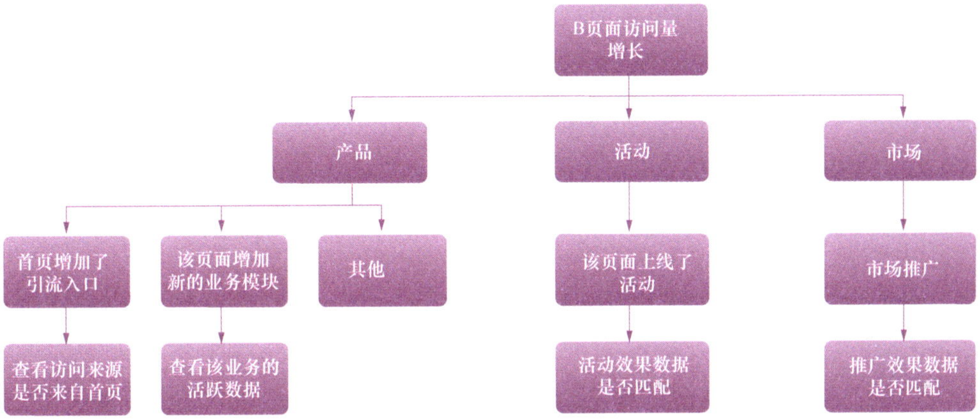

图 2-5　访问量增长原因挖掘

（2）产品优化。如某天一个页面访问量增长幅度远超平均值，按照图 2-8 排查发现，原因在于该页面新上线一个新的业务功能，而查看该功能的数据，发现参与量与该页面的访问增量基本一致，由此可推导该业务带动了整个页面的访问增长。

发现原因后，是否可以乘胜追击，将该业务功能的价值发挥到更大呢？出于谨慎考虑，新业务上线前期是为了验证是否可行，所以将其放在非首页位置，而首页的流量最大，当验证该业务可行后，可以将其移到首页或单独开设频道页，以实现流量活跃最大化。

3. 联合其他运营岗位打造运营“组合拳”

在广义的定义中，产品运营既包含狭义的产品运营，也包含用户运营、活动运营等。很多小企业设产品运营一岗就足够了，但对于大企业，产品运营的工作无法脱离其他运营岗位独立运转，因为在运营工作中需要不同运营性质的工作人员联动。

如活动运营策划一次活动，需要开发 H5 页面，产品运营需要根据活动方案优化完善活动中的产品逻辑、交互页面，评估是否需要增加产品功能来实现活动效果等，然后再提交整体活动开发需求给产品经理或者开发工程师。

第三节　用户运营

一个优秀的互联网运营必定要了解用户，因为用户是一切运营动作面向的对象。本节从用户运营的核心工作内容出发，结合常见的运营手段和案例，让读者对用户运营有更加全面深入的认识。

一、用户运营的定义

用户运营是指围绕用户量和用户价值提升，开展种种提升手段，最终实现产品价值的最大化。用户运营的核心是开源、节流（减少流失）、维持（促进活跃及提高留存）、刺激（转化付费）。

用户运营的基本逻辑很简单，即先分析产品的人群属性和特点，建立用户的“金字塔”结构，再将每个环节细分成一个个“金字塔”，并分别找到每个“金字塔”的突破点。同时遵循“二八”原则对用户进行分群，区分出普通用户、潜力用户、核心用户和忠实用户，采取不同的运营策略和管理办法。用户金字塔模型如图 2–6 所示。

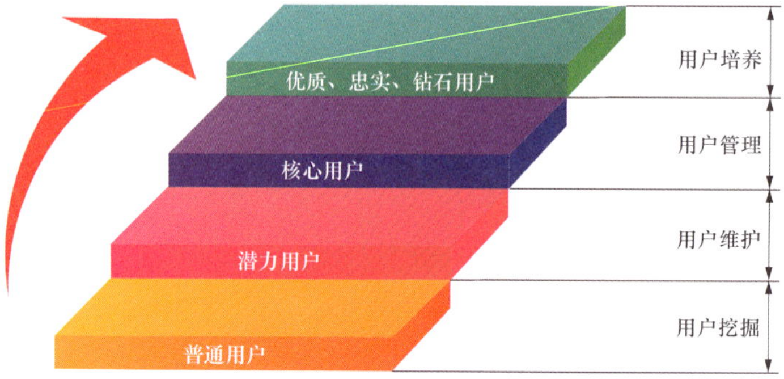

图 2–6　用户金字塔模型

二、用户运营的工作内容

1. 用户调研与行为数据分析

用户调研工作贯穿整个用户运营工作，能帮助运营从数据发现用户的需求是否发生变化、市场的趋势正朝着何处发展，所有的一切基于对获取的用户数据进行分析解读。

用户调研通常分为间接和直接两种。

（1）间接调研，即不直接接触用户，而是从用户使用的轨迹找规律，比如平台

25～35岁用户的性别分布、不同页面间跳失节点、流失用户特点等，得到的通常是特征类结果。

（2）直接调研，即通过直接与用户沟通，包括问卷、访谈等形式，获得用户问题的真正原因。直接调研普遍基于间接数据分析后进行，通过提炼更加精准的问题来获得信息。

无论是直接调研还是间接调研，数据整理和分析是关键，且要对得出的数据结论进行检验（通常会用到简单的统计学知识）。

2. 用户画像、分层

用户画像在不同阶段所代表的形式有所不同，通常被分为定性画像、定量画像两大类。

通过主观、感性的用户卡片，用户的鲜明形象仿佛就站在面前，当然，这个“用户”是由很多用户的共性标签组成的，定性用户画像代表一个用户群体，便于跨部门的同事看懂，多用于新产品、重大新功能开发前的调研工作。

通常，定量画像对用户信息的统计有用户性别比例、地域分布、客单分布等维度的数据表，数据可以做到日更新甚至实时更新。

定量画像多用于运营工作的辅助，如对于用户80%来自南方和80%来自北方的两个季节性产品，可能会在上新时机选择上做出不同的决策。

用户分层可以看作是定量画像的辅助工具。在直观的数据显示之外，用户数据交叉分析，并结合运营思想将用户分成不同层级，以辅助做精细化运营，如童鞋电商的尺码分层。

3. 营销策划

不同于活动运营，用户运营的营销是一个长期的、中途可更改的事件，有时会配合活动运营做短期活动。用户运营营销的最终目的是服务于用户运营在AARRR不同阶段的不同运营指标。

营销策划的典型例子是转发免费抽奖（如饿了么红包分享），促使用户传播，可以是配合一次活动设置的子活动，也可以是一个长期的产品功能。用户运营的目的可以是拉新，也可以是激活、留存。

4. 产品功能优化

产品上线后，有哪些阻碍用户使用产品的障碍或降低用户体验的问题，需要用户运营人员通过用户调研复盘，从而继续优化、测试，如商品页优化等。这部分工作通常由用户运营和产品运营配合完成。

5. 会员分层运营

会员制度是一种用来提高用户留存和付费的营销方法。通过设计不同层级的会员等级，再针对性分配公司营销资源，让高层级会员享受更多的福利、权利、荣誉，刺激用户在体系中进行正向行为。

成功的会员体系分层，其分层标准在于用户对产品的使用程度，也可称为需求满足阈值。低级别用户的使用程度较低，产品的基本功能即可满足需求，付费获得功能特权相当于锦上添花；而高等级用户在更加频繁地使用中，普通用户眼里锦上添花的功能变成雪中送炭。如网易的有道云笔记产品，会员用户可以拥有更多存储空间、更多特权功能，随着用户等级的提升，又有更多的会员权益开放。

成功的会员运营，是在研究分析不同层级会员需求，设置成功的会员体系后，根据用户的需求习惯进行恰如其分的提醒和营销，来提升用户留存或达成某些短期指标。

三、用户运营的基本方法

按照用户生命周期划分用户，能够帮助运营了解不同生命周期的用户需求，开展运营策略，从而减少用户流失。下面将分别阐述各个时期常见的运营手段和做法，有需要的读者可自行参考借鉴。

1. 用户引入期

这个阶段，用户初步接触产品，需要鼓励用户更积极地了解产品，并做出一定尝试，使其对产品留存并产生一定的黏性。

例如，可以激励用户完成第一笔支付，通过使用首次消费优惠券（电商为现金抵扣券，餐饮可为满减优惠券），让用户尝到甜头。通过美团、饿了么、每日优鲜、滴滴等 App 不难发现，在用户引入期，高价值、低门槛、使用期限短的优惠券是留住用户非常有利的手段。

2. 用户成长期

这个阶段，用户开始了解产品，用户的活跃度也许不高，但对产品有一定兴趣。建议结合活动运营营销，如抽奖送手机、满额送爱奇艺视频会员等，这些活动可以使用户在使用产品产生一定的趣味并产生用户黏度。

实物奖品往往会选择热门数码产品，相较于用户优惠券来说，虽然最终奖品受众更少，但是由于其在市场的广泛营销，且自身价值更大，视觉化更加放大了奖品的吸引力，在用户成长期往往是博得眼球与关注的好方法。

3. 用户成熟期

这个时期，大部分用户已转化为付费用户，为产品带来了收益，需要重点培养用户忠诚度。

老用户对产品比较了解，而且已经产生了一定的自我认知与归属感。运营人员可以利用其对产品的信任与认知发展其“老带新”。例如摩拜单车的邀请好友得骑行卡活动，就属于老带新。

4. 用户流失期

这个时期，用户活跃度直线下滑，因此营销重点是促使用户活跃。增加外部流量固然重要，但若能降低老用户的流失率便可事半功倍。流失用户唤醒的二次睡眠率往往高达 80%，这就突出了这个阶段精准营销的重要性。

通过引入期、成长期、成熟期和流失期的数据分析，可以发现不同时期用户转化率的变化与问题所在，通过用户痛点的分析与自身成本的考虑，选出利益最大化的用户激励方案。利益最大化其实是一件耗时非常长与占用人精力非常多的事，根据泰斯勒定律，每个过程都有固有的复杂性，一定存在临界点，超过临界点就无法再优化了。

第四节 活动运营

一个优秀的活动，不仅可以实现流量的迅速增长，还能实现业务层面的高速扩张，收获用户量的扩张、交易量的提升、用户口碑的积累。本节通过理论结合实操的形式，将活动流程逐一分解，阐述如何做好活动运营相关工作。

一、活动运营的定义

活动运营，是运营人员结合现阶段的运营目标（如拉新、促活、品牌曝光等），通过组织活动在短期内快速提升相关指标的运营手段。其核心是围绕活动的策划、资源确认、宣传推广、效果评估等一系列流程做好项目推进、进度管理和执行落地。

无论什么形式的活动，其底层逻辑都是相通的，本质是交换。企业用物质或精神奖励交换用户的注册使用、时间、活跃、付费等。运营人员在策划活动的时候，需要基于活动对象的目的提供参与动机，然后找到合适的场景或创造合适的场景，提供外部刺激，结合时机，把运营的目的包装在活动对象的目的之内，这样才能够使活动效果得到最大化。

二、活动运营的工作流程

活动运营工作流程大致可分为活动策划、活动筹备、活动执行、活动复盘四阶段，如图 2–7 所示。

图 2-7　活动运营工作流程

1. 活动策划阶段

一提到活动运营，首先想到的可能是细节部分，如选什么主题、做什么创意、请什么嘉宾、在哪落地、何时制作物料、何时进场搭建等。然而，如果没有搭建好清晰的活动运营框架，以上内容均无意义，所以运营人员需要利用 5W2H 分析法[1]搭建活动运营框架。

传统意义上的 WHAT、WHY、WHERE、HOW MUCH、HOW、WHEN、WHO，对应到活动方案里，分别是活动主题、活动目的、活动载体、配套资源、活动形式、时间节点和参与人员，5W2H 分析法概念如图 2-8 所示。

图 2-8　5W2H 分析法

其中，活动目的、活动主题和活动形式往往是决定整个活动成败走向的关键性因素。

[1] 5W2H 分析法又称为七问分析法，是二战中美国陆军兵器修理部首创。简单、方便，易于理解、使用，富有启发意义，广泛用于企业管理和技术活动，对于决策和执行性的活动措施也非常有帮助，也有助于弥补考虑问题的疏漏。

（1）活动目的。做活动之前，首先要解决的问题是活动的目的是什么、要通过活动解决什么问题，明确活动目的可以让运营人员清晰自己的行为路径，帮助活动流程更高效地运转。活动目的可以粗略地分为唤醒、召回、促单、品宣、拉新、促活六种。

（2）活动主题。活动主题通常分为主标题和副标题两部分，如图 2–9 所示。

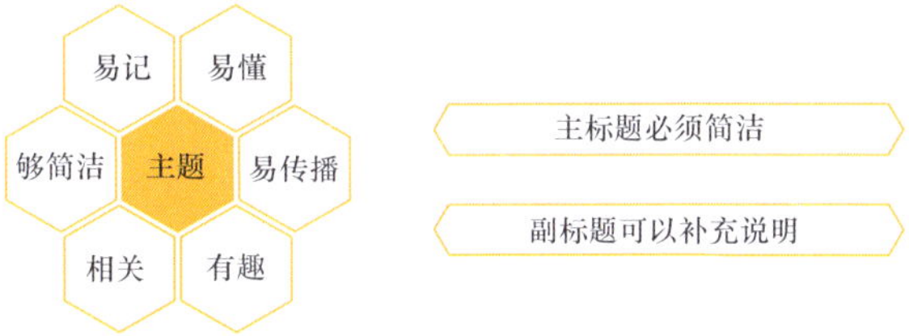

图 2–9　活动主题分析

（3）活动形式。活动形式是否有创意、是否新颖、能不能给人眼前一亮的感觉，决定了活动能否在众多信息流中突围而出并触达目标用户。运营人员在设计活动形式时，要重点考虑以下问题：用户的活动路径是否清晰明确、每个步骤的介绍和指引是否足够清晰、奖励反馈是否及时、有没有分享机制能够方便传播等。

2. 活动筹备阶段

活动策划阶段结束后，要进行筹备。筹备阶段主要完成配套资源的协调安排、时间节点的明确同步、文案素材的撰写制作三方面工作。

配套资源，简单来说就是设计资源、开发资源、传播资源和运营资源。结合设定的活动流程，活动项目负责人需要把渠道、页面、技术、运营、奖品发放等执行中的各项工作分配到个人，通常在执行开始前 1 ~ 2 天召集所有执行人员开活动动员会，下发执行方案，逐项分解任务到个人，保证每个人都清楚自己的工作。

一个完整的活动周期通常由筹备期、预热期、引爆期、长尾期四部分组成。最关键的活动策划和执行周期在预热期，活动信息能够成功触达多少用户、影响力如何，很大程度上决定了用户参与情况是否理想。运营人员需要准确把握各时期的时间节点，安排好每个阶段需要完成的工作。

活动开始之前，需要将所有物料准备好，如文字、图片视频，以及活动当中可能需要使用的应急风险话术。

此外，对整个活动流程进行数据埋点也十分重要。常见的方法是将衡量活动目标完成情况的北极星指标[1]拆分成运营各环节对应的若干子核心指标，根据已拆分下来的子指标，找到活动运营对应环节，用技术手段完成数据采集埋点。

[1] 北极星指标，是指与公司业务 / 战略目标相关的绝对核心的指标。

3. 活动执行阶段

有了策略和具体的规划、资源配备后，这一步要做的是通过文案、活动、事件传播等具体活动执行手段达成运营目标。

对于投入成本比较高的活动，正式上线前可增加活动预演环节，找几个精准用户试水，一方面可以观察用户对活动的反馈，另一方面有利于发现活动流程的漏洞。此外，活动期间可能发生各种突发状况，一旦处理不好可能会失去用户，并影响品牌形象，因此需要提前准备好应急预案，在活动开始前设想可能出现的问题及相应的解决办法。

活动正式上线后，运营需要监测活动期间各项数据的关键指标的每日趋势变化，如活动页面浏览人数、用户参与情况、奖品剩余情况、参与用户反馈信息等，关注用户行为、转化是否正常，并根据趋势变化调整活动规则、活动费用、优化活动流程等。

4. 活动复盘阶段

任何活动，无论是成功或失败的，都有总结复盘的意义。只有对活动整个过程进行细致的梳理、分析、总结，才会凝聚成经验，而不仅仅是经历。复盘总结可以找出活动本身的不足之处，如活动的目标是否完成、完成情况如何、活动中用户交互是否顺畅、哪里还可以优化、活动出现哪些突发状况、这些突发状况有什么解决方案，以及活动数据出现波动的缘由，并对导致数据波动原因进行详细分析，划分主次和内因外因等。复盘总结可以帮忙了解活动过程是否有竞争对手复制活动，如有复制，是否在下次活动时设置一些技术屏障增加复制难度。一般活动总结包括以下部分：

（1）活动概述。本次活动的回顾性简介，即在什么时间做了一件什么事情，想达到什么目的。

（2）活动效果统计。回顾核心目标和阶段指标，评估实际的结果是否符合当时的预期、活动参与人数怎么样、效果转化怎么样，也可以通过资源使用率、目标达成路径、环节转化率等维度对活动效果的好坏进行拆解及评估。

（3）宣传效果统计。对各个投放渠道进行数据分析，了解各个渠道带来的流量和转化率数据。

（4）经验总结。根据数据和用户反馈，总结活动中存在的问题、学到的经验和教训，并将结论代入下一次的活动运营工作。

三、常见的运营活动类型

根据活动目的的差异，通常可将活动划分为品牌曝光类活动、拉新类活动、促活类活动、引流类活动、业务转化类活动五大类型。

1. 品牌曝光类活动

品牌曝光类活动通常以增加品牌曝光度、提升用户的品牌感知度为目的，一般较少考虑直接转化效果，适合新品牌上线时开展。成功的品牌曝光类活动，往往能够在微博、朋友圈等社交平台掀起一阵转发风潮，在短时间类形成“病毒”营销态势，使品牌被迅速熟知。

【案例 2-1】2018 年跨年之际，Faceu 激萌联名 PUMA、BOBBI BROWN，上线多款合作贴纸，在线下推出 U 趣研究所体验区，创造年轻人打卡的“时尚新坐标”，活动与 15 家媒体 + 合作方 +KOL 联动，4 天现场活动人数超 4000，线上线下累积曝光量达 2000 万。

2. 拉新类活动

拉新类活动主要以拉新为目的展开，即以提升新用户注册量、用户激活率、关注率等为活动目的，如 App 的下载和推广、微信公众号的粉丝增长等。从时间上来看，一般分为短期营销活动和长期的常规化活动。短期营销活动利用应用型功能 + 短时间精心策划的营销型事件，在 2 ~ 3 天迅速进行病毒营销并大量拉新；长期的常规化活动常见于某些 App 针对新用户所发起的活动，如用老带新、新用户专享福利等形式，进行拉新。

【案例 2-2】“掌上电力” App 上展开的“最高 888 元，喊你领红包”活动，是典型的拉新活动。“掌上电力” App 拉新活动，以 888 元电费红包为噱头，吸引用户参加抽奖，但参与活动的前提是用户必须完成 App 的下载注册并绑定户号，这很好地促进用户完成了第一阶段的转化，达到拉新目的。

3. 促活类活动

促销类活动是以唤起沉睡用户[1]、提升用户活性从而减少用户流失率为主的活动，大部分互联网用户都参与过。

App 中常见的每日签到、积分商城等都是增加用户的打开率、培养用户忠实度的活动。

4. 引流类活动

引流类活动是从线上、线下用户池导流到另一个新用户池的活动形式，从大类别来说属于拉新活动。

【案例 2-3】“掌上电力（2019 版）” App 上线初期，需要把老用户引流到新平台，为了实现用户的平稳迁移，可开展“升级有礼”类有奖活动，让用户在参与活动的过程中完成迁移，过程愉悦无不适感。

---

[1] 运营人员通常会基于业务类型设立用户行为数据的监控，根据用户生命周期建立一个决策树，找到用户流失的数据临界点，从而圈定沉睡用户。

5. 业务转化类活动

根据 AARRR 模型，流量发展到一定规模，不可避免地需要策划以增加销量、促进变现为目的的活动。活动文案简单直接，直击折扣主题。

支付宝端推广签约代扣业务时，经常上线类似活动，希望用户快速完成代扣[1]签约，并进行交费。“天猫双 11”“京东 618”等是最常见的转化类活动形式。

第五节　内容运营

大部分人对内容运营的理解还停留在发文章、编辑图文、排版等工作上，事实上，内容运营不仅需要生成优质的内容，还需要根据不同的分发渠道制定投放策略，逐步占领客户并促成业务转化。本节通过介绍内容运营的定义、工作流程和常见工具，让读者了解如何通过优质内容获得用户、服务于用户，以及如何把产品的价值观、态度甚至性格通过内容的形式呈现出来。

一、内容运营的定义

内容运营是指通过创造、编辑、组织、呈现内容，提高互联网产品的内容价值，从而对用户的黏性、活跃产生一定促进作用的运营。简单来说，内容运营就是要创造出优质的内容，提高产品本身的价值，增加用户的黏性，并且通过某个渠道或手段能让用户知道并关注内容，使用户能接受并一直喜欢下去。

内容是服务提供方与用户展开交流与沟通的基本语言，是用户了解服务最直观的方式。内容运营贯穿于整个互联网大运营体系中，从互联网应用上线发布前的预热宣传造势，到用户流失召回的完整互联网服务运营链路中，都需要配备内容的创作与发布。内容运营不仅承担着宣传推广互联网服务的作用，更承载着培养用户心智、塑造用户口碑、提升服务影响力的重要使命。内容运营工作分析框架如图 2–10 所示。

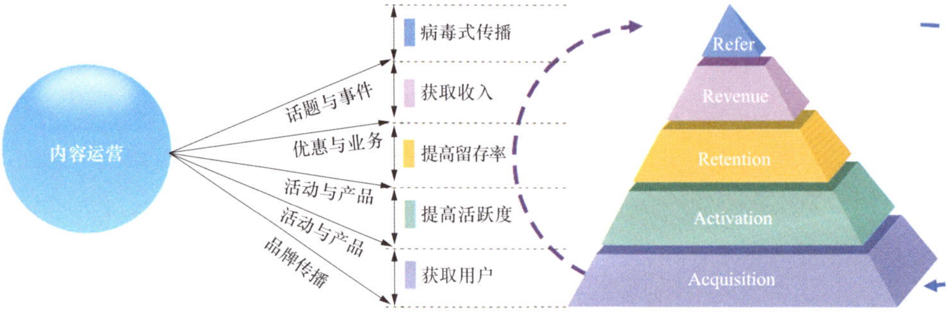

图 2–10　内容运营工作分析框架

---

[1] 办理银行代扣（划扣）电费业务后，银行会在设定时段对绑定交费的银行卡进行批扣电费。

内容运营作为运营工作体系的重要组成部分，扮演着十分重要的“催化剂”作用。内容运营配合产品运营、活动运营、渠道运营联合作用时，会对运营方案最终所实现的结果起决定性影响。内容运营与其他运营协同关系如图 2-11 所示。

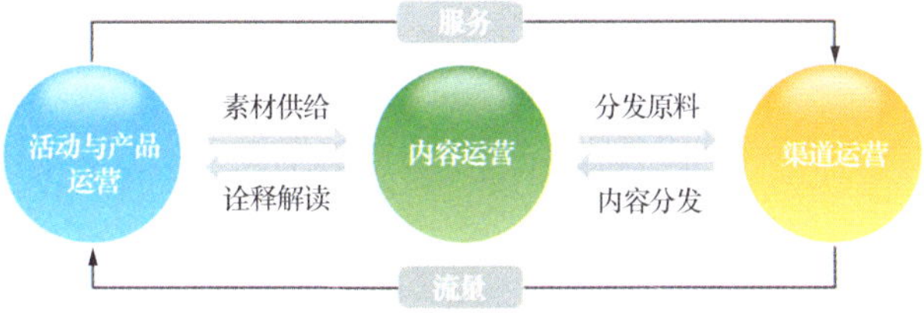

图 2-11　内容运营与其他运营协同关系

上游一般关联产品运营与活动运营，如电力机构每研发一项新的功能服务项，或开展任意一项优惠活动，“内容”都将作为标配项，对产品功能服务与活动信息进行说明；下游关联渠道运营，即创作出的内容需要投放于有效渠道中用于展示与曝光。内容是否能起到正向催化的作用，取决于内容的质量。

以微信公众号运营为例，垂直领域内容多少决定了微信号是否具有价值，是否可以吸引用户关注。持续做有价值的内容分享，就能够牢牢占据这部分用户。而这些深度用户把内容分享到朋友圈的自发推广价值是不可限量的。通过朋友圈，微信公众号能获取一部分新的用户。然后通过内容持续吸引新用户，让他们也愿意自发分享传播。通过内容深度抓住用户，再从内容面的广度覆盖更多用户群体，从而形成通过内容引入用户的良性循环。做好内容运营，产品会得到持续发展的好结果。

二、内容运营的工作流程

内容运营的工作流程大致可分为明确内容定位、制定内容投放规划、内容生产与组织、内容流通管理、内容数据分析五个阶段。

1. 明确内容定位

无论是电商、门户、企业、政府、搜索引擎、论坛还是自媒体平台，都是通过内容为用户提供服务。但是基于受众群体的差异，他们的内容类型不一样，视角设计不一样，带给受众的感知不一样，可以参与互动的方式也不一样。

因此，在正式创作内容前，需要明确投放内容的目的、目标阅读人群特征与偏好、内容所传达的信息与目标人群偏好是否匹配等关键问题点。通过产品定位确定用户定位，通过用户喜好确定内容定位。例如，简书的内容定位为交流故事、沟通想法，B 站早期的风格则偏向动漫爱好者的聚集地。

如某供电公司结合“38 女神节”主题在微信公众号开展线上营销活动，首先明确活动的目的是采用截图分享抽奖的形式为公众号吸粉。活动宣传所面向的主要阅读人群是女性用户，因此宣传稿件的整体风格要符合女性群体偏好，素材色调采用粉色（最好与活动主题页面风格一致），文案描述词汇柔和，排版清爽整洁，语言逻辑清晰，这样才能与女性群体特征偏好相吻合，从而增强目标用户对内容的兴趣度，再通过活动规则的清晰介绍，转化目标用户参与活动。

2. 制定内容投放规划

明确内容定位后，运营人员需要制定内容的投放规划，主要包含渠道选择和内容形式两部分。

（1）投放的渠道选择。可用于企业宣传内容投放传播的渠道，通常可分为自有渠道和外部渠道两大类。

自有渠道一般特指企业自建的官方 App、短信平台，以及微信体系的个人号、公众号、社群、小程序等。一般而言，自有渠道能够最直接、高效地触达目标用户，较适用于宣传内容投放。而且，企业对于自有渠道用户的兴趣、习惯和喜好，会有比较精准的把握，能够有针对性地通过内容、互动等运营手段渗透其中，从而有效提升内容投放的效果。

外部渠道一般指以搜索引擎、门户网站、社交媒体、信息流广告为主的内容投放平台，通常需要付费换取内容展示机会。外部渠道的分类、特性和投放要点见本章第一节。

目前市面上较为常见的是将自有渠道和外部渠道进行组合搭配的内容投放策略。以“掌上电力”App 的上线宣传为例，不仅在官方自媒体矩阵[1]（包括但不限于微博、微信、百家号、大鱼号、企鹅号等）发布宣传内容，还在门户新闻媒体网站、信息流广告投放平台进行内容投放。每个渠道的宣传主题、发布时间、渠道费用都需要提前做好规划，合理使用营销预算，以实现总体的宣传目标。

（2）投放的内容形式。在投放过程中，需要根据不同的渠道特征对内容形式进行调整，以形成适配这个渠道的内容。这种适配包括两层含义：

1）内容呈现形式，需要适配渠道的载体形式。一个典型的例子是时下流行的竖视频。要知道，从有视频以来，视频主要以横屏为主。但随着手机的发展，为了更符合竖式观看习惯，视频逐渐由横视频转变为竖视频，而且，这种转变很快延续到电梯媒体。带来的好处是内容更适宜媒介形式，也更适宜受众观看。而竖视频的形式视野更集中，更具冲击力和穿透力，能够给受众带来更沉浸的观看体验。

2）根据渠道自身特点，进一步对内容进行调整。同一个视频素材经常会被剪辑成无数个版本放在不同的渠道：在网络上，播放的是完整的长版本，故事更完

[1] 自媒体矩阵，是指多个自媒体平台有机组合在一起，为企业或个人打造品牌，进行产品营销。

整、更有趣，更能引发"病毒式"传播；在电视上，则是更简短、重复的广告；而在电梯电视上，则是两者的结合，视频短小精悍，加上电梯相对密闭、隐私的环境，视频内容也会更亲民、生活化、个性化。

内容的展现形式，往往比具体信息更先一步触达用户，并对用户产生最直接的影响。所以运营人员需要针对不同的渠道特点，调整投放内容的形式，这对于实际的投放效果和内容转化是非常重要的。

3. 内容生产与组织

（1）内容生产。互联网平台投放的内容主要分为 PGC（官方原创内容）与 UGC（用户创作内容）两种类型。PGC 指通过专家（或运营人员）生产内容，奠定前期的内容氛围；UGC 指用户将自己原创的内容通过互联网平台进行展示或提供给其他用户。

两者的区别比较明显，前者是企业或机构自产内容，一般适用于内容量少的产品，如新浪、凤凰、腾讯等门户站；而后者依靠用户生产内容，官方从中甄别和挑选内容，如知乎、豆瓣、猫眼电影、bilibili 等。

PGC 要求内容生产者在该领域具有专业的能力和知识，适用于对专业性有要求、门槛较高的平台，如视频节目、优质电台节目、大众音乐平台等。

UGC 的核心问题是如何构建用户激励机制，从而使用户自发性地持续生产内容。以社区运营为例，一开始运营人员需要自己注册马甲小号不断发帖，给社区营造热闹的氛围，吸引种子用户进入，再通过各种运营手段鼓励种子用户发布优质原创帖子，丰富的内容会吸引更多用户加入。

PGC 和 UGC 相结合的内容运营模式近几年越来越受到各大互联网服务平台的青睐，以互联网 + 电力营销服务平台为例，内容运营在撰写官方内容时，可适当引入电力行业专家学者的观点，或结合居民用户分享的用电小故事展开。这样，一方面能让内容具备更高的专业性和权威性；另一方面又与居民生活场景相结合，丰富了内容的趣味性、亲和度，更容易让读者产生共鸣。

如某供电企业微信公众号 2018 年 8 月 17 日发布的《看过那么多表白的套路，今天我们就想走个心》，结合七夕主题引入互联网用户发表关于"爱情表白"的素材，引申出"用电表白"的立意点，让用户在趣味互动中感受电力服务的亲和度，为电力服务品牌形象的塑造奠定了良好的基础。该案例很好地运用了内容素材整合运营的方式，内容阅读量高达 10 万 +，获得用户一致好评。

（2）内容组织。当内容量达到一定基数后，需要对零散发布的内容进行整理与分类，以便用户形成更清晰的理解与感知。内容组织主要包括结构化信息处理、分类体系和内容推荐标签。

1）结构化信息处理。产品的内容一般具有相似性，即可以抽取其中的结构化信息，便于机器保存和运营人员管理。以音乐为例，音乐的直观表现形式是一首首歌曲，进一步分解之后，一首作品的结构化信息有演唱者、唱片公司、专辑名称、发行日期等。对于音乐作品，运营人员并不是把音频文件一股脑塞进硬盘就完事，而是需要花费不少精力做好结构化信息的抽取。

所以在产品未启动时，要考虑清楚未来的内容结构，然后设计合理的内容管理系统。良好的信息结构是内容推荐的基础，因为海量内容是由机器抽取而不是人工挑选的，机器非常死板，有就有，没有就没有，完全取决于入库时运营人员抽取的信息。

2）分类体系。分类是一种逻辑，一直伴随着人类的发展，张小龙曾说过“做产品其实是一个逻辑梳理的过程”。传统行业中最成熟的分类体系是图书分类，几乎全世界图书馆用的都是统一的分类体系。而互联网时代最成熟的分类体系则是电商平台，如果拆解其结构，会发现有高达数千种大大小小的分类。

分类是便于用户进行内容筛选的一套规则，当内容多的时候，用户必定只能选择自己感兴趣的内容来消费，分类就是提供选择的入口。相似内容最好用统一的分类规则，如电商、音乐平台几乎是同样的分类，这样做的优点，一是尊重用户习惯，减少用户学习成本；二是遵守行业规范，减轻运营人员的工作负担。

例如在“掌上电力”App中，结合App的整体运营进度需要构建相应的内容专题：App上线发布初期，为了让更多用户了解App的主要功能与服务，需要建设“功能介绍”类的产品说明专栏，所有围绕App功能使用说明的内容，都可放置在此专题栏目中；待营销活动逐步上线后，为了让用户对活动有更加全面的了解，增强用户活动参与度，可以构建“优惠活动”类的营销内容专区；后续为了让用户对电力服务有更为深刻的认知，可以建设“行业快讯”类的新闻栏目。

3）内容推荐标签。同一平台内容的分类大多是稳定的，便于用户识别内容类型。在内容的分类规则中，一个内容最好只属于一个分类，这样用户遵循特定的路线就一定会找到它，如图书馆的一本书可以放在两个不同的书架上，则管理员和读者会头疼如何找到它。而内容标签的应用则更加灵活，如王小波的小说只能放在一个书架上，但是上面可以贴多个标签，如王小波、中文、小说、当代文学等，电脑在搜索时只要命中其中一个标签即可找到这本书。

目前流行的个性化推荐系统，如豆瓣FM的“猜你喜欢”、亚马逊的“为你推荐”，几乎都是基于标签系统，而不是分类。国外音乐平台Pandora为了完善个性化音乐推荐，聘用了大量音乐专业人士为每首歌打上标签，帮助Pandora优化推荐结果。

4. 内容流通管理

内容流通即通过某种方式让内容流动起来，让优质内容更有效率地展现在用户面前。以结果导向而言，不管其他流程做得多出色，如果给用户的内容流通没做好，其他都是白费力气。常见的内容流通方式如下：

（1）热门推荐。最常见的是“排行榜”形态，作为一个内容平台，这是一个必不可少的模块。当用户第一次使用产品时，每个用户的开端几乎都是相同的，个性化推荐无从谈起。最好的办法是展示平台上最热门的东西，这种办法不会出错，到同一个平台的用户大抵相似（除非你是过亿用户的平台），展示其他用户最喜欢的内容给新用户，从大数定律而言可最大概率击中用户的喜好。

热门推荐是一种省力而讨巧的推荐方式，但是对于大量用户和海量内容并不是好的推荐方式，它的最大弊端在于“马太效应”导致几乎一成不变的内容，用户行为是趋同的，因此导致的结果是热门的东西也是相似的。在热门、排行榜的影响下，很多新的内容无法呈现给用户。所以它只适用于早期阶段，在产品成熟后作为一个产品模块即可。

（2）编辑推荐。随着用户增长和内容数量增加，“编辑推荐”的形式逐渐重要，其逻辑是基于平台对自身运营人员能力的自信，即认为官方编辑推荐的内容是用户喜好的。当然，推荐的内容不完全是运营人员的主观判断，而是基于数据分析、用户反馈的推荐。

编辑推荐内容一般是新鲜、优质的，弥补热门排行推荐的不足。如在知乎上，最热门的内容依然是两性、情感话题，如果只展示热门内容的话，会充斥着情感话题，这是大部分用户和运营人员不想看到的结果，所以运营人员会选择更加有新意的内容在首页展示。

一个理想的正向循环是：编辑推荐优质内容，增加曝光，进而成为热门排行榜的内容。在此循环下，平台上的内容是流动性的，新鲜、优质内容得以曝光，并且热门内容会不断轮换。

（3）个性化推荐。个性化推荐其实是一个技术问题，目前热门的大数据，核心问题之一就是解决个性化推荐。个性化推荐常见于音乐、视频、新闻、电商等大平台，如今日头条的内容推荐机制会根据用户注册时设置的兴趣标签、用户属性及用户阅读内容的兴趣，通过系统的学习与机器算法，根据用户的偏好，预测感兴趣的内容，进行内容推荐。

这样的平台的共性就是具有海量内容和海量用户，在如此巨大的平台上，编辑推荐、热门排行榜都无法完全驾驭所有内容和用户。如果能做到为每个用户量身推荐内容，会极大提升内容推荐的效率，取得商业上的巨大回报。

个性化推荐常见的三种方式如下：

1）基于用户的推荐（user-based），根据相似用户的消费内容，推荐给该用户。

2）基于物品的推荐（item-based），根据当前消费内容找到相似的内容，推荐给该用户。

3）基于物品特性的推荐（modle-based），根据消费过的内容提取特征，找到更多相似的内容。

运用最为广泛的是前两种，并没有孰优孰劣之分，不同场景下两者各有优缺点，一般认为对于新用户采用 item-based 具有较好的效果。若要深入学习可以阅读项亮编写的《推荐系统实践》。

5. 内容数据分析

与其他运营工种一样，内容运营也必须关注产品的相关数据指标，用数据驱动自己的产品。

通过分析数据，可以知道用户对哪些渠道是信任的、有兴趣的，对哪些渠道是不感兴趣的；也可以明白用户对哪些消息是乐于了解的，对于哪些消息是不感兴趣的；还可以知道怎样的文案和内容可以促进用户进一步的动作，在日后的运营中可以有意识地进行调整和提高，以达到更好的效果。

需要重点关注的指标主要有以下几类：

（1）与内容直接相关的数据：访问量、转发数、互动数、访问时长、点击率等基础数据，每日监控。

（2）产品数据：日活跃用户数、活跃用户数，通过数据寻找内容对产品的增长效果。

通常，用户从收到推送到完成转化的路径如图 2-12 所示。

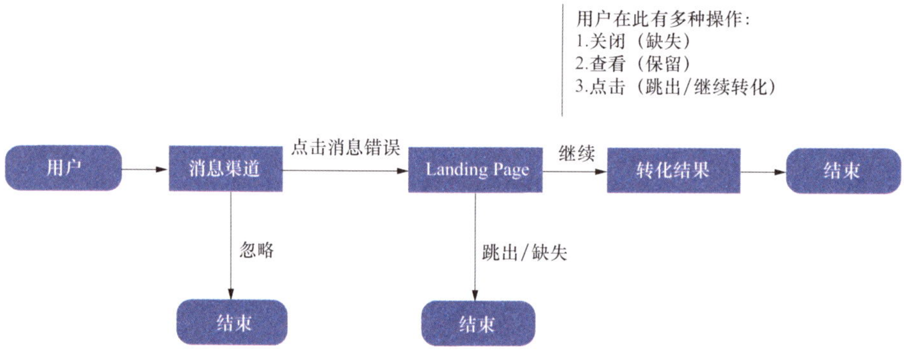

图 2-12 内容从推送到完成转化的路径

在用户的行为路径中，各个关键环节都应进行数据监控，需要提前安排技术人员对网站/产品进行埋点，后期统计数据表现的结构将会形成一个漏斗模型，如图 2-13 所示。运营人员可以通过这个模型，计算出漏斗每个环节的转化率，再结合渠道、内容、用户的特征，完成整个分析报告。

图 2-13 内容运营数据分析的漏斗模型

三、内容运营的常见工具

1. 内容编辑器

常见内容编辑工具分为自媒体编辑工具和第三方编辑工具两类。自媒体编辑器一般构建在微信公众号、微博、支付宝生活号三个官方主流平台，每个平台的编辑工具对内容的素材格式等有一定限制。自媒体平台不仅具备编辑内容的能力，也具备发布内容的能力。第三方编辑器如秀米、创客贴等网站编辑能力较开放自由，但存在素材与内容发布平台不兼容的风险，同时第三方编辑器一般也不具备发布内容的能力。如何高效地完成内容的创作，需要在不断的工作过程中探索总结。内容运营常用编辑器工具如表 2-4 所示。

表 2-4 内容运营常用编辑器工具

常用编辑器	网址	简介
135 编辑器	http://www.135editor.com/	样式较丰富，支持一键排版、导入文章、生成长图文等功能
秀米	https://xiumi.us/#/	制作长图、H5 海报，界面简洁，模板较多
i 排版	http://ipaiban.com/	图文排版操作简单，功能分类清晰

2. 采集 / 制作工具

内容中所引用的素材多为文案、图片、音视频，绝大多数音视频素材通常都有版权限制，文案与图片素材在引用时存在两种方式：

（1）注明文案与图片的出处来源，且创作者同意引用素材。

（2）从具有版权的网站寻找免费素材。常用素材网站见表 2-5。

表 2-5 常用素材网站

常用工具	网址	简介
TOPYS	https://www.topys.cn/	全球最新鲜的创意资讯，包括文案、广告、创意、设计等方面
AdobeCreateMagazine	https://create.adobe.com/	Adobe 旗下的创意素材网站，包括摄影、图标、插画
ARKie	https://www.arkie.cn/welcome	免费提供了大量图片素材，10 秒制作出一张海报

续表

常用工具	网址	简介
Bandicam	http://www.bandicam.cn/	录屏软件，支持录制电脑屏幕、网络摄像头、全屏游戏视频（AVI、MP4 格式）
狸窝全能转换器	http://www.leawo.cn/	可以改变视频文件大小，单个或批量转换视频格式，几乎支持所有常见格式
硕鼠嗅探器	http://www.flvcd.com/	用你现在使用的浏览器打开硕鼠网后，就能下载网页上的视频
Unsplash	https://unsplash.com/	一个数量庞大的免费高质量图片素材网站，适用于各种场景
unDraw	http://undraw.co/illustrations	提供完全免费的 SVG/PNG 扁平化图像素材
人人秀	https://www.rrxiu.net/	除了简单的 h5 制作外还有在线表单、微信红包、投票、抽奖、小游戏等互动素材
Freesound	http://www.freesound.org/	一个知识共享许可音频样本的合作知识库，有超过 23 万的声音
Jamendo 音效网站	https://www.jamendo.com/	拥有超过 350000 个音乐素材，所有音乐都可以免费下载，而且复制与分享的行为都是合法的
CreativeMass	https://creativemass.cn/	汇聚了营销、设计、艺术、工具、素材、脑洞的创意网站

3. 内容营销插件

常见内容营销互动插件工具有投票插件、抽奖插件、一键发布插件、作品打赏插件、调研问卷插件、信息采集插件等，不同营销插件可以有序地穿插在内容素材中，对作品起到相应的传播与互动作用。常用内容营销工具见表 2–6。

表 2–6 常用内容营销工具

常用工具	网址	简介
草料二维码	https://cli.im/	二维码生成工具
壹伴	https://yiban.io/	网页插件、公众号排版编辑器、资讯采集
新榜	https://www.newrank.cn/	新媒体助手、微信公众号数据盘点

4. 热点追踪工具

“追热点”可谓是新媒体人的家常便饭，不管是借噱头营销，还是针对热点制作精良内容，热点的传播价值都是不言而喻的。常用热点追踪网站如表 2–7 所示。

表 2–7 常用热点追踪网站

常用工具	网址	简介
爱微帮热点日历	http://abc.aiweibang.com	有每日热点、微博热议、百度热搜等数据
今日热榜	https://tophub.today	提供微博、今日头条、百度的精细榜单及具体数据
知微事见	http://ef.zhiweidata.com	可以自行搜索热点事件，会给出“事件影响力指数”
艾瑞数据	https://index.iresearch.com.cn	覆盖移动 App 指数、PC Web 指数、网络影视指数等

第六节 数据运营

任何一个产品的运营都离不开数据体系，有了数据才能够更科学、更省力地运营。谁在用这个产品、用户是否喜欢、哪些渠道带来的用户质量更高等至关重要的问题，都可以通过数据分析得到解答。本章重点阐述如何使用常见的方法和工具做好数据运营工作。

一、数据运营的定义

数据运营是一个通过采集、处理、分析数据，掌握数据趋势、规律、特征，得出分析结论，并据此指导运营实践、提供决策支持的过程。

以 App 的数据运营为例，产品数据指标体系主要分为用户规模和质量、参与度分析、渠道分析、功能分析、用户属性分析五个维度。

1. 用户规模和质量

这个维度包含产品的活跃用户指标、新增用户指标、用户构成指标、用户留存率指标和每个用户总活跃天数指标。如果产品的新增用户占比过高，说明该产品的活跃主要依赖于推广，这种情况下运营要特别关注用户留存率指标，可以与竞品的留存率进行横向对比，衡量产品对用户的吸引力。

2. 参与度分析

这个维度主要是分析用户的活跃度，包括启动次数分析、使用时长分析、访问页面分析和使用时间间隔分析。其中，使用时长相关指标也是衡量产品活跃度、产品质量的重要指标。用户每天的时间是有限且宝贵的，如果用户愿意在产品上投入更多的时间，证明该应用对用户很重要，如现在流行的社交应用。

3. 功能分析

这个维度主要分析功能活跃情况、页面访问路径以及转化率。它重点关注 App 某一功能模块的活跃人数、新增用户数、用户构成、用户留存和转化率，并对该功能模块进行页面访问路径分析，统计用户从打开应用进入该功能模块整个过程中每一步的页面访问和跳转情况。通过页面访问路径的分析优化，能够引导用户更高效地完成 App 的不同模块的任务，最终达成 App 的业务变现目标。

4. 渠道分析

这个维度主要分析各渠道在相同的投入情况下，用户数量的变化和趋势，以科学评估渠道质量，优化渠道推广策略。渠道分析指标包括新增用户、活跃用户、启动次数、单次使用时长和留存率等。App 的推广渠道主要有应用市场、广告联盟、厂商预装、社会化推广等。不同类型的推广方式，可从不同的维度进行分析，最核心的数据指标一般是活跃度和留存率。

5. 用户属性和画像分析

这个维度主要从用户使用的设备终端、网络及运营商、地域和用户画像角度进行分析。设备终端分析的维度有机型分析、分辨率分析和操作系统分析；网络及运营商分析的维度有用户联网方式和电信运营商；地域主要从不同省市和国家来分析；用户画像分析包括人口统计学特征分析、用户个人兴趣分析、用户商业兴趣分析。

二、数据运营的工作流程

完整的数据分析流程通常包含明确目的、定义指标、数据采集、数据处理、数据分析、图表呈现和问题挖掘 7 个步骤，如图 2-14 所示。

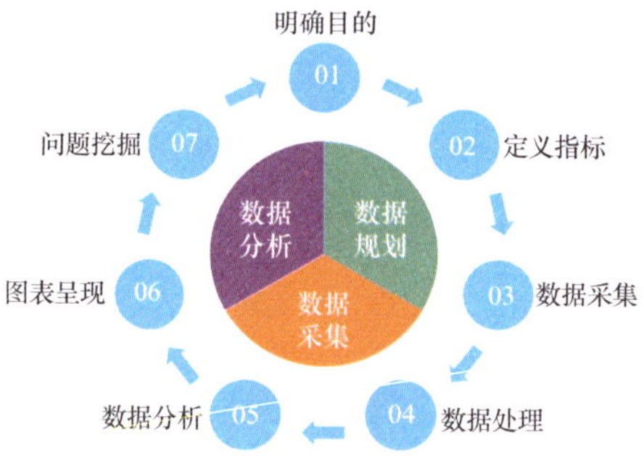

图 2-14　运营活动常见流程

1. 明确目的

数据分析的第一步是明确分析目的，即通过分析探究、解答、验证、预测一个或几个什么样的问题。无的放矢的数据分析，很容易迷失在纷繁复杂的海量数据中，抓不住重点，最终只能走马观花，收获甚微。只有目的明确，才能找准分析思路，快速、准确地采集所需数据，一步步深入挖掘，得出具有说服力的结论。

2. 定义指标

分析目的和分析思路确定后，即可继续确定需要分析的数据指标（如网站 UV、交易人数）和相关的细分指标（如网站自然 UV/ 网站付费 UV、首次交易人数 / 连续交易人数）。

3. 数据采集

一次分析所需的数据来源可能是单一的，也可能是多样化的，常见的数据来源包括公司内部数据库、公司 BI 系统、第三方统计工具埋点数据、合作方数据、广告平台数据、内容平台数据、问卷调研、行业报告等，其中，内部数据库、BI 系统和第三方统计工具埋点数据是日常数据运营工作中最频繁使用的数据源。

4. 数据清洗

数据采集完成后，可能存在数据质量良莠不齐的情况，如包含重复、失真、异常、缺失、空白的数据，不能直接用于分析。若采集数据本身的可信度和完整度存在很大问题，最终得出的结论可能不足以令人信服，甚至具有误导性。这时需要对数据进行清洗和处理，过滤不符合要求的数据，剔除重复数据，校正失真、异常数据，补充缺失和空白数据。对于出入很大、相互矛盾的数据，需要经过仔细核对，查明原因后再完成数据的修正。

5. 数据分析

数据确认无误后，即可开始进行分析。根据对问题的认识和思考，结合不同的数据分析方法，逐步发现、探究、验证数据的变化趋势和变化规律及数据的分布特征、某个指标的成分构成、某些指标（变量）之间可能存在的因果性 / 相关性关系、两组数据通过对比体现出的共性和差异性等。数据分析过程要带着问题探索答案，而不是不痛不痒地算流水账。有些数据指标和维度是最为核心的，是重点分析的部分，需要透彻分析，详细说明；有些数据则只起到补充和印证的作用，不是重点分析对象。分析时若不加选择地对所有数据平均用力，可能并没有触及问题的核心，甚至是捡了芝麻丢了西瓜，得出一些没有太多价值的结论。

6. 图表呈现

为了更直观地呈现数据分析结果，需要以特定的图表对数据做可视化处理。如通过折线图、柱状图、面积图呈现数据的变化趋势，通过柱状图、条形图呈现数据的对比效果或分布状态，通过堆积柱状图、饼图、圆环图、旭日图呈现指标的构成成分和成分变化，通过散点图呈现两个变量之间的相关关系。

7. 问题挖掘

数据分析和图表呈现完成后，最后一步是通过数据分析发现问题和机会，分析原因，寻找对策，并由运营人员和决策层根据结论指导运营实践。如最近一周交易额环比下滑了多少，主要是哪些业务线的交易额出现下滑，下滑原因是什么，如何针对这些不同的原因来采取行动，阻止交易额继续下滑或促进交易额提升。

【案例 2-4】某网络缴费公司有网站、App、微信服务号三个缴费渠道，除自然增长外，主要通过老拉新活动（仅移动端）和线上付费广告（仅移动端）两种方式获取新用户。运营人员发现近期每日新增注册量大幅缩水，较此前两个月的平均水平降低了 25%，需要通过数据分析快速定位原因。

经过初步分析，要知道注册量下滑原因，需要首先清楚以下几点.

（1）网站、App、微信服务号三个渠道都出现注册量下滑，还是仅部分渠道?

（2）网站、App、微信服务号三个渠道的注册成功率是否降低？

（3）广告投放是否削减预算，投放效果是否显著减弱？

（4）老拉新活动效果是否显著减弱？

根据分析思路，运营人员需要分别采集三个渠道近两个月的注册数据，分析各渠道的新增注册趋势；采集三个渠道各注册环节数据，分析各渠道的注册成功率是否保持稳定；采集线上广告投放数据和效果转化数据，分析付费带来的注册是否下滑；采集老拉新活动效果数据，分析活动拉新效果是否减弱。经过数据采集和处理，各渠道新增注册量如图 2–15 所示。

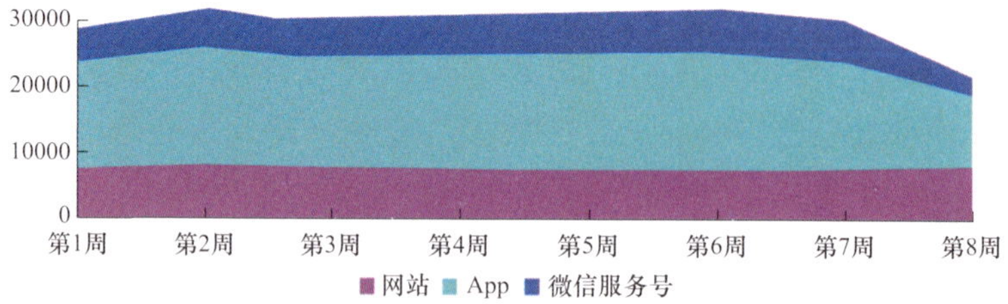

图 2–15　各渠道新增注册量

由图 2–15 可知，最近一周注册量下滑主要发生在 App 和微信服务号两个注册渠道，并非所有渠道。与上一周相比，App 注册量下滑 32.13%，微信服务号注册量下滑 39.73%，网站注册量反而小幅提升了 3.35%，各渠道注册成功率如图 2–16 所示。

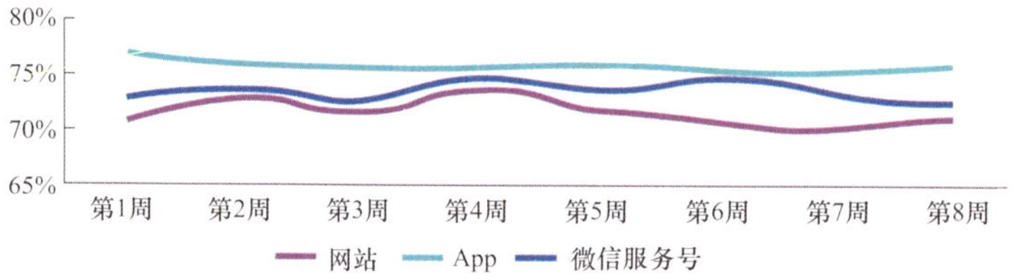

图 2–16　各渠道注册成功率

统计从点击注册、填写手机号和验证码、设置用户名和登录密码到完成注册的整体注册成功率可得知，三个渠道的注册成功率虽有一定幅度的波动，但整体保持在 70% ~ 75%，无明显下滑，因此可基本排除注册环节异常导致注册量下滑这一可能性，各渠道付费流量如图 2–17 所示。

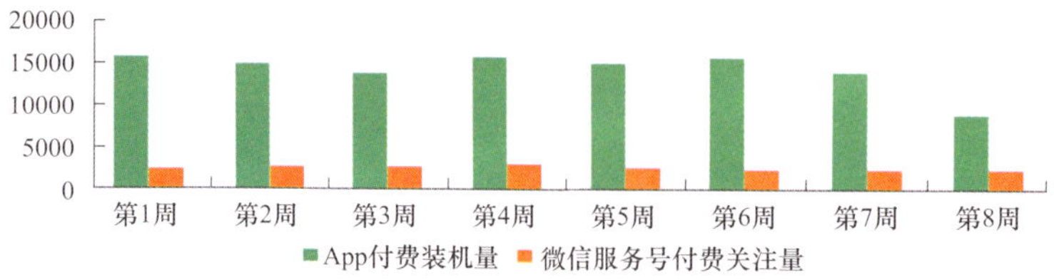

图 2–17　各渠道付费流量

在每周广告预算未削减的情况下，最近一周 App 付费装机量出现大幅下滑，微信服务号付费关注量基本保持平稳。经核查后推断，App 付费装机转化降低与上周更换广告着陆页，弱化了新人首单优惠信息这一变动有关，老拉新活动引入的新增注册量如图 2–18 所示。

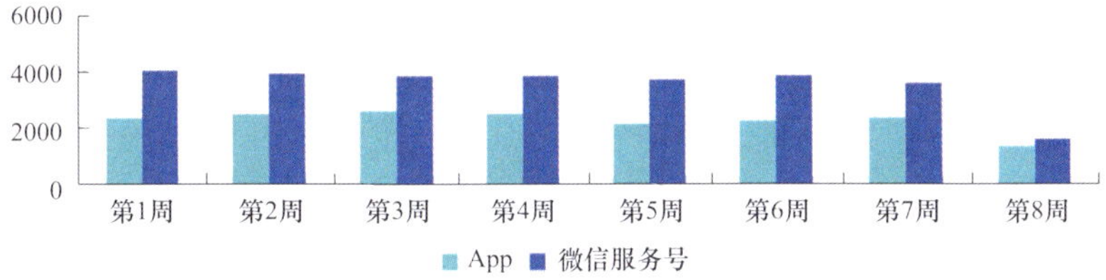

图 2–18　老拉新活动引入的新增注册量

老拉新活动在 App 和微信服务号两个渠道引入的新增注册量都在下滑。经过进一步分析发现，在上周将奖励给老用户的缴费立减券改为第三方满减券后，老用户主动分享的意愿明显降低，分享次数减少，整个活动的拉新效果也随之减弱。

综合以上分析，各渠道注册成功率保持稳定，不是导致注册量下滑的原因。网站因主要依赖自然流量，新增注册量没有出现明显波动；App 付费推广因着陆页更新，直接影响装机和注册转化，需尽快修改页面，突出利益点；老拉新活动因奖励策略调整，打击部分用户的分享积极性，需评估是否更换策略。

三、数据运营的常见方法

从统计学意义而言，数据分析涉及的具体方法非常多，也非常复杂。这里仅列举日常数据运营中，使用最多、最实用的数据运营方法，主要包括用户分群、多维分析、A/B 测试、漏斗分析、留存分析等。

1. 用户分群

用户分群常见于用户运营，其目的是将不同种类的用户群体区分开，再分别有针对性地实施精细化运营策略。

具体方法是通过一定的标准（单一标准或组合标准）将用户划分为不同的群体，针对不同的群体再单独进行详细分析，提取群体特征，制定不同的运营策略。如根据性别把用户分为男性用户和女性用户，根据是否购买会员把用户分为普通用户和会员用户，根据性别和是否购买会员两个组合标准将用户分为男性普通用户、男性会员用户、女性普通用户和女性会员用户。用户分群示例详见表 2–8。

表 2–8 用户分群示例

男性用户	女性用户
月均登录次数：18 次	月均登录次数：35 次
月均访问时长：93 分钟	月均访问时长：164 分钟
月均交易笔数：5.3 笔	月均交易笔数：14.5 笔
客单价：143.3 元	客单价：102.6 元
会员比例：3.38%	会员比例：8.52%
常购品类：图书、3C、服装、鞋、日用品	常购品类：服装、美妆、鞋、日用品、食品

2. 多维分析

多维分析常见于电商行业的类目运营[1]，可以把一种产品放到一个两维以上的空间坐标上进行分析，从而对产品的销售情况产生更直观、更准确的评估结果。

通过多维分析可以将数据指标在多个不同的维度上进行拆分，从而发现在单一维度视角下无法观察到的问题。如交易额指标，可以从地域的维度统计不同省份或城市的交易额，可以从用户年龄的维度统计不同年龄层的用户对应交易额，也可以从产品的维度统计不同品类的产品对应交易额，还可以同时综合地域、用户年龄、产品品类三个维度进行更加细致的拆分。用户多维分析见表 2–9。

表 2–9 用户多维分析表

地域	用户年龄	不同品类交易额（元）					
		图书	玩具	服装	鞋类	日用百货	电子产品
浙江	20 岁以下	39861	17164	22987	31113	17410	18353
	20 ~ 30 岁	151807	40642	317226	278297	284330	188383
	30 ~ 40 岁	101915	91450	178246	162826	203830	121804
	40 ~ 50 岁	48061	88290	48686	22793	220369	75672
	50 岁以上	25147	41788	38985	170871	171644	29298
江苏	20 岁以下	18411	58916	54417	50797	22371	23408
	20 ~ 30 岁	84163	474799	281028	244752	325423	191105
	30 ~ 40 岁	248215	15219	13336	20825	17983	117525
	40 ~ 50 岁	63233	463853	233469	285648	534521	60236
	50 岁以上	20489	54167	56265	83392	57570	74601
上海	20 岁以下	53454	43200	30987	58498	35433	75565
	20 ~ 30 岁	12230	113179	191460	202367	172685	139434
	30 ~ 40 岁	537917	337805	295641	325794	94513	142773
	40 ~ 50 岁	48215	85219	13336	20825	18766	17533
	50 岁以上	68235	67824	23543	31349	63219	76541

[1] 类目运营是指类目经理负责电子商务网站的类目结构，通过倾听类目用户的声音，跟踪类目的所有相关数据，发现阻碍类目发展的问题，并且与质量、市场、产品等部门配合解决问题，建立更加活跃和有效的市场，服务电子商务网站的千万用户。

3. A/B 测试

A/B 测试常见于产品的设计阶段，通常会为 App 界面或制作两个（A/B）版本，在同一时间维度，分别让组成成分相同（相似）的访客群组（目标人群）随机访问这些版本，收集各群组的用户体验数据和业务数据，最后分析、评估出最佳版本正式采用，A/B 测试示例如图 2-19 所示。

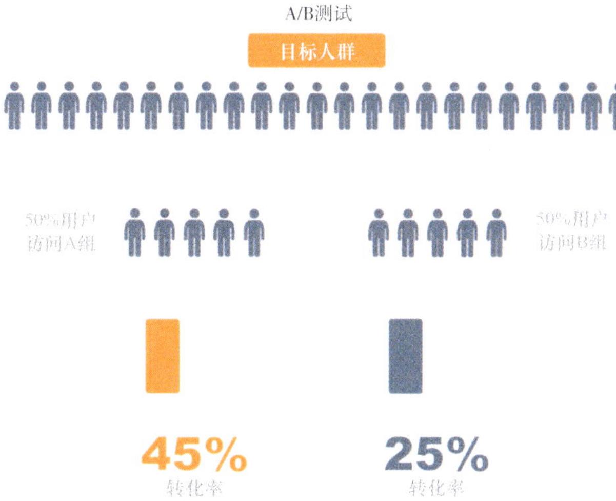

图 2-19 A/B 测试示例

A/B 测试同样适用于渠道运营，用来筛选出点击率更高、转化效果更好的渠道投放素材。为了得到最优结果，A/B 测试通常是一个反复迭代优化的过程。

在内容运营领域，针对不同类型的场景和目标用户，同样可以进行文案的 A/B 测试。关怀型、活动型、对话型、官方版的文案，哪种能够更有效地刺激用户转化，需要做测试验证。

4. 漏斗分析

漏斗模型是用户行为分析过程中较常用的一种方法，其主要适用于某些关键路径转化率的分析，以确定整个流程的设计是否合理、各步骤的优劣、是否存在优化的空间等。

漏斗模型的核心思想是从最终目标入手，找出每一步用户的转化或流失情况，配以每一步的转化率或流失率指标监控效果，并最终通过提升用户转化率或降低用户流失率，优化最终指标并实现商业价值，功能优化漏斗模型如图 2-20 所示。

实际在进行漏斗模型的分析时，结合不同的业务场景和产品类型，漏斗模型大致可分为以下几种：

（1）用户获取模型。AARRR 从整个用户生命周期入手，包括 Acquisition 用户获取、Activation 用户转化、Retention 用户留存与活跃、Revenue 用户产生收入、发起传播 Refer。

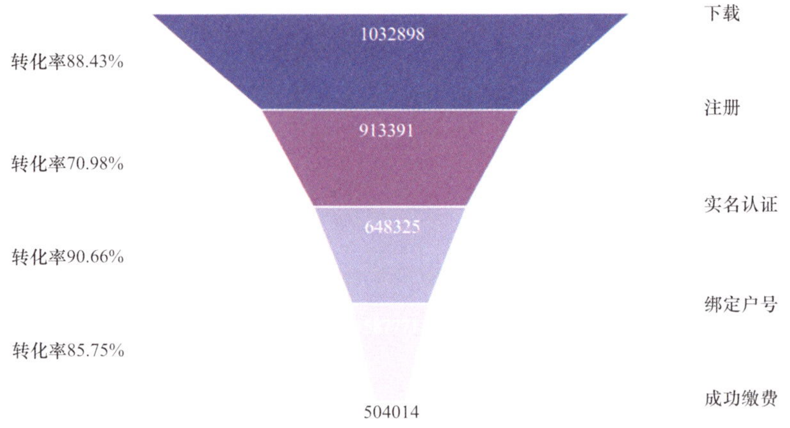

图 2-20　功能优化漏斗模型

（2）消费漏斗模型。消费漏斗一般用于页面结构和内容较为复杂的业务，从用户内容消费和流量走向的角度，宏观层面用于回答用户消费内容，微观层面则用于分析影响用户消费问题。

（3）功能优化漏斗模型。漏斗分析也适用于产品功能自身的优化，从最终目标入手，拆分业务环节，提取和优化核心指标，从而提升整体功能的转化率。

5. 留存分析

留存分析常见于产品运营，其根本目的在于根据分析结果制定对应的策略留住用户，并规划好产品迭代以提高产品留住用户的能力。

在人口红利逐渐消退的时代，留住一个老用户的成本要远远低于获取一个新用户。每一款产品，每一项服务，都应该重点关注用户的留存，确保做实每一个客户。可以通过数据分析理解留存情况，也可以通过分析用户行为或行为组与回访之间的关联，找到提升留存的方法，留存率分析如图 2-21 所示。

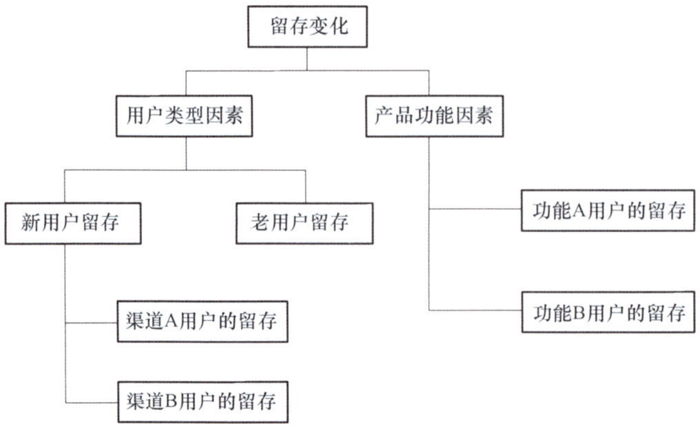

图 2-21　留存率分析

留存率的统计维度很多（如 7 日、双周、30 日等），应依据产品特征选择，若产品本身满足的是小众低频需求，留存率则宜选择双周甚至是 30 日。留存率高，代表用户对产品价值认可并产生依赖。通常，低于 20% 的留存是一个比较危险的信号。

四、数据运营的常用工具

数据运营涉及数据的埋点、数据的提取、对数据进行统计分析、对数据做可视化处理等一系列操作，要高效、快速地完成这些工作，往往需要借助特定的数据工具，常见运营数据分析工具见表 2-10。

表 2-10 常见运营数据分析工具

目的	常用工具举例
数据埋点	友盟、神策数据、CNZZ、GrowingIO、TalkingData
数据提取	MySQL、PostgreSQL、Python
数据统计分析	Excel、SPSS、SAS
数据可视化	Excel、SPSS、Quick BI、Power BI、ECharts、BDP

对于不同的数据分析工具，数据运营人员可根据自己的实际工作需要选择。其中，有一些工具简单易用，如友盟、GrowingIO、Excel；有一些则需要经过一定时间的练习和实战才能掌握，如 MySQL、SPSS；还有一些需要具备更加专业的知识和训练才能加以应用，如 Python、SAS 等。

第三章　运营活动策划与实施

随着互联网产品的层出不穷，差异化竞争越来越大，App 运营的重要性也越来越大。对于产品的拉新、促活、留存、转化的目标，开展运营活动是实现目标最常见的一种手段，只有契合用户的需求，结合产品特点做活动，才能产生最有效的转化效果。本章介绍活动运营过程中关于活动的需求挖掘、活动策划、实施监控进行相关介绍，帮助读者了解运营活动实施的整个流程及相关操作要点。

第一节　运营需求挖掘

很多运营都会将目光集中在如何策划一场有新意的活动，以为能策划一场收效不错的活动就能胜任活动运营工作。然而，如果从推广产品的流程来看，分析用户需求才是做产品推广的第一步。只有找到了用户需求，接下来的活动才能迎合用户的心理、顺应用户的需要，活动才更有效果和价值。

一、运营需求挖掘概念

通俗地说，需求是指在某种场景下，用户通过某种产品做某项事情。需求必须基于场景，这种场景可以是物理环境，也可以是任务环境，运营需求场景的划分如图 3–1 所示。

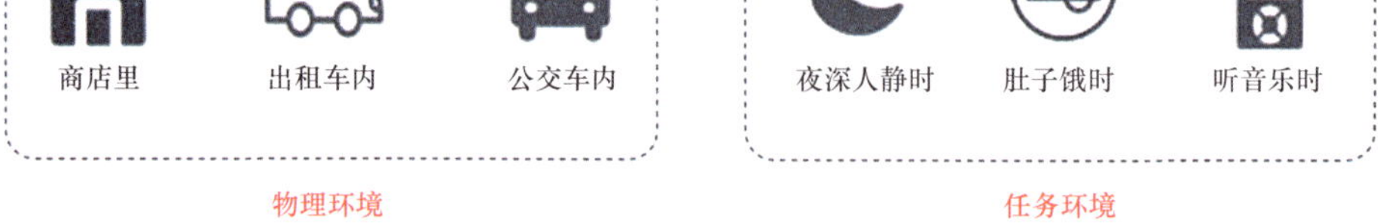

图 3–1　运营需求场景的划分

需求可以理解为用户在某些场景遇到的问题，运营的任务是通过运营的手段帮助用户解决这些问题。目前越来越多的人都在追求更加优质的生活，因此，参考马斯洛的需求层次理论[1]（见图 3-2），需求是分不同层次的，人类的各种欲望也是需求的一种，而运营工作就是要迎合用户的需要，满足用户欲望，让用户更愿意使用产品，并投入成本。如此才能逐步拉近用户与产品的关系，让产品更有价值。

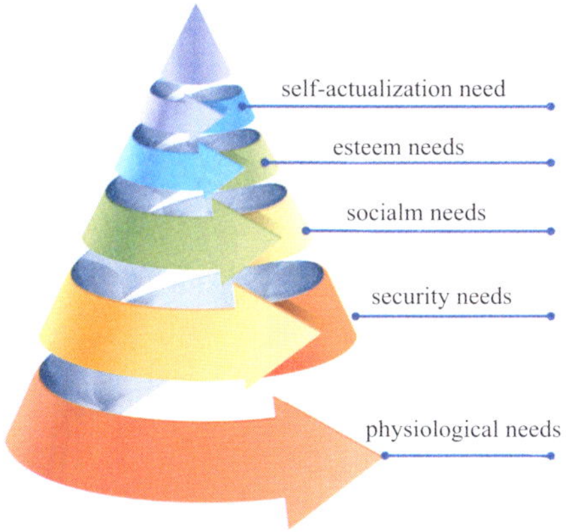

图 3-2　马斯洛需求层次理论模型

当面对陌生的领域时，需要自己想办法了解用户需求。目前最常用的方式是开展调研，通常的步骤如下：

（1）根据产品定位，给出目标人群的类别；

（2）按人群类别列出属性，如性别 / 年龄 / 所在地；

（3）还原用户的生活场景、产品使用场景，描绘用户的问题、情绪；

（4）分析不同人群的场景，为运营策略制定提供依据。

二、运营需求挖掘步骤

运营需求挖掘是研究用户的过程，对于运营者来说，通过分析用户的心理与需要，创造用户需求，并通过运营手段在产品上落地，从而达到产品的整体目标，运营需求挖掘可以借鉴“用户体验地图[2]”分析方法的思路。

（一）用户人群细分

定位用户群体的目的是根据一定的标准对用户分类，即对用户进行细分，是指根据产品的定位，从用户的属性等信息中寻找具有一定共性的用户群体，定义并给出目标人群的类型。首先需要分离用户的属性，如常用的性别、年龄、职业、地域、收入、喜好、目标、朋友圈子等；再通过这些属性，找到他们的共性，然后定位到

---

[1] 由美国心理学家亚伯拉罕・马斯洛于 1943 年在《人类激励理论》论文中所提出。书中将人类需求像阶梯一样从低到高按层次分为五种，分别是生理需求、安全需求、社交需求、尊重需求和自我实现需求。

[2] 用户体验地图（user experience map）是一种梳理用户场景和体验问题的设计方法，它用可视化的形式，将用户经历一个过程的所做、所思、所感分别展现出来，以便更全面了解产品带给用户的体验，并发掘可以优化的地方。

具备共性的人群，挖掘他们的需求，流程如图 3–3 所示。

细分前的准备	细分指标的确定	用户信息采集	制定细分标准	细分用户描述
细分的目的	人口属性指标	日常经营积累	事前细分标准	细分类用户名称
用户目标	时间指标	第三方数据	事后细分标准	判别因素
其他准备	地理指标	调查访谈用户		群体描述
	行为指标	其他		
	渠道指标			
	媒介接触指标			
	状态指标			
	其他			

图 3–3 用户细分的流程

例如，针对城市居民用户推广智能交费，城市居民用户群体用户属性如下：

√ 年龄以 25 ~ 65 岁为主；

√ 可支配收入每个月为 5000 元以上；

√ 有长期稳定的居住场所；

……

通过基础属性统计分析做出用户画像，然后找到共性，由共性出发，做后续分析。最重要的一点是定位到产品的目标用户人群，因此需要从某个细分市场的细分人群切入，而不能直接定位到整个市场。如不能定位到所有居民用户，而是要定位到具备一个或若干共性的用户类型，如 30 ~ 40 岁的男性白领、35 岁以下的家庭主妇等。细分用户群体的目的是避免定位的群体范围太大，无法找到精确的用户目标。

（二）还原典型用户使用情景

回想一下自己的一天：出门后到公交车站、地铁站或自己开车，到达写字楼，坐上电梯到达办公室开始工作，中午点外卖或到附近的餐饮店吃饭，然后回办公室刷会儿微信、微博，下午继续工作，晚上下班后，可能和朋友去商圈或酒吧等。这里出现了很多使用场景，如地铁站、电梯、餐饮店、在工位午休时、商圈、酒吧等。

在分析用户使用场景时，最好的办法是亲身体验。想象自己作为用户，在这种场景下，会有怎样的需求、心理和期望，将这些需求罗列出来：

√ 你由于什么动机来到了这个场景下；

√ 你在这个场景下想做什么；

√ 你怀着一种什么样的心理和情绪；

√ 你准备采取什么样的行为；

√ 实现自己的什么期望。

（三）描绘用户心理挖掘用户需求

当确定用户会在怎样的使用场景下活动时，需要关注用户可能会遇到的问题及问题催生的需求。但并不是所有问题都值得探讨，那什么样的需求有价值呢？

1. 用户群大不大

如去电影院看电影时希望有水果吃，可能只是少数人的需求，如果为了该需求设计活动产品，最后能带来盈利的用户很少，完全不能覆盖成本，那么这种需求就不应考虑。有较大用户作为基础的需求才值得考虑。

2. 是不是用户必须解决的

如看电影时，可以不吃东西，也可以吃爆米花等，在电影院买水果并不是必须要解决的需求。但是，如果在火车上饿了，发现到目的地还有 10 个小时，这个时候想吃东西的需求是必须解决的，这就是值得考虑的需求。

3. 是不是用户急切想解决的

当用户最需要时，把最需要的东西放在用户面前，用户会更容易接受。如出门在外，接到一个电话，通话时手机没电关机了，如果路边的餐馆有共享充电宝租赁服务，马上就能解决手机充电需求。

4. 是不是用户经常会遇到的

这里说的是用户需求发生频率的问题，发生的频率高，使用产品的频率也高，也更容易产生用户黏性从而转化为付费。比如每天都要花钱，支付宝的使用频率就高，尤其越来越多的人选择外卖和线上支付后，支付宝的使用频率就更高了。

5. 能不能被解决

需要从技术层面、资金层面、资源层面、人员层面分析是否有能力开发产品去满足这种需求，现有预算和资源能否满足开发和推广产品需求，是否有资源完成开发、运营、推广、合作等工作，是否有执行力实现想法和产品等。

（四）提出运营转化方案

当知道用户的需求值得满足时，通过怎样的方式满足用户是接下来应考虑的问题。

（1）基调。用什么基调的内容吸引用户，是打情感牌、打有趣牌、打利益牌，还是采取别的方式。基调主要是指想引起用户什么样的心理，然后被产品吸引。

如 2017 年 3 月 20 日，网易云音乐把点赞数最高的 5000 条优质乐评，印满杭州市地铁 1 号线和整个江陵路地铁站，每条乐评背后都有一个打动人心的故事，很容易引起地铁乘客的共鸣。

（2）内容。想展现给用户怎样的内容、想通过内容为用户传达怎样的信息，形式和基调是辅助的，最核心的是内容本身。直击用户内心需求的内容才容易被用户记住。比如之前在知乎上超多人回答的话题“你工作最典型的一天是什么样的”“20多岁的你，现在过得怎么样了”等。

（3）形式。是通过活动的形式做线下促销活动，还是通过线上形式与用户产生互动从而让用户产生内容，或通过视频吸引用户的注意。形式选择最核心的要点或最根本的目的是要在第一眼吸引住用户。为什么超市做促销活动特别受欢迎？因为在超市这种购物场景下，用户经常并不知道自己需要什么产品，这时便宜的产品很容易吸引用户的注意，不需要一流的文案，只要半价两个字，就能轻松地吸引到用户。

三、需求挖掘的常见方法

找到用户需求一直是运营和营销推广工作中非常关注的问题，也是很难把握的问题，需要不断积累、尝试才能形成经验。下面介绍几种挖掘需求的方法。

1. 业务目标

很多时候，产品的第一个需求基本上来自公司内部，通过公司在业务积累过程中形成对市场的高度嗅觉，影响产品战略制定。

运营人员可以从公司业务方向挖掘产品需求。问题就是需求，欲望就是需求，对公司来说，公司遇到的问题是需求，公司的发展愿景也是需求。因此，需求也可从公司内部挖掘。

以某省电力公司为例，为减少电费回收率、减少电费催收工作压力、提高企业自身运作效率，在各大渠道大力推广智能交费业务，鼓励用户预付费用电，这一需求即是从公司自身业务发展的角度提出的。

需要注意的是，从公司业务方向、领导、运营、市场、客服等获取的需求，并不能直接当作最终的需求，还需要更深一层验证需求，并且最终评审，然后确定最终需求。

2. 头脑风暴

当一群人围绕一个特定的兴趣领域产生新观点时，这种情境称为头脑风暴。头脑风暴能让一大群人自由思考，迸发更多新思想和新观点。头脑风暴是挖掘需求的一个常用方法。

头脑风暴可以邀请产品经理、领导、市场经理、运营经理，以及一些有深刻见解、涉猎比较广、生活阅历比较丰富的员工一起参加讨论。参与者最好有不同的阅历和学科背景，这样容易产生更多创新的观点。

在头脑风暴的整个过程中，需要明确讨论的目的或议题，并且要注意引导和发散思维，让所有人都能参与到其中，并激发其思维。讨论时注意让参与者自由畅谈，并且不对产生的观点和说法进行任何批评，而且产生的观点要足够多。头脑风暴是一种发散式讨论，特别要注意对讨论内容进行详细记录，这时可以使用录音、录像、拍照、思维导图、Excel 表格等方式对记录整个过程，方便后期整理，避免遗漏重要观点。

进行头脑风暴是为了挖掘更多有用的需求，因此，在头脑风暴后期，一定要梳理记录的内容，并且从中提取有用的需求。

3. 文献调研

互联网行业的变化速度非常快，互联网的各种变化或许都会影响到用户和产品，而互联网的各种信息也能够提供更多的需求信息。

挖掘需求的第三个方法是通过文献调研挖掘需求。这里所说的文献调研，可以是相关的文献资料或专业的分析报告，也可以是与之相关的各种动态。常见互联网产品运营网站详见表 3-1。

表 3-1　常见互联网产品运营网站

产品运营类网站	域名
鸟哥笔记	https://www.niaogebiji.com/
运营派	https://www.yunyingpai.com/
爱运营	https://www.iyunying.org/
创业类信息平台	域名
虎嗅网	https://www.huxiu.com/
钛媒体	https://www.tmtpost.com/
爱范儿	https://www.ifanr.com/
数据分析类网站	域名
艾瑞网	http://www.iresearch.cn/
199IT	http://www.199it.com/
中国互联网络信息中心	http://www.cnnic.net.cn/

这些网站有较多的互联网信息和互联网产品信息，了解互联网动态、行业方向以及市场动态，能够帮助了解更多需求。在这些网站中挖掘需求时，可以搜索相关关键词，找到想要的内容，方便后期整理并进行分析，挖掘有用的需求。数据类网站也是挖掘需求的重要渠道，各种数据、报告包含着非常多有用的需求。挖掘需求并不是随便看看，建议保存需要的内容，下载需要的报告，然后细读，对内容进行调研分析，找出需要的需求。

4. 用户访谈

用户访谈是挖掘用户基本需求的有效方法。用户访谈的形式包括结构化和非结构化两种，结构化是指产品经理按照一定准则事先准备好一系列问题，通过用户的回答获取有关目标产品方面的内容；非结构化则是只列出一个粗糙的想法，根据访谈的具体情况进行发挥。

不管使用哪种交谈方式，都要注意做相应的记录，不遗漏每一个需求信息，为后面的需求分析提供一定的依据。使用自由一对一交流的方式，不便于记录，会影响交谈的气氛。但是在结束交谈之后，也应及时记录讨论的内容，还可以将整理好的内容发给访谈者确认，看是否有错误或遗漏。

5. 问卷调查

挖掘产品需求时，并不能和每个用户进行面对面的交谈，甚至有部分关键访谈对象因为各种原因无法参与访谈，因此，还需要通过问卷调查的方式进行更大范围的调查。

进行问卷调查前，需要明确调查的目的，并且根据目的有针对性地设计调查问卷，然后下发给相关人员填写，再从填写的内容中获取产品的需求信息。调查问卷可以是纸质的，也可以是在线的电子版。目前的问卷调查，线上的问卷调查因为省事、易操作、传播范围广、快速等特点，应用较多。常用的线上问卷调查工具网站有麦客、问卷星、金数据等，还可使用企业自己的调查系统进行调查，传播渠道有微信公众号、微信群、QQ 群或邮箱、短信等。线下的问卷调查相对麻烦一些，可以摆摊利用填写调查问卷送奖品的方式开展。目前更多的线下问卷调查会与线上的查结合，线下用二维码的形式，让被调查者扫描二维码在线上完成调查问卷的填写。

做调查问卷时，需要围绕调查目的设计相应的问题，同时需要注意问题的准确性，问题不能太空泛或过虚；另外，还要注意问题的长度和数量，设计的问题长度应在填写者愿意认真填写的时间长度内完成。在完成调查后，后期的统计分析也是一个非常重要的部分。

问卷调查无法取代用户访谈在需求获取阶段的作用，其最大的不足是缺乏灵活性，问卷调查的问题和答案具有一定的引导性，可能存在受调查者不能很好表述自己想法的情况，在某种程度上会影响结果。

6. 竞品分析

竞品分析是需求挖掘的常用方法。竞品是经过相关调研、探索和思考做出的产品，进行竞品分析，能够了解其优缺点，既能对自身产品的需求查漏补缺，也能取其精华去其糟粕。一般情况下是以同行业同类型的产品进行竞品分析；还可以用类似行业的产品进行竞品分析，有些需求或许恰好能够弥补同行业产品的某些不足。

做竞品分析时，能看到的大多是产品的前端展示，那么通过竞品分析如何挖掘前端的需求和后台方面的需求？

产品前端分析，可以从产品的定位、结构、体验、功能、盈利模式、用户评论及反馈进行分析。从产品定位可以看出竞品的方向、目标用户及模式，从而进一步通过其他方法进行更深一步的了解和调研，获取相应需求。而产品结构则可对整个产品进行剖析，利用思维导图梳理产品的信息架构图，并对其结构进行分析。产品体验、功能、盈利模式的分析也能提供部分指示，帮助了解产品包含的需求。另外，“问题就是产品”，因此，用户对竞品的评论和反馈也是了解需求的重要方法，评论中可能包含有用户的问题、期望或建议，是需要挖掘的需求。

产品后台分析以及系统、平台类的竞品分析相对前端的分析难度更大。竞品不可能开放后台以供分析，大部分系统、平台类产品也不会直接开放使用。在做产品的竞品分析时，可以从演示 Demo[1]、说明文档、技术文档、开源系统、前端反推、向程序员了解等方面进行。

为了让大家更加了解产品，有些市场化的系统会有演示 Demo 操作，可以进入 Demo 后台去了解该产品。很多产品没有演示 Demo，可以到产品官网的文档中心或帮助中心查看产品说明文档、技术文档，从而了解竞品的相关情况。

此外，还可利用开源系统，在本地搭建系统，进而了解更多的后台细节，包括管理员的各种操作需求、系统的配置需求等。如果对后台产品有一定的了解，可以通过分析其前端，反推后台的相关功能和需求。还可与程序员交流，了解更多技术方面的需求。

7. 数据分析

运营人员所需的一个重要的技能是数据分析能力，该技能主要体现在需求挖掘的阶段，包括问卷调查的数据统计和分析以及运营数据的统计分析。

产品上线后，运营人员要密切关注运营数据的情况，特别是产品运行中数据的变化，对数据进行统计分析并得出结论。关注产品的访问量、用户数、流失率、点击率、转化率、留存率、活跃度等方面的数据，例如，用户数过低，是否是因为注册流程过于复杂；转化率过低，是因为跳转的逻辑设计问题还是其他问题。

每个产品都有一定的数据统计分析的需求，因此，在构建产品系统时需要有数据统计分析的设计，这有助于后期的产品完善和运营分析。数据分析类型的需求，可以从数据统计分析的第三方产品获得，如友盟、TalkingData 等。

8. 搜索引擎

无从下手的情况下，可通过搜索引擎搜索关键词，从而获得灵感。搜索引擎也是一种挖掘需求的方法。搜索引擎中有较多的推广信息和无用信息，因此，通过搜

---

[1] Demo 是 demonstration 的缩写，中文含义为“示范”“展示”“样片”“样稿”“原型”，常用于称呼具有示范或展示功能及意味的事物。

索引擎挖掘需求时要注意避开无用信息。可以通过泛搜索和稍微精准的搜索进行查找，可用多个关键词搭配搜索，也可给关键词加双引号进行搜索，会更加精准。另外，也可使用百度自带的“搜索工具”进行精准搜索。

除用与产品相关的关键词搜索外，百度指数[1]也是一种挖掘需求的方法。百度指数中，通过搜索关键词，可以看到关键词的趋势研究、需求图谱、舆情洞察、人群画像等内容，对需求挖掘意义重大。

百度指数中的需求图谱是通过用户搜索该词前后的搜索行为变化体现出的相关检索词需求。如用“电费”进行搜索，可以看到，与产品经理相关的需求有电费查询、电费计算、网上缴费、95598电费户号查询入口等内容。其中，电费、电价查询的需求最大，如果进行“掌上电力（2019版）”App的推广，可以将交电费、电费查询作为运营推广的切入点。当然，仅凭借这些数据并不能得到最终需求，还需要更多的挖掘、调研、统计、分析。

9. 社交平台

社交平台也是挖掘需求的一个重要渠道。如知乎、微博、百度知道、百度贴吧等平台都可成为挖掘需求的渠道，另外，有些行业有自己的垂直社交平台，社交平台聚集百家之言，各种潜在用户都在平台上发表想法、提出问题、回答问题、讨论问题，其中有些问题正是需要挖掘的需求。

在社交平台中挖掘需求，可以通过关键词搜索、热搜榜单、热点话题等方式找到相应内容；也可以自己发起提问或讨论，引导平台用户回答和讨论；还可以通过已知的需求或搜索的关键词，挖掘更多的长尾需求。

如用百度指数了解到电费、电价查询的需求量最大，以电费为例，在知乎搜索电费的关键词，进一步细分“空调电费”相关的需求。搜索结果有：

（1）空调每天开8小时，一月电费你算过账吗？

（2）空调一级能效和三级能效开10小时，能差多少电费？

（3）空调天天16℃，每月电费才30块！

各类需求挖掘方法的对比详见表3–2。

表3–2　各类需求挖掘方法的对比

需求挖掘方向	特点	注意要点
公司业务	从公司的角度出发，适用于业务发展的运营决策与创新	（1）公司业务需求与用户需求可能存在冲突； （2）须正确区分公司的要求与需求；
头脑风暴	可作为需求挖掘的分析参考，须对结论进行需求验证	头脑风暴过程须合理组织、引导，避免陷入冲突和辩论

[1] 百度指数（Baidu Index）是以百度海量网民行为数据为基础的数据分析平台，是当前互联网乃至整个数据时代最重要的统计分析平台之一，自发布之日便成为众多企业营销决策的重要依据。

续表

需求挖掘方向	特点	注意要点
文献调研	通常从市场宏观的市场现象、趋势角度提供需求分析的依据、规律，有助于对一些规律、趋势的判断	（1）市场研究报告等文献不易获取，可参考的文献不一定能覆盖调研的内容； （2）分析人对市场认知不全容易产生错误理解、分析偏差
用户访谈	从微观的市场角度的需求分析，寻找个体的需求异同	访谈目标用户的选取要具有多样性、代表性
问卷调查	更容易量化评估的需求分析方式，更准确的评估方法	问卷调查的样本选取须广泛、全面地覆盖用户；
竞品分析	定位和产品发展路线不同，不一定有参考意义	（1）需要对竞品的定位差异进行分析，避免偏离产品自身的定位； （2）需要对竞品足够了解，避免停留在表面现象分析
数据分析	从自身产品、用户数据出发，可获得真实准确的需求信息	依赖于产品数据体系的完备
搜索引擎	可获得一般感性的需求认知和判断，类似文献调研，更趋向宏观规律、趋势的分析	搜索引擎提供的信息维度更广，活动的参考要素更发散且与用户是真实联系的
社交平台	可获得一般感性的需求认知和判断	（1）分析时须区分用户的表层需求与深层需求； （2）须借助其他需求分析方法结合分析

第二节　运营方案策划

一份完整的运营方案策划主要包含活动主题、运营目标、目标人群、活动规则、活动参与形式、宣传推广、活动预算、活动风险八大要素。本节通过案例说明，结合八大要素对概念、方法及相关原则展开介绍。

一、方案主题的策划

任何事情都离不开主题和中心思想。所以，活动策划前，需要对整个活动初步定型，明确活动主题。而活动主题是活动要向用户传达的主要信息或核心概念。确定主题后，以此作为活动策划的依据和主线，让用户一下子明白活动主题，确定活动是否有吸引力。

（一）活动主题组成

活动主题一般包括主标题、副标题，主标题用于传播，所以一定要简洁，朗朗上口，便于传播；而副标题可以做补充说明，如果用户对活动不够了解，看到副标题能清晰了解活动形式和活动所能获得的好处，主副标题的搭配需要将活动基本信息传达给目标用户。

1. 活动目标

活动目标指活动对目标用户的最终影响，针对活动本身需要达成的目标提炼出活动的基本观点和要求。如App拉新活动的主题一般为“注册有礼”“新人领大礼”“新用户专享88元”等，这些主题都包含活动目标，拉新用户。

2. 活动卖点

活动卖点是指活动传播中对商品、服务、观念等所要传播内容的主要内容，通俗来说就是活动推广的产品、服务等可以激发满足用户的痛点，实现用户的诉求，为用户解决问题。常见活动主题会陈述产品内容，如“邀您体验 支付宝停车无感支付”“花呗 × 余额宝 边花边赚”“亲密付 为爱人买单”等，这些主题中都包含活动卖点。

3. 用户消费心理

消费心理是用户在购买、使用及消耗商品或接受服务过程中反映出来的心理现象。每位用户的心理都不尽相同，若对用户心理把握有所偏差就很难吸引用户参加活动，所以消费心理因素融合得越巧妙、合理，活动共鸣的震撼效果就越强烈。针对不同用户可设细微不同的活动主题，如中年年龄层用户对福利较为敏感，活动主题里带上福利好处“×× 元现金”“×× 优惠券”“×× 实物奖品”更能吸引用户，如“全民瓜分1000000现金”“新人送20G流量”“818元话费限时抽”“周五免费坐公交”。

（二）活动主题制定原则

活动主题制定可以遵循易记、易懂、易传播、简洁、相关、有趣六大基本原则。

1. 易记

主题应最大限度吸引尽可能多用户的注意力，必须重点突出，让人一目了然，明确表达活动、商品、服务的特点。

2. 易懂

针对不同用户，活动主题应有不同的表达，避免使用生僻难懂的词汇或绕口表达，让不同年龄层、不同环境的用户都可清晰认知。

3. 易传播

活动主题朗朗上口更易传播。

4. 简洁

成功的活动主题应是简单的，结构上不复杂，表达单一明确，不力图表达更多的信息内容。

5. 相关

与活动内容相关，将活动需要用户做的动作也表达在主题里。

6. 有趣

有趣并非一定要有创意，但有趣可以吸引用户的眼球。

（三）活动主题制定技巧

根据市面上的较好的活动，归纳了 5 大活动主题制定技巧。

1. 采用合适的词语

用能引起用户注意的词，如“免单”“免费”等；用简单直白的词语告诉用户活动能获得的好处；用有煽动性的词，如“天天抽奖”“轻松领钱”等，让用户觉得完成活动特别简单。

2. 考虑加入目标群体

碎片化时代，大部分用户的注意力都很分散，特别是跟自己无关的事情，很难引起用户的注意。但是用户的注意力再分散，一旦听到或看到跟自己相关的词语，都会特别留意。如地区属性“杭州用户”、手机属性“iPhone 用户”、星座属性“水瓶座用户”等。如在标题中加入目标群体，会提升标题的点击率，如“水瓶座专属 2.99 红包”等。

3. 句式多用陈述句和行动句

陈述句，讲述一个事实，如锤子手机“漂亮的不像实力派”“沃尔沃关注汽车内的空气质量。在沃尔沃汽车里，关上车门是北欧，打开车门是北京”。行动句，要求人行动，比如“找工作，上 58”，对仗或押韵的句式能给标题增添亮点，朗朗上口，易于传播。

4. 多用口语化表述

尽量多使用直白明了的词语，减少用户理解障碍。比如飞燕牌剪刀的广告文案“万紫千红谁裁出，飞燕剪得春光来”，改编虽然文雅，但不利于用户分享，因为是这句话不够口语化，同时很难让用户一·目了然。

5. 尽量控制在 10 字以内

主题应尽量简短，互联网化、碎片化的阅读习惯使得太长的标题容易让受众阅读困难。

如支付宝线上活动主题“暖冬活动：百万温暖补贴放送，最高 88 元”，主题中既应景（温暖补贴）也有相关活动利益点（百万补贴，最高 88 元）。

二、运营目标制定

策划活动可以让新产品在短时间内吸引部分用户，并提升用户活跃度。对于公司来说，可以树立企业的形象，提高品牌的知名度；对于用户来说，可以了解产品的优惠和促销信息。因此，一个可量化目标的确立，是活动顺利开展的前提和指导。

（一）活动目标制定的基本原则

活动目标设定需要遵循SMART原则[1]，如图3–4所示。

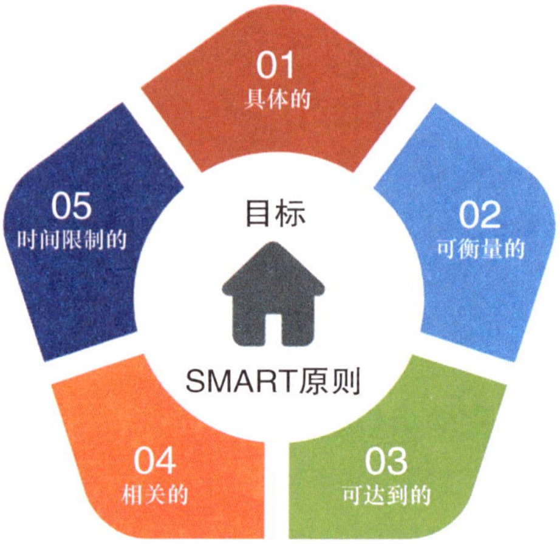

图3–4　目标管理的SMART原则

活动目标是策划活动的起点，也是思考的源头。活动目的最重要，目标是之后一切运营决策的指导方针。

在实际活动中，活动目的大都不是单一的，如活动运营目标“智能缴费活动”通过线上运营活动，引入支付宝缴费新用户22000户，引入支付宝代扣用户102566户，直接包含拉新、促活两个目标。

1. 目标要具体

即目标设定不能过于宽泛、目标设定不能主观。

2. 目标能够衡量

目标应有一组明确的数据，且这组数据必须具备渐进性，作为定期追踪和衡量是否达成目标的依据。

3. 目标有可实现性

即目标要能在目前的状况下得以实现、目标必须要有挑战性。

4. 目标有相关性

即目标要与目的关联，如果目标脱离了目的，就会捡了芝麻丢了西瓜，甚至南辕北辙。

5. 目标有时限性

即目标有时间限制。没有时间限制的目标无法考核或考核不公。

综上所述，设定目标需要既有挑战性，也需要可完成。

---

[1] SMART原则是管理大师德鲁克在《管理实践》中提出的目标管理方法，按照这个原则制定出的目标才能保证可实施、可跟进、可考核，也更容易实现。

（二）活动目标制定

活动目的是活动要达成的最终结果，但需要把目标转化成量化的数据，如 App 希望提升用户规模，这是目的，转化为数据就是提升日活跃用户数（DAU）（通常统计一日之内，登录或使用某个产品的用户数，去除重复登录的用户），日活跃用户数（DAU）可量化，具体确切到数字，所以日活跃用户数（DAU）就是活动目的。

比如有些活动会制定类似于“获取新的用户注册 / 关注”这样的目标，这种目标非常模糊，无法明确注册 / 关注粉丝数量，在后续的资金投入、活动对象选择、推广强度等方面显得毫无依据。可能最后造成用户获取成本过高、新增用户数量不足、活动执行方向走偏等不佳效果。

可量化的拉新目标，应该是“新增注册 / 关注用户 ×× 人”这样具体性的。如“智能缴费活动：通过线上运营活动，引入支付宝缴费新用户 22000 户，引入支付宝代扣用户 102566 户”，目标是可量化、具体的。

做活动很多时候是根据目标数字盲目执行或拆解，这样操作大多是法完成最终目标，所以一定要对活动指标进行分解。

一般有根据历史数据拆解和活动在线时间拆解两种拆解方式。

根据历史活动数据预估活动目标的完成情况，了解平时产品 / 活动的用户来源前 10 的渠道、以往开展运营活动时用户的缴费量和办理量、以往做活动时召回 / 促活的用户量。了解情况后，给每个渠道安排合适的指标，反推到活动的预估目标即每个渠道应该成或承担的数据量，是否需要新增推广渠道或新增奖品等。

根据活动在线时间拆解目标往往适用于新上线，从未有类似历史活动的情况，活动目标的数字是随机确定的，可根据活动在线时间拆解，活动上线初期所承担的目标量比活动后期大。

三、目标人群定位

此部分内容主要详细介绍运营方案策划中的目标人群，通过对其概念的解释，进一步阐述制定目标人群的作用，最后了解和学习确定目标人群的方法。

（一）目标人群的概念及作用

目标人群也可称目标对象、目标主体等，一般是指某次运营活动方案理想参与的核心主体，是对活动参与用户主体的定位，也是对活动目的的细致分解，简单来说就是此次运营活动方主要针对哪些用户开展实施，如该策划的方案或活动是针对新用户还是老用户或活跃用户还是非活跃用户等进行。另外，确定目标人群还具有以下作用。

1. 帮助确定活动类型及形式

当确定业务或产品需要提升的目标人群后，后一个环节就是活动策划的核心内容——活动形式制定。目前，互联网运营过程存在各种各样的运营活动类型和形式，当结合活动目的，将目标对象进行拆解细分，并最终确定核心的目标对象后，就能根据确定目标对象的特性、习惯等制定和策划适合的运营活动形式，尽量确保制定的活动形式能够吸引目标对象参与，以保证用户参与可能性的最大化。

2. 有利于控制整体活动成本

在互联网飞速发展的今天，为达到互联网产品和业务的发展和存活目的，运营活动成为互联网运营手段中的重要存在，一整年中的运营工作过程中，营销活动的比重可能达到 70% ~ 90%。其中，在运营方案策划过程中，如果没有提前确定目标对象，那么可能在整个活动过程中出现盲目营销推广，人均活动成本偏高，缺乏区分性，将过多及不必要的成本投入到非目标对象上，最终导致整体活动成本提升甚至失控。

3. 助力实现精准渠道营销推广

渠道宣传推广在运营活动实施过程中起着至关重要的作用，一个活动方案做得再优秀、完美，如果没有有效、高质量的宣传推广渠道也无法产生好的运营效果，甚至可能成为失败。在有大量渠道推广资源的情况下，也不能一味地为了推广而盲目地撒网式投放推广。一方面，策划设计运营活动方案时主要是对活动目标对象进行细分拆解后，对主要目标对象设计的方案，方案内容有针对性；另一方面，策划设计运营活动方案是为了达到主要诉求目的，缺乏方向和目的性的投放推广可能会引起部分非目标对象的反感，影响活动口碑。

（二）确定目标人群的方法

目标人群在活动策划过程中的作用非常重要，那么如何快速准确地确定目标人群呢。总的来说，目标人群主要围绕用户进行分析和确定，一般比较推荐的方法是构建该产品或业务的用户画像模型。

用户画像（persona）的概念最早由交互设计之父阿兰·库珀（Alan Cooper）提出，它指的是真实用户的虚拟代表，是建立在一系列属性数据之上的目标用户模型。随着互联网的发展，现在所说的用户画像又包含了新的内涵——通常用户画像是根据用户人口学特征、网络浏览内容、网络浏览内容、网络社交活动和消费行为等信息而抽象出的一个标签化的用户模型。

通过用户调研了解用户，根据其目标、行为和观点的差异，区分成不同的类型，然后根据不同类型，从中提取出比较典型的特征，并赋予名字、场景、人口统计学要素等描述，形成一个人物原型。

构建用户画像能够便于更加具体、标签化、有针对性地描述用户特征，并把画像作为精准营销的主要依据。

通过以下三个步骤可基本搭建一个基本的用户画像，帮助确定和筛选目标人群。

1. 明确建立用户画像目的

由于用户信息繁杂、多样，首先需要结合活动方案确定用户画像建立的目的，这是基础又关键的一步。要了解构建用户画像期望达到的运营或营销效果，从而在标签体系构建时对数据深度、广度及时效性方面做出规划，确保底层设计科学合理。

2. 用户信息数据的采集

只有建立在客观真实的数据基础上，生成的画像才会真实有效，才会有采集的意义。另外，在采集用户数据时，需要从多种维度进行考虑，比如行业数据、全用户总体数据、用户属性数据、用户行为数据、用户成长数据等，并通过行业调研、用户访谈、用户信息填写及问卷、平台前台及后台数据收集等方式获得。

（1）行业数据。指同行业可对比数据，比如其他电网公司的月均线上支付笔数、月均拉新用户量等。

（2）全用户总体数据。指本公司全部用户的数据，比如整体用户的缴费笔数、缴费频率、平均缴费金额等数据。

（3）用户属性数据。指用户性别、用户年龄、用户所属地区等可以给用户标签定义的数据。

（4）用户行为数据。指用户在产品使用中的行为路径数据，比如用户缴费渠道数据分布、用户页面浏览时长等数据。

（5）用户成长数据。指用户在产品上的行为变化数据，如缴费频次变化，缴费渠道变化、缴费金额变化等数据。

3. 结合数据定义用户信息标签分组

将得到的数据映射到构建的标签中，并将用户的多种特征组合到一起。标签的选择直接影响最终画像的丰富度与准确度，因而数据标签化时需要与业务或产品自身的功能与特点相结合。如用户线上缴费频次数据与年龄数据结合、缴费金额与地区数据组合标签等，对用户数据进行细化分组，最后结合本次方案目标，筛选出最终的目标人群。

（三）案例说明

1. 方案活动目标人群

如某电力公司活动方案中确定的目标人群为支付宝缴费新用户（仅限 A 供电公司、B 供电公司、C 供电公司营业厅渠道）、支付宝未签约代扣用户。

2. 活动目标人群确定步骤

活动目标人群确定步骤如图 3–5 所示。

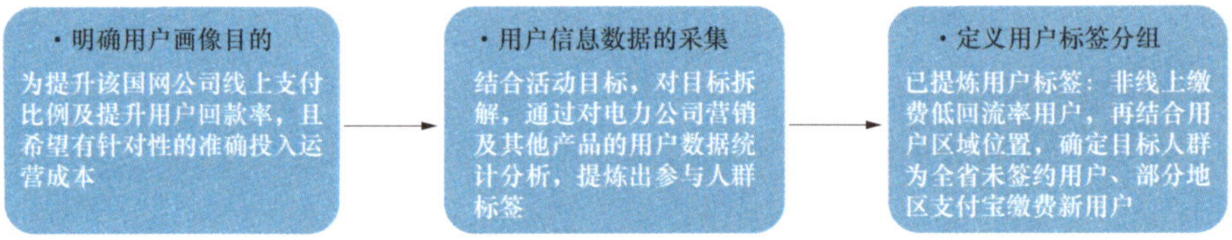

图 3-5 活动目标人群确定的步骤

四、活动规则设计

本部分内容主要围绕“活动规则”开展，详细解释设立活动规则的原因，以及活动规则如何书写及书写注意事项等。

（一）活动规则的概念

俗话说“无规矩不成方圆”，活动规则的设立无论对用户还是活动发起方都有非常重要的意义，可以算作活动上线期间参与用户与活动发起方之间的临时合同，即让用户清楚明白地了解整个活动的参与方法及限制条件，约束用户部分违规行为。同时，一定程度上保障了活动发起方的利益和活动上线期间内部工作答疑的难度，是活动过程中双方遇到争议时的条款保障。

（二）活动规则的制定方法

1. 活动信息的完整表述说明

活动细则一般为活动专题页面的补充，因为正常情况下，活动专题页面为了主要体现表现力与设计感，往往在专题页面体现的活动细则文案内容是有限的，一般只体现最核心主要的规则内容。所以，活动细则常用来描述活动里的基本信息，如活动时间、活动对象、活动内容、活动参与条件等。

2. 活动名词的定义解释

在活动策划的过程中，运营人员有时会陷入一个误区，即认为自己在方案中使用的活动词汇普通用户都能理解，这往往会导致与后期参与用户之间产生沟通障碍。但是词汇定义的作用在于尽可能地将活动信息中的隐蔽区和盲区挖掘出来，以便于用户理解和执行。

例如，做活动时，有时会针对粉丝，有时会针对会员，部分运营策划人员会觉得用户应该知道粉丝和会员这两个概念，并不需要特别进行定义。但实际上，并不是所有用户都清楚这两者具体的定义差别。所以制定活动细则时，要进行定义补充，以便参与用户能够明确活动对象。其他运营内部的表述方法及名词等也需要加强定义说明，这样才能便于用户理解，避免出现歧义等。

3. 对活动特殊场景的规则说明

活动策划完成后，为了使活动规则更加完整全面，建议与活动配置和客服人员沟通，听取他们的意见建议，避免遗漏其他特殊场景，并对所有特殊场景进行限定说明。常见的活动特殊场景包括：

（1）活动优惠是否与其他活动优惠叠加共享；

（2）若发生退款等情况时，活动优惠是否还有效；

（3）活动是否存在对象、地区、账号、手机、身份证、设备号次数等其他限制；

（4）用户是否需要完成指定任务或动作后才可参加活动，是否具有参与条件限定；

（5）如果消耗用户权利（如积分、支付金额）等参与活动，活动结束如未获得福利，相应的权利是否返还；

（6）若出现其他渠道或平台对活动的不同解释，以哪个为准。

以上特殊场景仅为部分简单场景概述，实际上，任何活动都可能出现各种特殊情况，策划过程中需要经常与活动执行、客服等相关人员沟通，才可能弄清楚策划活动中可能出现的特殊场景，然后通过活动细则提前对这些特殊场景进行限定。

4. 活动风险提示的规则说明

活动风险可以认为是活动特殊场景的进一步演化，一般是指运营策划人员在活动进行时最不希望出现的情况，若出现，运营策划人员需要通过对细则的解读，提示用户活动方的决定，以实现有效风控。

活动风险通常包括：活动营销平台被黑客攻击，或用户利用规则漏洞等进行系统刷单等；活动中出现服务器、硬件设备、网络及其他系统故障等情况时的对策；活动中出现其他不可抗力因素影响活动进展时的对策。

（三）规则制定案例说明

1. 方案活动规则内容

（1）新用户交费立减。活动期间，首次使用“掌上电力”App 完成在线交电费，可享单笔交费立减 1.8 元的机会，仅限享受一次。

（2）抢支付宝 10 元代扣礼包。活动期间，首次在支付宝“国网 ×× 电力”签约代扣，即可获得10元代扣优惠礼包（含2张5元代扣立减券，每次代扣限用一张，有效期截止到……）。

（3）代扣人推人。活动期间，用户通过专属推广链接，推荐好友签约成功，即可获得 2 元奖（集分宝，任意缴费均可使用），推荐越多，奖励越多，上不封顶。

（4）每个用户限享受 1 次完整活动流程（代扣）的活动奖励，同一支付宝账号、电力户号、手机号、设备终端视为同一用户。

（5）账户限制：剔除黑名单和批量注册用。

（6）代扣立减券仅限该机构缴费出账时直接抵扣使用，每次仅限使用一张，缴费金额大于优惠金额方可抵扣。

2. 活动规则解读

（1）该活动方案内对整体活动及各子环节活动信息内容都做了较具体的阐述，活动的时间、对象、内容、参与条件等内容均已表述清楚。

（2）该规则内有部分名词的解释，如代扣立减券、代扣人推人，也有部分活动涉及名词缺少，可能是因为该地区经常开展类似活动，用户较明白其意思，可不开展解释。

（3）在代扣人推人活动中，通过活动规则做了该场景玩法及奖励获得的具体说明，这就是制定方法中提到的特殊场景规则说明。

（4）对于活动风险相关的规则说明，该方案活动规则中也有体现，如单个子活动用户享受优惠次数、奖品使用次数的限制说明，可规避用户作弊行为等。

（5)最终解释权说明该机构方案规则中并未体现，虽然影响不大，但建议写上，以便遇到特殊情况时有最大的解释说明权利。

五、活动参与形式

运营人员确定了活动的目的、目标、主题和用户后，就要思考活动的具体呈现方式，即确定活动的互动模式和基调，也就是怎么和用户发生互动以及用户怎么参与活动，这一关键步骤会直接影响活动参与人数，从而影响活动的最终效果。活动形式的设计流程如图 3–6 所示。

图 3–6　活动形式的设计流程

（一）活动形式的设计流程

活动形式的设计流程主要包括确定活动形式、设计活动参与路径、绘制活动交互流程图、活动形式评估与确认。

1. 确定活动形式

运营人员通过运营指标确定具体的活动目的、主题和用户后，再确认活动的最终参与形式，引导用户完成主要任务，部分活动还带有子任务。如首次注册领取好礼，分享好友再得奖励。

2. 设计活动参与路径

在设计环节，基于最快实现活动目的诉求，设计最便捷、易操作的活动参与路径，以减少用户在操作环节思考和流失。注意能自动填写直接授权、能直接链接到达目的页的不要中间跳转页拦截。

3. 绘制活动交互流程图

为让各方快速了解需求，运营人员需要绘制交互流程图，目的是通过图形样式及流程文字描述呈现页面跳转流程图，主要包含活动的业务流转信息。绘制活动页面交互流程图的一大重点是面向表现层，即描述的是界面的变化，用户看到的是界面的行为流。各合作方需了解页面的跳转逻辑。

4. 活动形式评估与确认

因涉及多部门的配合、协作，因而需要将活动需求方案同步给产品，由产品组织提交各部门关键人员进行会议讨论和评估。主要提交活动方案、活动交互流程图及活动宣传规划等，产品将对活动需求进行初次评审和修改，然后组织会议同步资料给 UI 和研发，整体会议主要对活动的交互细节、预期目标及渠道投放用户量级进行评估和讨论，产品和运营提修改方案后，正式提交研发和设计确认。

（二）常见的活动形式种类

运营指标不同，活动参与形式也不同，运营人员在确定活动目的后，就要确认活动的参与方式，不同的活动种类可以达到不同的运营目的。

常见参与方式种类有补贴、抽奖、投票、游戏、互动。

以支付宝 App 生活缴费活动为例。

1. 抽奖

为促活、转化，运营会较多使用抽奖模式，当然也可引导外部用户，使用手机号领取模式。

一类可直接线上领取的奖品参与度最高，如缴费红包、饿了么券、话费红包等，即中即得；另一类较受欢迎的是包邮的奖品，即活动售后到位；还有一类是用户认为自己占便宜的物品，他们甚至愿意花费一定金额换取，如一分钱换购，哪怕是概率性事件，用户都愿意相信自己的运气。

为了提升用户对券的核销，可建议用户低价有偿购买券。

2. 补贴

减弱利己性，增强利他性。如通过回馈补贴的形式传达给客户，让客户觉得运营方在损害自己的利益填补客户的权益，从而提升参与度。

如“缴费成功领红包”与“缴费成功返现”，虽然都能促进客户缴费，但是不同之处在于，前者让用户缴费后领取红包，促进二次消费，活动方式利于商户；后者缴费成功返现是客户缴费成功获得一定补贴，活动方式利于客户。前者可提升缴费频率，两者都可提升参与度，由机构按需求采用。

3. 投票

投票活动类形式，主要是为了促进老用户的活跃，特别适用于支付宝生活号及微信这类公众号频道。投票活动，不仅活跃了用户，还能进一步带动业务的转化及拉新。如增加板块 PK 模块，可通过该功能邀请好友拉票或好友间 PK 投票等。某生活号开展话题 PK，可引入一段时间的热门话题，通过客户参与互动活动，提升 DAU，还可通过页面改造实现带货量，底部夹带领取优惠券可提升业务转化。

4. 互动

美颜相机推出过换发型的体验活动，百度糯米也在丽人频道推过测发型活动，这类活动是将线下换发套的场景转化成线上换发型的场景，这种活动能通过活动化的方式，慢慢沉淀为产品化。如直播答题（冲顶大会、百万答题）、直播抓娃娃也是将线下活动线上化，已形成一种产品形态。

人民日报做过的军装照，还有《延禧攻略》换脸照，用户会觉得很有意思，就算没穿过戏服，也想知道自己穿上的样子。很多时候，我们明明没有经历过，但通过一个活动，事情好像真实发生了，如 H5 里的微信群聊、语音通话。

5. 游戏

游戏化的思路可以帮忙用户寻找活动中的快感和新奇的创意成分，带着游戏化的任务和思维参与活动。游戏是集体类的活动，比如集卡片、集能量需要邀请好友一起参与，可以有效带动用户之间的传播，进而带动用户的拉新。游戏类的活动玩的是用户的荣誉心理、利益心理和好胜心等。

【案例 3-1】2018 年淘宝双 11 活动，通过集能量瓜分 10 亿红包的利益，驱使用户建群团队群组的模式，PK 期间通过促使团队成员拉各自的好友集赞，PK 胜利团队可获得相应的能量，最后通过累积的能量瓜分红包。该类活动都是通过用户自己和自己 PK 或团队和团队之间 PK 的荣誉心和好胜心，使得活动持续延续，不断拉动好友进行。如果没有 10 亿红包驱动，活动积极性会大打折扣。

（三）设计准则与注意点

活动形式的设计准则有以下几点：

1. 流程简单，让用户少思考

很多时候在活动策划时，如果不注意就会陷入自我思维，原因在于策划者太过熟悉自己的产品特性，太过于追究目标结果，导致整个流程设计及用户交互体验操作流程变得理所当然，从而忽略了初次参与活动用户的心理。所以，活动设计完后，需要邀请多方一起交流，共同参与活动设计的交互评审，适时站在新用户的角度考虑问题和设计流程。

活动流程应做到用户无需思考或通过简单思考即可参与活动，参与流程简单明了。如关注生活号需求，能直接扫码搞定的绝不让用户搜索关键词到生活号再点关注；能直接赠送领取的，绝不让用户分享链接或截图让对方领取；能直接读取客户信息，只要用户点击授权即可的，绝不让客户自己动手填各种信息。

从看到 banner 图到点击 banner 图，到点击参与活动领取优惠券，再到核销优惠券，整个流程就像流水线或漏斗，每步都会流失一波用户，所以必须简化活动步骤。

【案例 3–2】如 2018 年的代扣活动，活动模板改造前样式如图 3–7 所示，活动模板改造后样式如图 3–8 所示。

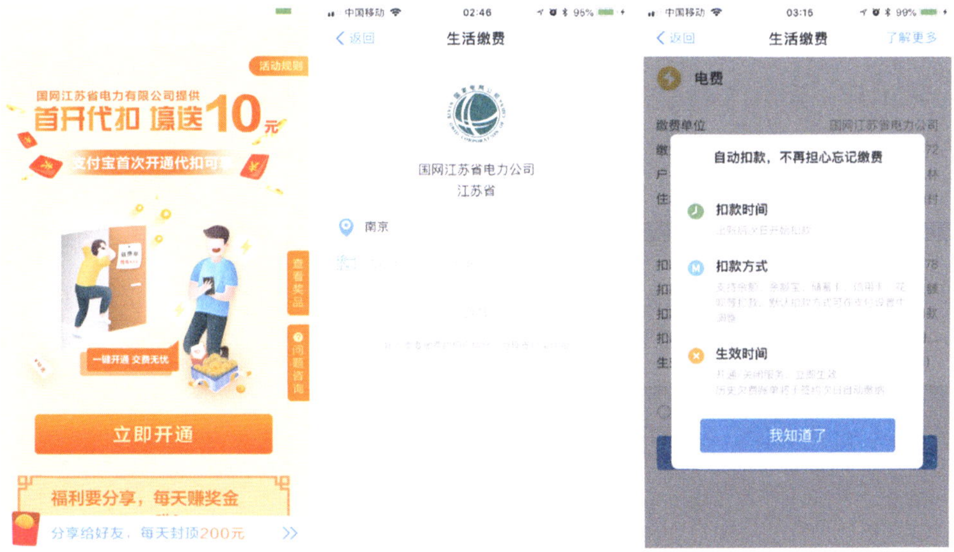

图 3–7　代扣流程改造前页面

图 3–8　代扣流程改造后页面

活动模板改造前后的不同之处在于用户开通环节。改造后的活动模板更注重用户交互体验，目的是解决缴费新老用户的不同体验状态。从交互变化来看，缴费老用户进入体验时，如首次使用代扣服务，须授权展示目前已绑定户号，为老用户体验代扣业务提供便利，无需再次输入已绑定户号信息。在活动投放时从路径上减少用户自主操作手动输入步骤和时间，让用户签约率提高 5 倍。

2. 利益明显，让用户想参与

在活动设计中，直接展示参与活动的奖励，如缴费券、实物奖品、电力积分、其他行业优惠券（如天猫超市券、优酷抵扣券、电影券等）。如果是实物奖品，建议在交互中明显的地方放置实物奖品图像（如华为 Mate20、iPhone XS 手机、iPad 等），使用户一眼看见利益点，尽管明白活动的套路且中奖概率很低，但还是会继续参与。因为这些操作迎合了用户爱贪小便宜的心理，会让用户因为利益点从心底认可并继续参与。

例如现在的彩票行业，大家都知道概率极其低但是仍坚持购买，说不定中了呢！微信好友圈抢红包也是如此，一个红包发出来，例如直接告诉红包是一分钱肯定没人参与，但是你如果啥都不说，很多人尽管知道，也还是会坚持每轮红包抢领。

如案例 3-2 中，改造后，不同用户会看到不同的优惠全品，这是基于用户大数据精细化分层实现的，页面操作便于用户精确获取自己的任务奖品信息，决定是否继续下一步操作。用户权益、利益展示须明显、突出，如果模糊处理、不清晰，展示给用户信息却未说明并非每个人都能中奖，会造成后期用户不必要的人工客服咨询和投诉，进而使用户流失。

3. 流程创新，让用户有兴趣参与

活动本身创新新奇，可刺激用户参与且让用户有理由参与，完成指定的任务并分享给好友。该流程主要抓住用户的兴趣点，满足用户的不同个性化需求，以满足其好奇心或虚荣心等。

但是设计一个全新创新玩法的活动流程比较有难度且需要更多时间，所以大部分活动都是在历史活动上做优化创新，一般借鉴以往成功活动模式或市场上已有活动模式的灵感和启发进行改造。优化创新可以是主题、参与要求，也可以是参与平台、前端样式及流程稍微修改等，但是活动主体模式基本不变。

【案例 3-3】支付宝攒电量活动 1 月版本及 12 月版本分别如图 3-9 和图 3-10 所示。

两个版本的共同点：首次参与可获得一定免费电量，本月缴电费、水费、燃气费各获取一次加电量机会，其他方式靠分享活动拉好友充电完成，累积一定额度可兑换奖品（3 元、88 元等）。

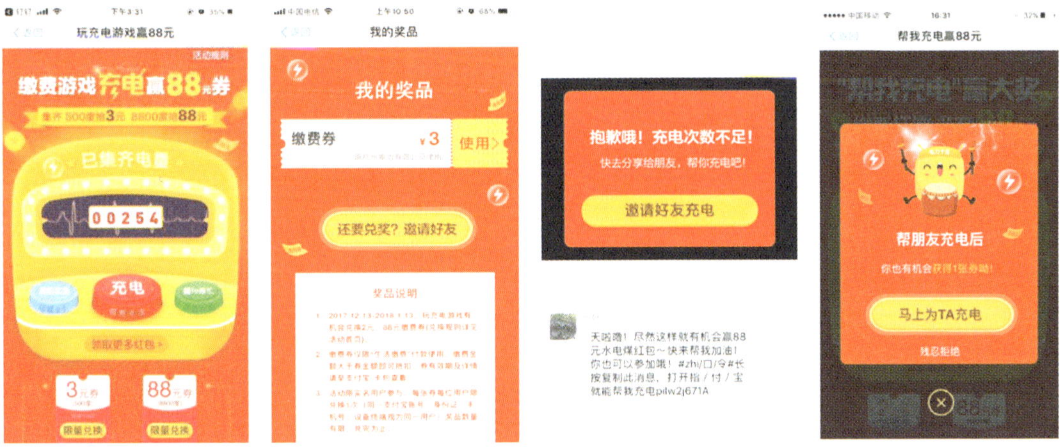

图 3-9　支付宝攒电量活动 2018 年 1 月版本

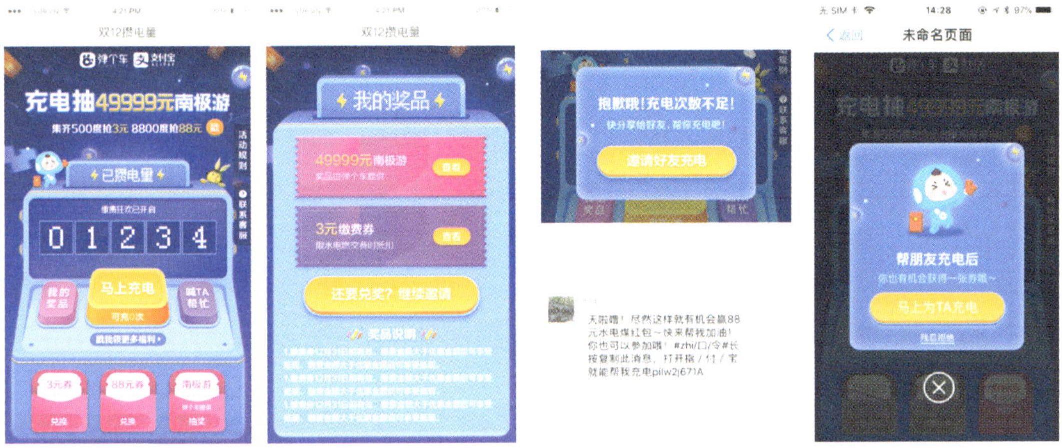

图 3-10　支付宝攒电量活动 2018 年 12 月版本

两个版本的不同之处：参与方式上稍微不同，1 月版本没有合作方及更多的奖品，12 月版本在 1 月版本的基础上稍加优化创新，与赞助商合作（合作方提供流量位给予曝光），将赞助商提供的大奖作为抽奖模块，消耗电量，既增加了活动的其他曝光渠道，也为活动增加了趣味性。

4. 借势玩法，让用户迎合气氛参与

策划活动时应及时抓住时下热点新闻事件、热点话题、节日事件，结合到活动方案及参与方式中，体现活动的实时性，让用户通过现有场景参与活动互动，从而达到传播的目的。

（1）借势节假日。提前做好活动策划、预热和上线筹备，深度挖掘活动参与方式与节假日最契合的玩法，使两者有效结合；利用节假日的特点锁定精准的目标用户群，增加活动参与度。策划人员可提前整理一份节假日时间表、包括节假日标签、经典案例等。

【案例 3–4】支付宝生活缴费 3·8 女王节活动：结合生活缴费用户特性，主题定为 3.8 元红包限量抢，契合节日主题和购物气氛。在用户点击试试手气时，不同类型用户有不同任务要求，共 3 种用户目标需求：老用户必须完成一次缴费才可抽奖，抽不中再抽天猫购物红包——达到促活目标；新用户无门槛领取 0.68 元新用户红包——达到拉新目标；流失用户无门槛领取 0.18 元红包——达到挽回流失目标。

（2）借势热点事件。每月都会有突发的热点新闻事件，基本不可预测，部分可预测的热点，如美国总统大选、iphone 新版上市，世界杯、奥运会等，可提前筹备，“蹭热点”营销。

针对不可预测的热点，需要密切关注热点，及时相应策划；活动模式简单趣味，但需要较高关联度；谨慎借势，把控全局，避开负面热点。

吸引用户参与活动时，需要把握以下四点：

1）在活动创意上，从用户情感下手，触痛用户的心理性格，并提供针对性、稀缺性限量性的奖品。

2）在活动形式上，尽量制造一个场景的参与方式，不迂回曲折，简单直接。

3）在活动售后上，要比活动前提供更专业的服务。

4）在活动目的上，减弱利己性，增强利他性，让用户觉得 80% 是为了他。

（四）活动形式的跟进反馈

从活动后续各流程节点验证与反馈当前活动形式是否存在问题，不断提升活动形式的严谨。

1. 流程设计，注意把握用户情感

情感共鸣，容易引起关注和参与。有些寻找情感共鸣的活动，可能并没有创意，但如果是沉淀了很久的产品，这种活动能看到产品的温度。

情感共鸣类活动比较适合公益类，公益本身是很有意义的事情。有一定用户基础的产品，可在产品内去找情感共鸣，让用户为产品本身感动，主动分享推荐好友。

例如，2018 年度国网江苏电力年度账单结合积分捐款的公益活动如图 3–11 所示。

情感有很多种，在活动中注意对用户情感的把握，可能引发意想不到的效果。例如：

（1）荣誉感。说是虚荣心也好，说是爱显摆也好，这些词并不是贬义的，没有用户炫，怎么搅动活动流量池呢？

（2）竞争性。做活动抽奖，最好弄个一、二、三等奖，因为用户都喜欢争第一，如果弄个排行榜，效果会比随意抽取好。很多 H5 小游戏运用的就是用户的这种心理。

图 3-11　国网江苏电力积分捐款公益活动

（3）玩圈子。人们往往对“圈子”比较敏感和向往，都想站在顶端观望下方。

（4）懒癌症。这关系到活动的参与方式和活动的派奖方式，参与方式一定要简单直接，能一步到位的绝对不要设置第二步。

（5）焦虑感。现代人都很焦虑，希望从某些活动或产品得到心理压力的释放和共鸣，如心理测试活动。

（6）好奇心。人都很好奇，小到好奇自己是胖了还是瘦了，大到好奇世界末日是什么样？于是各类测试层出不穷，如测测你会是《延禧攻略》里的谁、测一测发现真我，测一测好友契合度等。

2. 活动埋点，便于后期数据分析

活动结束后，可根据前期的活动埋点监控，提取相关数据进行分析，找到用户在哪个环节流失较多，便于下次活动设计时进行改良，提升转化率。

3. 灰度测试[1]，快速发现问题

活动上线前，除了技术人员完成基本的测试工作之外，也可寻找不同机型同时进行测试；有条件的情况下，可以提取公司内部种子用户进行一轮灰度测试，通过参与结果确认活动形式设计是否有问题，便于快速发现问题并修改。

4. 同步客服活动知识库，做好客户解答

活动上线或预备上线前，提供完善的活动说明、常见问题等内容，主要涉及活动对象、时间，及活动参与形式相关的流程说明、奖品内容及抽奖规则说明等。

[1] 灰度测试，就是在某项产品或应用正式发布前，选择特定人群试用，逐步扩大其试用者数量，以便及时发现和纠正其中的问题。

5. 活动风险管控，制定应急预案

针对活动上线做风险管控和监控，建立健全的风险管控应急机制，一旦遇到风险，广告渠道紧急下架处理，做好用户安抚及赔付等工作筹备。

六、宣传推广策略

在活动策划阶段要对活动的宣传方式做一定的规划，主要包括宣传渠道、宣传排期等，宣传渠道主要分为线上、线下宣传，一般线上宣传渠道分为内部渠道和外部渠道，宣传时需要遵循推广策略。

（一）活动中常用推广策略

活动上线后对活动进行宣传推广，一般宣传推广按活动前预热、活动中引爆、活动后延续几个阶段推进。

（1）活动前预热。这个阶段需要提前利用推广资源做活动预热，让用户提前了解活动。可以在官方 App、微信公众号、微博或合作平台的资源位做前期的活动预热。可选择的渠道有自身渠道、微信公众号推文、社群转发、知乎，官方微博等门户网站宣传，及微博付费推广、相关大号助推、资源互换推广、短信推广等线上渠道；门店广告投放，及海报、传单、折页等线下渠道。

（2）活动中引爆。由于前期的预热，活动已达到很高的曝光量，参与的用户会非常多，这时应持续制造热点，尽量最大化口碑传播，让体验过的用户分享给好友参与，或在继续曝光（曝光渠道可参考预热阶段渠道），营造活动的火爆程度。

（3）活动后延续。活动后期或下线后，可能会相继爆发出一些问题或其他相关的用户咨询等，这时定要增加客服以应对各种用户咨询服务。

宣传排期主要按照时间顺序罗列具体活动流程、活动展开方式等，以便活动上线后按计划执行，在活动结束后需要针对各渠道做相关数据统计，不断优化投放渠道，为后续活动的宣传推广做进一步数据支撑。

（二）活动推广中常见问题、解决方案

1. 常见问题

（1）误区：所有推广产品都想尝试。各家媒体产品不断推陈出新，并不是每款产品都适合自家行业。以百度搜索的创意展现样式为例，虽然有行行通、橱窗、多子链、热点直达等多种展现形式，各形式之间可叠加使用，对提高曝光和点击有明显的效果，但完成情况还要看数据。

（2）误区：创意上盲目追热点。如有个公司是做视频 App 的，林志玲大婚的消息发出后，该公司的优化师立即追热点，将信息流的创意改为“志玲姐姐大婚，

那些年我们收藏过的女神”，并配上美图。该创意的 CTR［即点击通过率，指网络广告（图片广告 / 文字广告 / 关键词广告 / 排名广告 / 视频广告等）的点击到达率，即该广告的实际点击次数（严格来说，可以是到达目标页面的数量）除以广告的展现量］将近 20%，1 小时花费 5 万多元，但最后只有 34 个用户注册，人均将近 1500 元的注册成本，得不偿失。

（3）误区：盲目追求数据。如某日历 App 在 360 助手投放时，发现红包位置量大，成本低。不顾优化师阻拦，将一天 5000 元的预算全部放在红包位，当天将近 5000 个下载，成本突破新低 1.2 元 / 个，但次日留存率仅 3%（一般广告投放渠道正常为 25% ~ 30%）。

2. 解决方案

（1）用户调研。市场在不断变化，用户画像也并非一成不变。每次推广前需要对用户进行分组筛选，如某活动在今日头条投放时，圈定了一批女性用户，投放创意点为“免费得防辐射孕妇服”，当时的参与度、点击、转化效果都不错，但半年后对这批用户进行相同的创意点投放，效果与转化效果都不尽人意。主要因为半年后这批女性用户已完成生产，不再需要此类产品，所以每次投放都需要针对性地做用户调研，圈定人群。因为市场、用户是不断更替的，热点延续时间不尽相同。

（2）关注媒体最新动态。各大媒体广告产品迭代速度十分迅速，要关注各投放渠道的最新变化和最新产品。别人不知道，我们知道，别人没做，我们做了，就享受了先入市场的红利。如百度寻客样式刚出来时，知道的人都很少，更别说做的人了，某餐饮加盟客户果断投放，一天留言量提高 20 倍，成本降低 5 块 / 个。

（3）投放测试，数据反馈。大部分活动投放时不做测试，直接投放普通样式，未测试创意样式，花费巨大，但激活量很少。后建议将投放样式调整为 App 下载样式，激活量大幅提升。

（4）数据监控、及时调整。投放渠道很多，并不是所有投放渠道和推广方式都适合当前活动。所以需要做完善的数据监控，随时观察各投放渠道的转化成本和质量。若优化后仍然无法改变现状，一定要及时止损，迅速换其他方式。

七、运营预算

活动策划人员既要追求结果也要考虑投入，终极追求效果最大化，投入产出比。运营方案策划人员根据活动类型、活动内容和项目具体情况，提前制作合理、详细的活动整体预算表。只有这样，策划人员及项目管理者才能快速了解费用去向，全面把控费用支出及活动项目的收支成效分析。

（一）活动预算

1. 活动预算的概念

活动预算是指以实现活动指标为目标，预先规划、安排活动期内有关资源的获得、配置和使用。在活动运营中，预算指以活动为核心，公司给予的资金支持，用于覆盖活动中的各项花销。常见的有渠道投放费用、物料采买费用、交通场地费用等。

通过成本和预估效果能大致预估运营活动项目的投资回报，衡量活动是否有价值。在投入预算中，要做好预算的各项使用类目，并且预估最低和最高预算时要预留10%～20%的上下浮动，如预算预估太紧或太多会影响整个运营计划和整体成效分析。

2. 预算表的组成与制定

预算包括预期的目标计划和支出。活动的详细预算，一般会附在整套活动方案的偏后部分，作为对前面活动内容的费用补充说明。预算表一般以下有两种方式：

（1）按时间进度制定。按照时间节点及用户指标分期周期制定预算表，必须预先确认每个阶段必须确定的内容和指标，提前设定预算及项目计划，活动执行时稳步操作，不易手忙脚乱。

为推广方案做预算时，每个推广周期涉及的推广细项都可提前确定，项目越精细，可控性越强。时间周期进度规划表见表3–3。

表3–3　时间周期进度规划表

按用户周期	项目类型	内容	费用	数量	单价
种子用户期	奖品设置	注册送红包			
		充值送红包			
		推荐送奖励			
	物料设置	易拉宝			
		海报			
		DM宣传单			
		广告衫			
		小礼品			
	活动推广	短信			
		内部推广奖励			
初始用户期	奖品设置	注册送红包			
		充值送红包			
		推荐送奖励			
		微博、微信转发有礼红包			
	线上投放	今日头条等官媒投放			
		微博转发			
		微信转发			
		本地社区投放			

续表

按用户周期	项目类型	内容	费用	数量	单价
品牌推广期	奖品设置	注册送红包			
		充值送红包			
		推荐送奖励			
		微博、微信转发有礼红包			
	全面投放	App 排名优化等推广			
		公交及站点等线下场所投放			
		本地 O2O 及其他 App 合作			

（2）按线上线下分类制定。分类制定即按照活动中需要投入的成本类别分类，这种方法的优点在于能够非常精准地把握每个环节的资金花费。活动预算表按线上和线下分类，线上、线下宣传分类规划表见表 3–4。

表 3–4　　　　线上、线下宣传分类规划表

分类	项目类型	内容	费用	数量	单价	说明
线下传播	奖品设置	注册送红包				包括缴费红包、缴费券、现金红包等虚拟奖品费用以及实物奖品费用等
		充值送红包				
		推荐送奖励				
		实物奖品				
	物料设置	易拉宝				必须提前列好所需准备的材料。以投放营业厅物料为例，常见有海报、易拉宝、手持单页、立牌、贴纸等。策划人员与场地管理方核实需要投放的物料类型、数量，确认后，安排专人负责收集各营业厅地址信息、收件人姓名、投放管理人员等
		海报				
		DM 宣传单				
		广告衫				
		小礼品				
	其他开支	物料人员费用				如工作人员、摄影师等，即人员开支费用，包括活动工作人员的交通食宿费用及人员费用；一般项目费用中会综合列入，单个活动项目不列入
		搭建费用				主要包括现场背景、设备等布置费用
		场地费用				主要包括租赁活动场地、桌椅等相关使用费用
		设计费用				整体项目的设计，部分直接采用公司内部设计资源；部分采购外部合作方设计资源，这部分按照具体项目费用进行单独合计与结算
线上传播	奖品设置	注册送红包				包括缴费红包、缴费券、现金红包等虚拟奖品费用以及实物奖品费用等
		充值送红包				
		推荐送奖励（内部推荐奖）				
		实物奖品				
		微博、微信转发有礼红包				

续表

分类	项目类型	内容	费用	数量	单价	说明
线上传播	线上投放	今日头条等媒体投放				活动推广费包括内部推广渠道、外部推广收费渠道，内部推广渠道可不需要费用，具体情况具体分析；外部推广渠道按照不同渠道的不同报价单独制定。外部渠道推广费包括网页广告、各大公众号、搜索引擎、论坛软文、新闻稿、视频广告、SNS 推广、社群推广等。机构自有渠道包括短信、App push 等
		微博转发				
		微信转发				
		本地社区投放				
		短信				
	其他开支	设计费用				整体项目的设计，部分直接采用公司内部设计资源；部分采购外部合作方设计资源，这部分按照具体项目费用进行单独合计与结算

（二）预算制定的原则

只要真的了解活动目标，了解并找到目标群体，那么往往可以花费极小的预算，获得丰厚回报。活动策划者在做活动整体预算时，需要秉承以下原则。

1. 真实详细原则

可避免不必要的麻烦，在列举预算时按照具体类目进行。

2. 不超 10% 原则

不可预计花费在活动整体预算表中必须要提供，因为在策划过程中并不能保证实际执行与策划时完全相符，很可能会发生变动，因而这部分预算往往被当作“应急”的方案。

3. 具体分析原则

根据具体活动进行预算，而不是列举结果方向。中期通过预算使用和目标完成进度可进一步分析。

4. 效果可衡量原则

效果可衡量，即产生的效果必须可见、可测量，并且真实。通过效果衡量逐渐完善活动各渠道预算的投入产出，需要一定时间的深度测试与探索。

（三）预算支出和管控

1. 预算支出

活动开展期间，需要对所有预算开支发生的项目进行登记统计，通过当前执行结果与前期预算规划进行校验和比对，提前知晓支出总额及细分项目支出额度。

注意：预算支出过低或过高都不合适，策划一场活动预算时，要精准设置预算规模、档次及参与用户数量，在预算支出范围中获得最好的活动效果。在实操环节，策划人要考虑更多的细节问题，要与各合作方做好信息的及时同步和沟通交流，助力活动圆满完成。

2. 预算管控

每个活动策划都有各自的特点，为保证所需资金使用顺畅，需要进行活动分析，每月的支出和收入以报表的制定。收入成本分析需要大致测算通过活动获得的收入和成本支出；营利性活动需要做好保本、收支平衡管控，参照活动项目预算及投入成本。

八、活动风险评估

每个活动方案真正实现上线前，活动负责人及其他参与人员都需要了解活动上线前、后各环节风险，以便提前制定应对的解决方案，避免活动方案因为这些风险无法按照计划正常执行实施。

（一）风险评估概念及作用

风险，代表意外、不确定性，代表亏损和失败，人们常常在做某件事前进行风险评估。风险评估从广义上讲，是指企业在运营过程中，由于外部环境的复杂性和变动性以及主体对环境的认知能力和适应能力的有限性，而导致的运营失败或使运营活动达不到预期目标的可能性及其损失。在互联网运营方案制定及实施执行过程中，各阶段都存在风险点，为避免活动上线后出现各类问题，且无法及时找到解决措施和方法，导致运营方案上线落地失败或产生较大的负面影响及效果，需要提前针对整个过程的各个分支阶段进行风险评估，及时预防错误行为，并及时调整策略及行为，制定预备方案或应对方案，最后确保整个运营方案能够顺利上线，且上线后可及时对期间产生的已预见风险问题采取应对措施。

（二）活动风险需要评估的内容

运营活动方案从策划到实施上线，其风险，可能很多人首先想到的是跟钱有关的风险点，如薅羊毛，但整个过程其实都存在风险点，所以需要从各方面进行风险评估。

1. 活动规则文案风险

活动方案策划过程中，需要对活动文案规则进行风险评估，因为活动上线后，对外宣传可能只是将整个活动里最吸引用户的权益点作为重点进行宣传，用户如果没有获得宣传的权益，或因不符条件无法获得宣传的权益，或对活动文案产生歧义等，不仅会影响用户体验和好感度，更可能产生不必要的投诉举报。所以活动规则一定要说明整个活动细节，防止用户抓住规则文案的漏洞进行投诉举报等行为。

2. 活动评审风险

活动方案确认后，需要进行评审，评审环节的风险点在于没有及时发现活动方案的问题、存在的漏洞点，或各涉及参与部门没有统一了解活动内容，如在后期开发、设计等过程中产生遗漏，导致产出的东西与需求不符，以致返工延期等，造成时间及人力资源上的浪费。所以评审环节需各方统一理解后再进入后续环节。

3. 活动开发技术风险

一个活动的上线势必需要调用其他资源，共同完成和实现整个活动的上线，为保证如期上线，需要提前确认各部门资源的排期情况，对项目进行具体的精准把控，避免开发过程等出现卡顿等情况，延误活动的上线。另外，还需要提前制定紧急预备方案。

另外，此环节还需要注意与技术开发等相关人员明确沟通运营需求，逐条沟通确认运营需求文档，避免在后续开发过程中出现需求不明等情况，导致最终呈现的成品与需求期望的不一样，无法按照原计划实现，需要进行优化等，延误上线时间。

4. 活动测试环节风险

活动上线前一般都会经过相关人员的测试，测试通过后才可上线活动，但测试过程中，可能会出现测试不到位等情况，导致活动出现漏洞等，未及时发现活动存在隐患，所以要尽可能多做几轮测试，确保活动万无一失。

5. 活动宣传推广资源风险

一般情况下，为了保证活动效果，活动上线的同时会在各主要推广渠道进行宣传，以保证用户参与量，这些推广资源务必提前确认，并准备好相关的投放内容及素材等，进行预约和排期，避免出现活动完成上线，无法及时配合活动上线时间进行推广宣传等情况。且要提前做好测试，确保推广渠道用户体验流畅，保障用户体验。

6. 参与用户风险

活动上线后，会通过客服或其他渠道收到用户的反馈，大部分反馈为良性，当然其中会有部分投诉等，经过分析可能会发现活动中的 bug[1] 等，甚至可能会出现一些用户利用活动规则漏洞等进行要挟索求。所以需要加强对活动规则文案的审核确认，及时同步客服人员活动资料、解答用户疑问等。

7. 活动被作弊风险

目前存在部分职业钻漏洞参加活动的用户，通常称为“薅羊毛党”，他们会利用各线上活动后台或规则的漏洞进行作弊。一方面，对活动规则文案等要进行确认；另一方面，需要从技术层面，确保没有其他后台漏洞，无法进行外挂作弊。最后，

[1] bug 一般是指在电脑系统或程序中，隐藏着的一些未被发现的缺陷或问题，简称程序漏洞。

需要监控活动数据并及时发现数据异常，采取措施进行控制。

第三节　运营实施与风控

活动运营是为了短时间内达成目标而开展的具有爆发性的运营手段，对于活动结果的达成则需要运营人员周密的组织和持续的监控。执行与监控是为了更好地把控进度、风险、完成情况等，考核的是运营人员对项目的组织、执行能力。下面从运营实施、运营监控两方面介绍相关工作的内容与要点。

一、活动实施的内容

运营活动的实施可分为活动策划期、活动准备期、活动上线 / 执行期、活动收尾期四个阶段。

（一）活动策划期

1. 分析背景明确目标

做活动之前，首先要解决的问题包括活动的目的是什么、需要通过活动解决什么问题等，明确活动目的，可以让运营人员理清自己的行为路径，帮助活动流程更高效地运转。

活动目的要结合产品现状制定，因为不同产品生命周期的运营目标是不同的。例如，在产品导入期，最重要的运营目标是让用户了解产品、体验产品、成功留存，该阶段开展的活动通常以品牌宣传、流量获取为主要目的；到了成长期，关键目标则是促进用户的活跃和转化，此时开展的活动通常以促活、转化付费为主要目的。

2. 头脑风暴发挥创意

活动的形式是否新颖、有创意，决定其能否在众多信息流中突围而出。做创意设计时，可以组织相关人员进行头脑风暴评估该创意是否吸引人、有噱头，并容易宣传。该阶段主要强调火花的碰撞、创意的诞生和具象化。头脑风暴会议组织方法思维导图如图 3–12 所示。

创意需要围绕活动的目标人群设计。运营人员需要了解目标用户的特征（包括年龄、性别、职业、城市、收入、家庭情况、兴趣爱好、学历等维度）和需求，再以此为原点发散开，列出几个用户最感兴趣的问题，再进行主题玩法的创意策划。

3. 制定方案规划活动

完整的活动方案包括活动目标、时间、形式、创意、宣传计划、投入产出、风

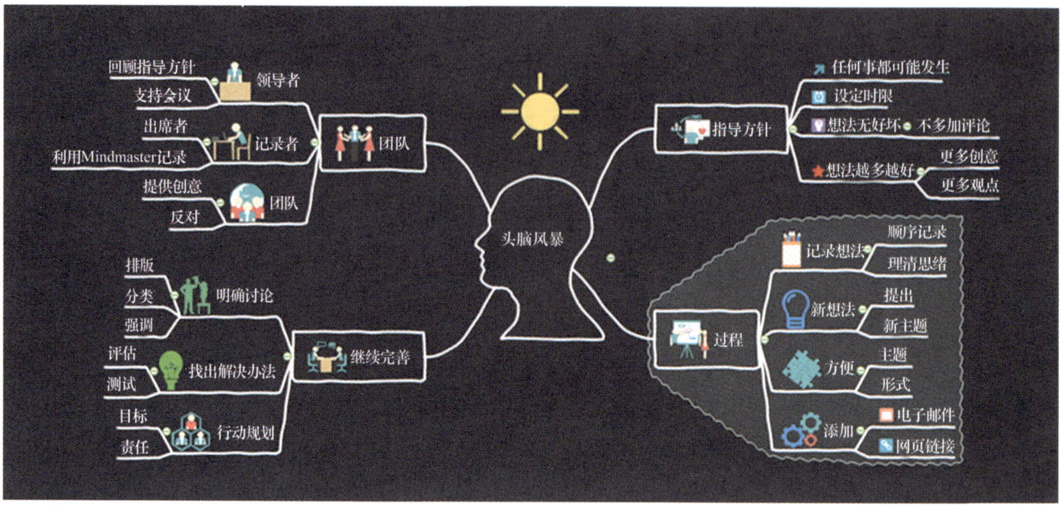

图 3-12　头脑风暴会议组织方法思维导图

险控制等。制定方案时，通常会用到 5W2H 分析模型，即传统意义上的 WHAT、WHY、WHERE、HOW MUCH、HOW、WHEN、WHO，对应到活动方案里分别是活动主题、活动目标、活动载体、配套资源、活动形式、时间节点和参与人员。

在此基础上，运营人员需要根据活动目标和 ROI 基准制定活动预算（包含渠道推广费用、奖励 / 礼品费用等），每笔花费都要有对应的预估运营效果（带来的流量、转化率水平）。

4. 产品设计内容策划

活动方案确认以后，运营人员需要根据方案内容梳理活动的产品设计需求文档，包括活动的目的、时间、形式、准备工作、成本及效果，如图 3-13 所示。

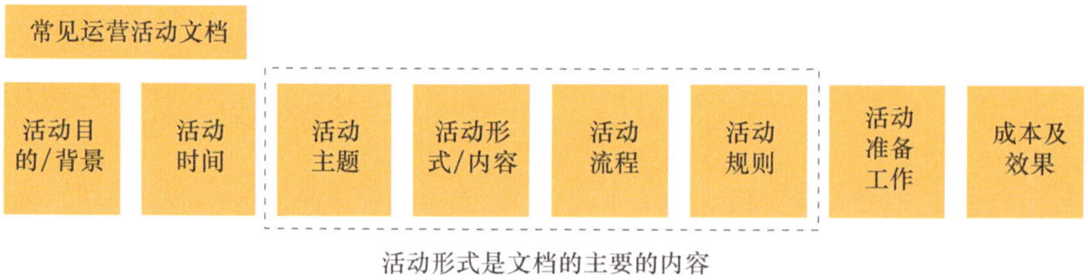

图 3-13　产品设计需求文档结构要素

产品设计是从创意想法到技术实现的关键节点。首先需要绘制出活动流程图，根据流程节点计算页面数量，将每个页面之间的逻辑关系梳理清楚，输出活动 Demo 交互设计图，国网浙江电力二维码推广活动 Demo 设计示例如图 3-14 所示。Demo 完成后，运营、产品、开发、设计需要开展一次集中评审，确定活动的展现形式到底是否可行、哪些细节和流程应该加重或舍去，确认无误后即可交付设计环节。

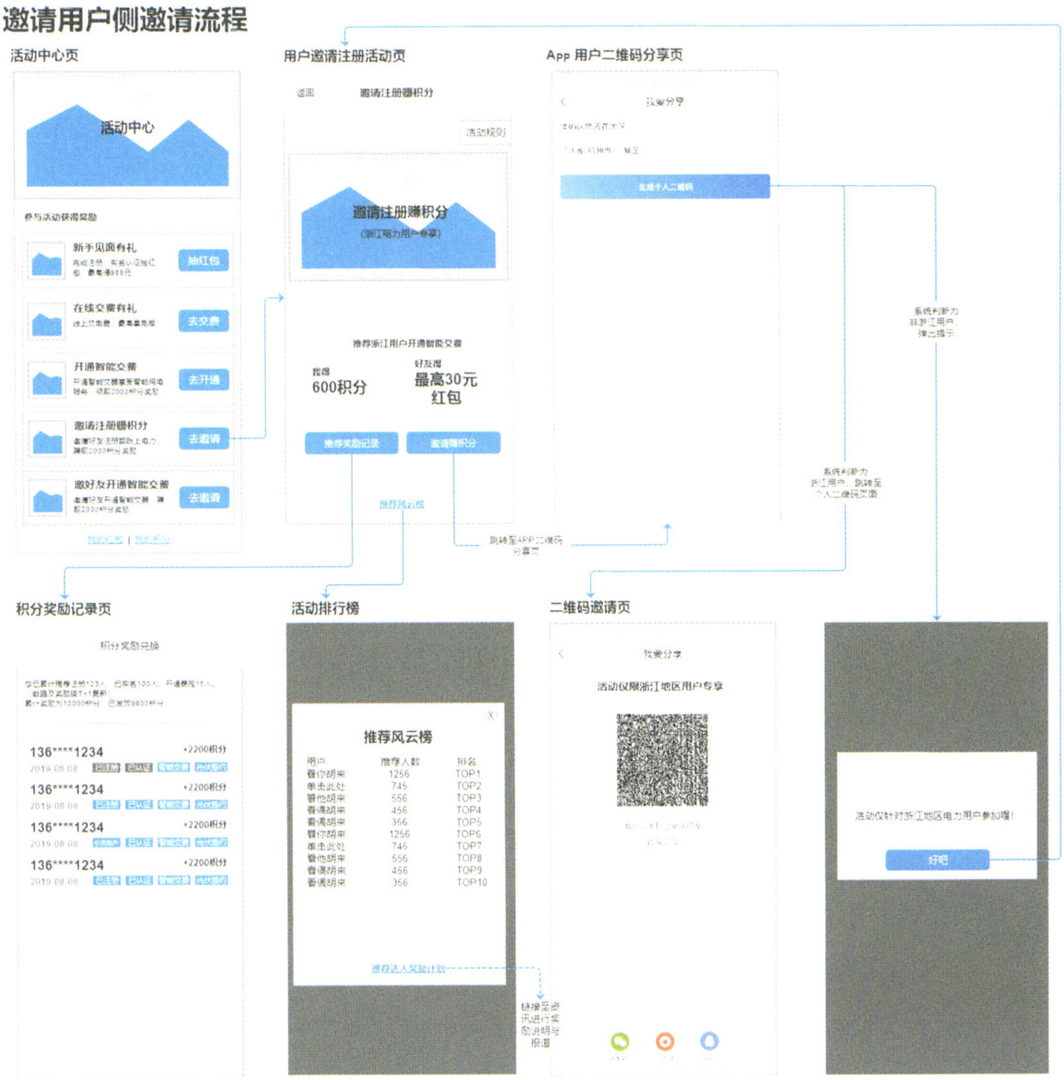

图 3-14　国网浙江电力二维码推广活动 Demo 设计

（二）活动准备期

1. 拟订计划组织实施

一项的活动项目执行往往涉及多部门的协同合作，为了保证信息对称，运营人员通常需要建立并管理项目进度总表和人员职责分工表，让参与实施的团队成员了解活动进程和各自职责。项目进度总表包含完整的活动流程、活动各阶段需要完成的事项及预期达到的效果；人员职责分工表则主要说明参与活动执行人员的任务分配情况、重要事项的交付时间节点等。

在工作表格管理的基础上，活动运营还需要组织协调相关人员参与活动立项会，会议上将具体工作内容、产出要求、任务期限与对应的责任人沟通到位，避免职责不清、分工不明、时间拖沓等不必要的工作失误。在后续的准备、执行过程中，运营需要随时跟踪各负责人的工作产出结果。

2. 资源统筹渠道计划

活动上线前，需要制订宣传推广计划。如果宣传推广不到位，用户未发现活动相关信息，活动效果会大打折扣，所以该环节运营要确定推广渠道、推广素材和推广节奏。

推广渠道通常分为内部渠道和外部渠道，常见的内部渠道有企业微博、微信公众号等自媒体平台及用户社群；常见的外部渠道有信息流广告、公众号软文投放、门户网站新闻稿投放、SNS 推广、社群推广等。需要注意的是，运营活动的时效性很强，若不能在短期内转化用户，随着时间推移，用户对品牌的认知度和需求感会逐级下降。因此，为了把活动效果发挥到最大，不仅要寻找大量潜在意向用户，更要挖掘出能在短期内转化的精准用户。因此，进行外部渠道投放时，最好筛选出用户群体高度重合的平台进行合作。

渠道投放素材通常包括文案、图片（banner）、短视频（闪屏）等多种形式。投放文案应基于目标用户的动向创作，文案越具体、越场景化、越有代入感，用户越愿意点击；图片和视频的风格调性，也要与投放场景和目标用户属性相匹配，才能收获较理想的转化效果。

3. 预案制定管控风险

活动上线之前，运营人员需要梳理出上线后可能会面临的风险。常见的风险有四大类：

（1）技术风险。如功能点是否明确、开发是否会延期。

（2）机制风险。如用户有没有可能利用规则或流程上的漏洞作弊、是否有相应的反作弊机制。

（3）舆论风险。如会不会引发用户的负面评论、会不会给公司的品牌形象造成恶劣影响。

（4）法律风险。即用户参与活动过程中，有没有出现违规行为，如言论作品涉及抄袭侵权。

针对预估的风险，运营人员要提前做好对应的风险预案，保证活动能够顺利开展。如开发可能会延期，就得考虑是否需要争取更多的开发资源，或延迟活动上线期限。

4. 灰度发布尝试验证

活动页面开发完成后需要进行验证，一方面验证产品功能是否已实现，另一方面验证用户对于活动的接受度是否理想。

前者主要由测试工程师负责完成，在不同机型、不同版本环境下检测活动运行是否顺畅、有 bug，数据读取是否正确无误。

后者通常采用灰度发布的方式，将活动投放给一个小范围的用户群体，让他们提前参与体验，根据用户行为观察和反馈收集，对活动页面做进一步的优化调整。

（三）活动上线 / 执行期

1. 推进宣传把控节奏

如何把控一场活动的节奏？常见的做法是：预热期要有一个流量的积累，前期要有高强度的流量曝光，中期效果减弱的时候，需要增加一些手段提升热度，最后再做一个爆点让用户回流。

以“京东 6・18”活动为例，整个活动长达 21 天，时间跨度比较大，因此设置了多个活动爆点，其节奏规划示例如图 3–15 所示。

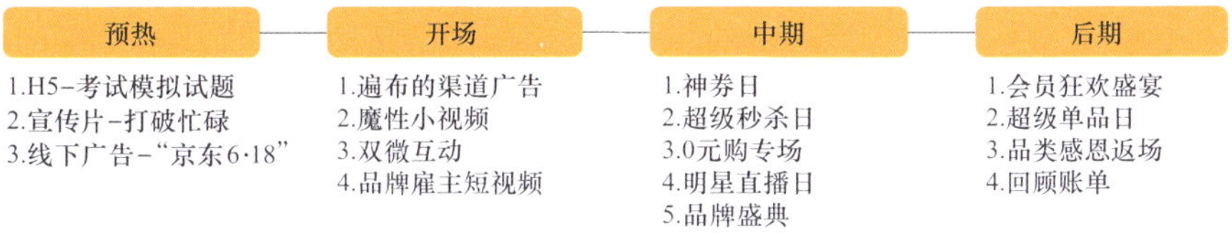

图 3–15 “京东 6・18”活动节奏规划示例

“京东 6・18”大促活动可分为预热、开场、中期、后期四个时间段。预热有 H5、宣传片、线下广告等动作，为活动宣传造势，营造火热气氛；前期以渠道广告、视频宣传、社交媒体互动为主，激发目标用户好奇心，从而参与活动；中期则是用送券、秒杀等手段刺激用户，后期做品类感恩返场、回顾账单等吸引客户回流的动作。

2. 监控数据发现异常

活动期间，运营人员需要执行日常监控工作，主要分为数据监控、系统风险监控、舆情监控三大类。

（1）数据监控。活动上线后需要重点监控的数据有两类，一类是与活动目的高度相关的数据，一类是与投入的成本高度相关的数据，如各渠道的引流效果、用户的参与情况和预算使用情况。建议搭建活动漏斗模型，分析活动流程中每步的转化率，如发现某步的转化率严重低于预期，需要及时进行一定程度的优化调整。

（2）系统风险监控。主要针对系统稳定性、系统负载等方面，需要协同运维技术人员一起参与。

（3）舆情监控。需要关注活动期间用户在社交平台、客服平台、客服电话等各类渠道的反馈，并及时做好活动的调整、完善以及客户的沟通。

（四）活动收尾期

活动结束后需要进行复盘，复盘就是对过去所做事情重新演绎一次，从而获得对这件事更深的理解。只有对活动整个过程进行细致的梳理、分析、总结才会凝聚成经验。复盘的内容和步骤如图 3-16 所示。

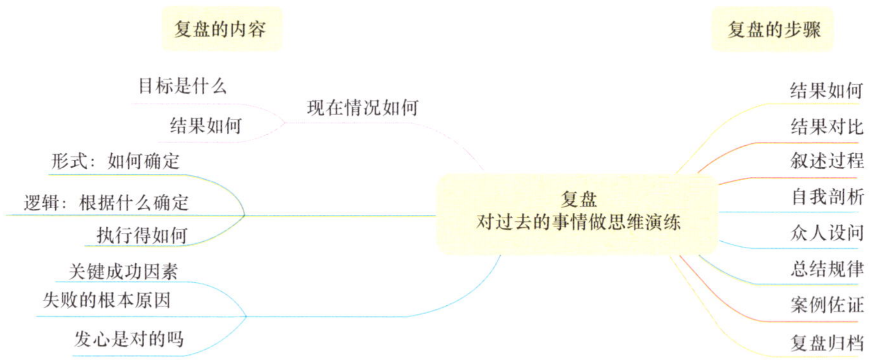

图 3-16　复盘的内容和步骤

1. 活动效果评估

回顾制定的核心目标和阶段指标，再评估实际的结果是否符合预期，是超额完成了还是远远落后于目标，超额完成是或没有完成的原因是什么。可以通过资源使用率、目标达成路径、环节转化率等维度对活动效果进行拆解及评估。

如果实际成果和目标差距较大，需要仔细分析关键原因，是目标制定不合理，还是活动策划、执行环节出现了比较严重的失误。

2. 详细数据分析

仔细研究活动的整体数据情况走势、活动流程中各环节的精准数据，明确哪些环节存在盲点、哪些环节转化率偏低，分析原因并制定修正策略。

如果活动过程中进行了多渠道投放，需要对各投放渠道进行数据分析，了解各渠道带来的流量和转化率情况。

3. 复盘总结

活动总结大致包括：活动的目标是否完成，完成情况如何；活动中用户交互是否顺畅，哪里还可以优化；活动出现哪些突发状况，有什么解决方案；活动数据出现波动的缘由；活动有哪些亮点，下次可不可以复用；待改进的方面有哪些，下次能否进行优化，还是尽可能避免类似情况。对导致数据波动原因进行详细分析，划分主次、内外因等。活动总结对于后续新的活动策划来说有很好的借鉴意义。

二、运营过程监控

为保证活动上线到结束过程中，活动整体都无异常，保证用户参与体验和活动效果，需要在活动方案正式落地上线后，对活动相关内容进行监控，以保证在监测到异常问题时能及时解决处理，恢复正常参与体验。

（一）运营监控的内容

运营方案的策划完成后，一般会进入评审、开发设计、测试环节，最后完成上线。而且上线并不代表所有工作都结束了，后续需要对活动进行监控等。

在这些环节中需要进行监控，以保证活动的正常上线及上线后的活动维稳，及时发现异常等。按时间阶段来说，一般可分为三个阶段：一是上线前阶段监控，需要对活动方案内容及相关宣传资源等确认；二是上线中阶段监控，需要对开发上线环节中的工作进行监控；三是上线进行中活动监控，包括活动数据监控、活动稳定监控、资损数据情况监控、舆情监控、用户反馈监控等。

（二）运营监控的分类及作用

首先，在上线前的开发阶段，对于该环节监控的主要目的在于保证开发等工作能按计划实施，并且能够在开发和测试中发现隐藏的问题等，确保活动万无一失，减少风险。

上线后的活动监控包括：

（1）数据监控。运营通过对活动数据监控，及时了解活动开展效果、用户参与活跃度、各推广渠道流量情况等；

（2）稳定监控。主要对用户参与活动页面稳定性、后台发奖平台及服务器稳定性、各渠道推广资源位稳定性等进行监控，保证活动进行期间，用户体验最佳，无因技术、流量资源等导致的影响活动效果因素。

（3）资损[1]监控。每日活动数据变化，有助于运营者通过资损数据监控，及时发现活动过程中异常的发奖行为及奖品核销行为，控制和制止部分用户或竞争团体的作弊行为。

（4）舆情监控。能监控网络上的相关活动信息坡度，帮助运营者及时发现问题，避免负面舆情恶化带来的影响；为舆情处理争取更多时间，做到早发现、早处理；也有利于运营者及时掌握大众反馈、活动口碑等。

（5）用户反馈监控。能通过用户反馈内容，及时排查活动是否存在异常，能第一时间解决用户疑虑及问题，提升用户体验感。

三、策划阶段的风控

运营上线前阶段，运营工作内容主要集中在活动方案审核、活动实施上线资源确认、活动宣传推广资源的准备及确认，只有确保活动方案可行，各支持资源到位，才可进行后续阶段，实现活动的上线。故上线前一般需要以下内容进行监控。

[1] 资产损失是指企业清产核资清查出的在基准日之前，已经发生的各项财产损失和以前年度的经营潜亏及资金挂账等。

1. 活动方案审核工作

活动方案策划完成后，需要通过涉及方案的各工作方共同审核，以确认活动方案可行性，然后才可安排上线，进入后续阶段工作，避免在活动上线过程中出现突发问题，阻碍活动整体上线进度。

2. 活动方案实现开发资源确认

进度活动开发阶段前，需要监控活动开发各方可投入人力资源，推进、跟踪开发排期时间，以避免未监控到位，缺少人力资源投入，或排期时间与活动期望上线时间不符，导致活动延期上线。

3. 活动上线后的宣传推广资源确认

活动上线后务必通过各渠道宣传推广，才会使活动效果最大化。而且，部分宣传推广资源准备时间较长，需要排期准备，故上线前需要进行沟通确认，确保上线后能第一时间投入资源。

四、活动上线监控

活动上线中期阶段的监控一般对活动页面的设计、开发、测试做活动方向及开发时间进度的监控。出现问题的环节主要是开发环，下面主要阐述开发环节监控要点及监控常见工具。

（一）开发环节监控要点

在开发过程中，需要及时跟进反馈并解决研发在开发过程中遇到的需求问题，问题解决后及时更新产品文档。产品运营在开发中会遇到以下问题：

（1）活动需求不明确；

（2）活动开发资源无法协调；

（3）针对需求有现实无法实现的问题；

（4）活动开发进度与预估上线时间不符；

（5）活动产品测试内容，陪测，寻找测试资源。

针对以上问题，活动上线前要尽量与设计、研发沟通，尽可能解决相关问题，确保活动正常上线。

（二）监控常见工具

活动上线前可以通过一些工具记录整个活动进程，如禅道、worktile 等需求管理软件，也可用 Excel 表格制作需求管理表格，工具普遍性越高，沟通成本越低。

五、活动上线后的监控

活动上线后的监控，从活动数据监控、整体稳定性监控、活动资损监控三部分进行说明，通过监控，保证活动上线后正常运行，保证用户体验。

（一）活动数据监控

活动上线后，运营责任人应监控活动有关数据，因为只有通过数据才能更好地了解活动情况及活动的效果；才能为后续活动搜集和积累数据基础，进行深层次的效果分析；有利于用户及时调整活动或奖品策略，推广资源安排调整等。

那么，运营活动应对哪些活动数据内容进行监控呢？活动负责人在进行监控前，首先应明确自己需要或关心的数据，明白为什么要监控这些数据，使数据监控过程更具目的性和指向性。

一般来说，数据监控内容包括发奖数据、奖品核销数据、活动页面数据、客户端产品数据等。当然，不同的活动，方案内容及目的不同，监控数据内容也会存在差异。常见数据监控内容如下。

1. 发奖数据监控

发奖数据监控可细分为实时发奖数据、每日发奖数据，多奖品情况下还可监控各设置奖品的发奖数量。对实时发奖数据的监控，可使运营者掌握用户参与行为的习惯，比如了解用户每天最活跃的时间段，后续推广资源在这些时间段进行投入可能会产生更好的推广宣传效果。另外，对实时发奖数据的监控，也能使运营者及时发现数据异常，并核实确认异常原因，保证活动正常进行。

每日发奖数据的监控可帮助运营者掌握用户参与活动的活跃度变化，如活动开始前多少天发奖最多，则前期参与用户最多，后期参与用户量下降，呈现越来越少的趋势，需要运营采取一些必要的手段和措施再次刺激用户，提升活动流量。同样，每日数据的监控也能够帮助监控活动是否异常，若某一天明显下降，可通过排查法进行异常排查。

2. 奖品核销数据监控

奖品核销数据是指已发奖品的被使用数量（前提是活动是发奖活动，而不是实时立减优惠类活动）。这时除了发奖数据，还需要对奖品核销数据进行监控，如核销数据出现异常，需要尽快排查异常原因，如是否因预算不足、核销系统异常等原因导致，以便尽快解决问题，避免出现大量的用户投诉等情况，造成不良影响。

3. 活动页面数据

活动效果与推广渠道之间的联系非常紧密，如果活动没有好的推广渠道甚至没有推广入口，那根本不会产生期望的活动效果。而且，作为一名运营，希望知道各个渠道的具体流量情况、哪些渠道较优质、哪些渠道可忽略，对后续的运营有一定的引导作用。所以，活动上线前一般会对页面进行埋点，等活动正式上线后，可通过活动页面的埋点数据，对各渠道的流量引入效果进行比较和分析，有助于监控各渠道的投放情况，如监控过程中发现页面渠道埋点数据异常，需要进一步核实确认情况，如是否限流、资源位异常等。

4. 客户端产品数据

活动策划上线后，在权益的驱使下势必会在活动期间吸引一批用户参与活动，这期间，活动所承载的产品或客户端会产生更多的用户流量，而且如果这是以拉新为目的的运营活动，对于通过活动带来的新用户，更要注重他们对产品的体验等。对于不以拉新为目的的活动，老用户作为活动对象，期间的用户活跃度等也会高于日常，所以需要对客户端产品数据进行监控，保证产品无异常，出现异常能及时进行处理修复。

（二）稳定性监控

对各方面内容数据监控的主要目的是通过数据及时发现异常，并且让运营者及时调整活动，以达到最佳的活动效果。为了保证整个活动期间用户能正常参加活动，需要从各方面对活动稳定性进行监控。

稳定性更多是从活动配套内容上进行监控，主要包括活动页面稳定性、发奖平台稳定性、产品稳定性。

1. 活动页面稳定性

活动页面作为用户参与活动承载体，其稳定性监控非常重要，用户前期通过各推广资源渠道进入活动，说明其对活动感兴趣，极有可能转化成活动目标用户，所以当用户进入活动页面时，页面需要达到页面加载快速、页面稳定、页面各行动按钮点击正常等要求。如果用户进入活动页面后，页面加载很久无法展示、经常提示页面异常、点击行动按钮无反应等页面不稳定现象，会使进入的用户瞬间失去兴趣，当用户退出页面时，再回到页面就比较难了。所以，运营活动上线后，需要监控页面的稳定性，避免活动因为页面稳定性问题流失一批潜在用户。

2. 发奖平台稳定性

除了通过数据外，还可通过平台后台服务器监控系统对发奖平台稳定性进行监控，确保活动期间发奖平台及其后台服务器等稳定运行，若未监控，如出现服务器异常导致平台异常问题，无法及时监控，可能导致异常运行期间参与活动用户无法正常领到活动奖品，引起用户投诉等问题，甚至可能产生大规模瘫痪、大量用户同时投诉等，造成活动口碑下降等现象。故需要实时进行服务器异常等监控，关注发奖平台稳定性监控，通过监控及时发现异常问题可尽快采取危机应对措施，如活动临时下架或活动页面挂维护公告等方式。

3. 产品稳定性

虽然产品稳定性日常运营中也会进行实时监控，保证用户能够正常使用线上电力服务和产品等，但日常情况下，用户的日活跃程度基本会维持在一个稳定的区间值内，对产品性能稳定性不会产生太大的挑战。但是，当有运营活动上线，尤其是策划大型类运营活动，虽然对活动效果有预估，但是实际情况会存在未知因素。

例如第一次天猫双 11 活动上线时，活动当天零点开始，就出现购物车页面无法进入加载失败，大量用户无法进行正常支付等各种问题。还有如某电力公司开展开通费控领电费礼包活动，活动上线当天，由于大量用户同时开通产品，导致许多用户无法成功开通费控功能，不符合活动条件，无法领取礼包。所以活动期间，需要加强对产品或服务功能稳定性的监控，以避免出现由于活动参与用户流量密集集中，导致产品崩溃，影响活动用户和日常流量用户体验。

（三）活动资损监控

资产损失通常简称为资损，在互联网运营活动中出现的资损，通常是运营活动过程中活动支出资金出现不必要支出。

一般运营活动中出现资损的原因有：活动规则文案描述存在漏洞，用户利用规则漏洞通过投诉等方式要求补发奖品，或进行举报，造成活动需要进行赔偿；活动营销发奖平台人工配置失误，导致后台实际发奖或核销规则与方案制定规则不一致，导致用户可多次领奖或进行奖品使用等，最终产生资损；由于活动营销平台或规则自身系统 bug 问题，不法分子大量刷奖，进而造成资损。

为了避免活动过程中出现资损问题，除了在活动上线前加强风险评估，反复核实确认各环节，尽可能排除可见的资损风险点。在运营活动上线后，还需要从以下几个方面加强在线活动的资损监控：

（1）为避免“薅羊毛党”或其他不法分子利用技术等手段刷奖，在活动期间实时对发奖数据进行监控，根据实时发奖数据设置正常阈值，如数据高于阈值进行核实，监控有无刷奖等产生资损的行为。

（2）为避免营销平台活动规则人工配置与活动方案设定规则不一致，导致奖品可多次反复使用等，造成资损，需要监控奖品核销率是否异常高于平均活动核销率、单日核销金额是否异常高于日均核销金额等进行监控防范；还需要对核销用户信息进行监控，是否存在同一用户账号多次核销记录。

（3）加强对活动预算资金库监控，根据以往活动经验，并结合活动预算和预估效果，提前设置预算资金库单日及总额报警阈值，若单日预算库资金使用金额超出平均水平需要进行报警提醒，以便及时排除异常。

（四）活动舆情监控

活动上线后，需要对活动或其他电力营销服务做舆情监控，要做好专业的舆情监控工作，必须与专业的舆情监控公司合作，专的公司会提供舆情检测系统做技术支持，还有相关的专业舆情公关专家支持，这对舆情处理的效率和安全度的最大保证。对于一般运营活动而言，虽然不需要这么专业，也需要做一定的舆情监控工作。

首先需要明确监控的内容及要达到的效果，最简单的是通过手边可以得到的用户反馈做短期的舆情监控。

以活动周期为计量单位，除节假日、行业内部节日，留意公众号、微博等内部宣传渠道的负面信息，记录发生的时间（微信可用搜狗网页版查询关键词），尽可能与客服沟通后解决用户的疑虑及不满，然后追溯事件出现的来源，若是活动流程或规则的问题，及时优化解决，若是用户理解问题，及时输出客服话术，尽力解释，把负面消息的影响压到最小。

常用舆情监测工具有腾讯 WeTest 舆情监控、红麦、美通社、百度舆情、军犬舆情、新浪微舆情、火线舆情、拓尔思等。

（五）用户反馈搜集

在活动过程中及活动最后，用户反馈是活动数据之外最直观的活动效果，搜集用户反馈不仅可以帮助活动 / 产品改进优化，用户体验到 bug 时向客服 / 运营反馈，运营反馈给产品经理，给出 bug 出现的原因并解决问题。若是新活动上线，可以从用户的反馈中获得下期活动的新需求，这些需求是平时策划中无法发现的。

同时，用户反馈也是用户感知活动 / 产品的一个途径，用户在遇到使用困难或不理解时，会与活动客服一对一沟通，这样可以明确活动 / 产品。常见搜集方法有：

（1）活动中新增反馈入口；

（2）微信公众号、生活号、微博用户留言反馈；

（3）搜索查看微博、贴吧等在网上的发帖；

（4）活动中直接加入问卷调查（适用于用户调研）。

（六）活动方案优化 / 迭代

活动上线后，需要根据一些数据及用户反馈，针对性地做活动优化或迭代，可以视活动开展时间确定是优化还是迭代。

如淘宝双 12 活动正式启用前 2 个月，相关功能就开始持续在线上运行，会提前发现许多功能不是很好用，比如照片上传速度太慢、对网络要求条件较高等体验层面的问题在活动试上线时都已修复完成。

六、活动监控案例

【案例 3–5】某省电力公司人推人活动资损案例。

1. 活动时间

2018 年 1 月 1 日 ~3 月 31 日。

2. 活动内容概述

电力费控人推人活动：活动期间，用户可通过分享二维码等方式推荐该省电力用户开通费控，若被推荐用户开通成功，则用户获得5元集分宝现金奖励。

3. 资损发现过程

活动开展期间，活动营销平台监控数据显示每分钟发放100份奖品，远超于以往平均水平，由于负责的运营人发现监控数据报表与后台监控数据报表存在差异，远小于后台人工统计数据，后经技术开发中心排查，确认该活动存在“薅羊毛”行为，疑为外部人员通过技术手段获取接口地址和发奖ID后，投放至其他网上优惠软件或包装进自己优的惠系统内，最后发奖给其他互联网线上用户，最终导致资损。

4. 资损发生原因

（1）发奖控制问题，导致发奖接口被无限制调用。对外抽奖接口在事故发生时没有发奖限制，只要知道正确的调用地址和发奖ID，都可通过任意手机号成功发奖。而因为人推人活动的需要，发奖由系统控制，所以发奖ID本身没有配置任何发奖控制，即次数和发奖范围均为无限制状态。

（2）两个监控的缺失及异常，导致该活动异常发现较晚，导致损失进一步扩大。报警规则为预算低于设定的百分比报警，但是针对发奖数量的突增突减没有报警。另外，该人推人活动资金预算库的监控出现问题，未及时监测到异常。

5. 事故分析

总体来说，技术层面需要加强对发奖等接口的能力提升和监控，加强对增加数据监控维度及监控工具异常排查。

（1）需要再次排查事故中类似发奖接口。

（2）所有对外发奖接口应设有调用限制和白名单规则，发奖次数和发奖范围可控制。

（3）运营规则层面，活动配置不应设置无限制发奖，至少应限制领奖条件和最高可发奖次数限制，并作为活动配置规范。活动上线前需检查当前在线活动的发奖规则，如果存在无限制发奖，必须加入限制领奖规则和可发奖次数后才能继续开放，规避风险。

（4）由于发奖ID为敏感数据，在管理平台对发奖ID做一层加解密程序包装，非特别权限无法直接接触发奖ID，降低对外暴露发奖ID的风险。

（5）需要完善现有的运营及活动监控，对发奖突增突减、发奖异常比例具有监控能力，并梳理更加完整的监控链路和输出。

（6）完善程序日志和埋点，提供足够监控能力的同时，提供更完整的日志输出，发生事故时能提供完整的事故复盘数据。

（7）活动运营及技术人员对活动的配置及上线过程做完整的梳理，形成活动配置复查和资损控制能力审查，对高风险活动做风险审查。

【案例 3-6】某电力缴费满减活动舆情监控案例。

1. 活动时间

2018 年 1 月 1 日～3 月 31 日。

2. 活动内容概述

某电力费控人推人活动：活动期间，用户可通过分享二维码等方式推荐其他用户开通费控，若被推荐用户开通成功，则用户获得 5 元集分宝现金奖励。

3. 舆情内容

活动“薅羊毛”内容被用户发布到网上，已经有用户留言跟帖；还有用户投诉相关发奖失败问题。

4. 舆情发现过程

在活动上线推送图文后，后台出现用户投诉发奖失败情况，客服也接到同样的投诉，检查活动数据发现奖品在短时间内发完。

5. 处理方案

事件发生后，第一时间将活动加入白名单限制，停止新用户参与活动，在活动投放的官方微博、官方微信公众号中接入客服人员，对用户的质疑和投诉做第一时间回复，并且在活动正常开启后对投诉或反馈问题的用户反馈情况，请用户继续参加。

第四章 运营效能评估

李春雷在《互联网运营实战手册》提到："对产品无认知而来的用户是无效推广""无法监测的推广等于没推""能用软件的干的事千万别浪费人的时间"，这三句话很好地诠释了运营效能评估的意义与重要性。

第一，运营不是简单的发红包，为红包来的人大多不是真实的目标客户，只有评估并锁定有效目标客户，随之展开的运营手段才有意义，否则拉来的用户也只是"僵尸粉"。

第二，在当今"互联网＋"深入发展阶段，运营成本越来越高，若投入宣传的资源无法得到监测与衡量，广告效果也无从评价。

第三，传统企业习惯使用地推手段，能看到实打实的效果，但投入的人力、物力高，转化效率无法达到互联网推广方式。使用网络和软件工具会带来效率和人力的解放，能够让人去做更多思考性、创造性工作，提高了企业的效益。

运营效能评估是驱动运营工作有效开展的重要手段，本章从效能评估的概念、方法、实施，以及实践案例四部分展开详细介绍。

第一节 运营效能评估的概念

互联网公司、社会化公司在运营推广中关注的通常是传播效果和直接经济效益，但电力公司的性质决定了电力营销服务运营的成效不但要关注公司的直接经济效益，还要关注社会效益和间接经济效益，以帮助电力公司向能源互联网企业转型，持续、健康、稳定地发展。所以，首先需要理清运营效能评估的内涵。

一、运营效能评估的定义

运营效能评估与业界的ROI分析相似，是对运营整理工作的复盘，是运用数据分析手段对运营方案策划、运营实施与监控、总结盘点等运营全过程开展成本投入与成效收益的分析，主要包括运营策划阶段的整体效能预测评估、运营实施阶段的各项运营工作的效能监测，及运营总结阶段的各项运营工作的效能评价。

二、运营效能评估重要性

效能评估是形成运营整体目标与工作方案的重要依据，根据运营需求确立运营目标时，通过对历史工作经验、客户需求与习惯、市场环境、可投入预算、运营能力、运营资源等进行综合预测评估，可以制定出更合理的运营目标，使运营目标可细化拆解，具备高度的可操作性、可执行性。在策划编制运营方案时，围绕运营目标，开展进一步的拆分运营目标，细化各项运营工作内容，探索更多可行性策略，促进整体与分项目标的达成。在这个过程中仍需要进行每项工作的进一步效能评估，确保各分项工作的可行性以及分项目标可达到的预期成效。同时，也可以对整体运营目标进行进一步的深入评估，调整整体运营目标。

运营效能评估是驱动运营工作有效开展的重要手段，通过效能评估可以驱动运营在策划、实施、总结各阶段有依据、有序地开展，是驱动各阶段运营工作收尾，向下一阶段运营工作迈进的重要手段。在策划阶段促进形成明确、合理的运营目标、运营策略、主要运营方案，在实施阶段促进活动相关开发、配置工作，提高内容、物料等相关编撰筹备的进度与质量，促进对运营过程的及时分析、灵活掌控，在总结阶段促进对整体运营工作的复盘能力和运营能力改进提升。

效能评估是确保运营整体目标达成的重要保障，通过对运营策划、运营实施、运营总结全过程的监测、效能评估，并对监测情况及时进行业务与产品的优化、运营活动的调整，包括止损、加大运营投入，或补充新的运营手段等，确保运营各阶段工作顺利、有效开展，确保各阶段性目标的落地实现，从而保障整体运营目标的达成。

运营效能评估是有效提升运营能力的关键要素，效能评估是检验运营策略、运营方案，以及相应运营成效的重要手段，更是检验运营各环节、各分工运营能力的重要手段。通过效能评估找到运营短板，通过效能评估与业界先进对标找到自身运营能力的短板，通过持续效能评估、持续优化改进，促进运营成效与运营能力的双提升。

三、效能评估的主要思路

运营效能评估主要可以通过运营投入的成本与运营带来的收益进行评估。运营投入的成本包括运营所投入的人、财、物等，运营带来的收益包括经济效益和社会效益。

1. 运营成本

运营成本主要包括投入的权益费用、渠道推广费用、运营服务费，以及自身管理成本等。目前互联网业界不同业务领域的获户成本差异非常大，从几十元至几百元甚至上千元不等。

（1）权益费用。权益是运营活动向客户发放的奖品，好的权益设置能“四两拨千斤”，以小投入吸引更多客户参与运营活动。例如支付宝生活缴费曾开展的“充电抽南极游大奖”活动，通过异业合作，由合作方提供49999元南极游大奖吸引客户客户尝试，并通过设置不同档位、不同难度的权益规则进一步吸引、鼓励客户参与活动，权益具体包括集齐500度抢（兑换）3元券、188度抽10次南极游大奖、8800度抢（兑换）88元券等不同档位奖品，权益费用主要包括现金奖励、实物奖品、虚拟奖品（红包、折扣、优惠券、抵物券、积分等）。

（2）渠道推广费用。运营投放渠道所需的费用主要是第三方渠道投放费用，自有渠道因为是自建，所以成本不计入阶段性的运营成本。

（3）运营服务费。主要包括第三方提供运营活动相关的设计开发费用、运营实施费用、运维服务费用等。

（4）自身管理成本。主要包括运营所投入的人员、时间等。

2. 运营收益

运营收益主要包括运营活动带来的公司收入增长、业务量增长、客户量增长，及所达成的运营目标等具体可量化的运营指标和直接经济效益，以及带来的不可量化的用户影响、企业影响、社会影响等间接效益。

（1）运营指标。根据推广产品或业务的不同制定不同指标，一般包括用户量、业务笔数、资金等。

（2）经济效益。主要指带来的直接经济效益，如售电量增加、售电收入增加；线上用户量增加，线下用户量减少，降低服务成本、电费回收成本、管理成本；新业务参与用户量和业务量增长，带来新的经济增长点等。

（3）社会效益。主要包括服务为民、便民、利民，服务企业、降低企业综合用电成本，优化营商环境。促进社会绿色清洁能源供应与应用的发展，推动建设中国特色国际领先的能源互联网企业，为建设新时代中国特色社会主义贡献力量。

第二节 效能评估方法

效能评估方法，一方面主要通过明确各种运营类型的评估原则，一般是不可量化的关键评估要素，根据评估者的自身实际情况与业界一般水平进行对标，评估其能力所处位置与差距；另一方面主要根据业界的相关标准，通过制定可量化的数据指标，进行及时、精准评估。下面对运营效能评估的主要原则、主要标准，以及相关行业的一些评估标准进行详细介绍。

一、效能评估的主要原则

运营工作按职能与分工分为渠道运营、产品运营、用户运营、活动运营、内容运营，不同类型的运营工作其效能评估的原则、关键点也不同。

1. 渠道运营

渠道运营的效能评估根据渠道运营的特点分为定位层、数量层、质量层三个层面，三个层面逐层递进，形成了渠道运营效能评估的主要原则与关键点，渠道运营效能评估框架如图 4–1 所示。

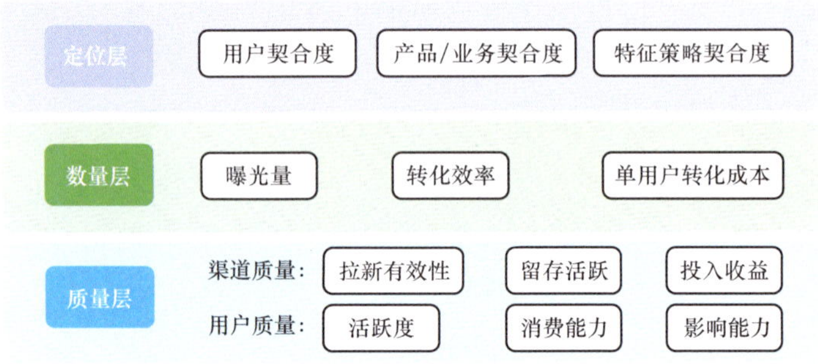

图 4–1　渠道运营效能评估框架

（1）定位层。主要评估备选渠道的用户定位、产品定位、风格调性特征，与自己的目标用户、产品与业务、运营策略的契合度。渠道有自身的目标客户定位范围、主营业务范围，也有独特的风格、调性，选择渠道时需要从根本上考虑运营推广的整体目的、策略，及目标是否与渠道相匹配。

例如，宣传推广电力服务产品或业务适合选择生活、服务类渠道平台，不适合选择类似游戏、文化、电商等渠道平台，产品的关联度、契合度低。再如抖音等短视频平台主要面向中青年，风格调性定位在娱乐、休闲，所以在宣传推广产品或业务时适合向娱乐风格包装；微博属于自媒体平台，所以适合以官方账号和微博 KOL（关键意见领袖）宣传推广产品或业务。

所以在运营推广产品或业务时需要选择与用户产品契合度高的渠道，充分利用渠道的特征与优势，完成运营推广的目的、目标。

（2）数量层。主要通过具体指标、数字准确评估渠道效能，主要评估渠道的曝光效果、转化效果、单用户转化成本等方面。根据不同产品或业务的特性，从曝光到转化有很多过程，总体呈漏斗形态，效果呈现递减趋势。不同渠道相关的评价指标、监测数据各有不同。

（3）质量层。主要通过渠道质量和用户质量两方面评估。渠道质量是从渠道的拉新能力、留存活跃能力、投入收益（ROI）能力等方面评估渠道带来的直接效益和价值；用户质量是从渠道上的用户活跃度、消费能力、影响能力等方面评估渠道带来的间接效益和价值，因为高质量的用户不但可以创造更多的业务收益，还可以通过自身的社交圈子制造、传播高质量的宣传内容，带来更多的拉新机会、业务收益机会。

2. 产品运营

产品运营通过一系列运营手段提升某个产品的特定成效。产品负责提供长期价值，运营负责创造短期价值，并协助产品完善长期价值，最终实现用户价值从而获得收入。所以，产品运营的效能评估一方面侧重评估与产品相关的能力；另一方面侧重评估与运营相关的能力，并贯穿产品准备期、产品设计期、产品上线期、产品运营期、产品迭代期等整个产品生命周期各阶段的运营效能评估。产品运营效能评估如图 4–2 所示。

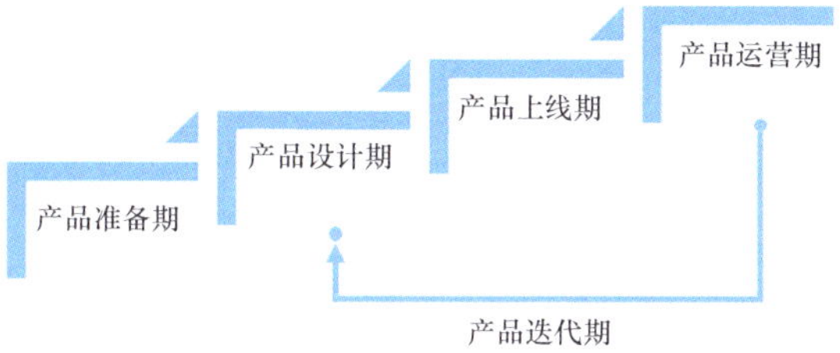

图 4–2　产品运营效能评估

（1）产品准备期。主要侧重评估与产品相关的能力，包括评估产品的定位、评估用户需求、评估目标用户群体。评估运营的策划、筹备工作包括创意形式、运营方案、渠道选择、内容采编等，评估产品上线前的预热工作是否满足预期。

（2）产品设计期。在产品方面，主要侧重评估产品体验，包括操作体验、业务体验等。产品设计也会开展竞品分析，评估与竞争对手之间的优劣势和差异。在运营方面，运营工作进入提前规划阶段，用户人群分析、市场推广、渠道资源准备等工作需要开展相关的评估与分析。

（3）产品上线期。在产品方面，主要评估用户体验和需求搜集分析工作的效能评估，产品上线期是实现用户从 0 到 1 的突破阶段，侧重评估产品体验、目标客户群体等。在运营方面，主要评估产品运营的预热效果，评估用户运营中用户引入期的运营效能，以及针对上线期专项的运营活动进行效能评估。

（4）产品运营期。在产品方面，主要评估是否具备将第一批用户复制实现用户从 1 到 N 的增长阶段，评估产品同样包括评估用户体验和需求搜集分析工作的效能评估、评估是否需要进一步优化业务流程和产品体验等，以及在产品性能、稳定性等方面的评估。在运营方面，主要评估运营活动在渠道、用户留存、用户活跃、用户转化、用户传播等关键部分的成效。

（5）产品迭代期。主要在产品和业务体验上进行效能评估，评估是否能通过运营搜集分析用户反馈意见、是否能推动产品优化迭代，评估各阶段不同类型的运营成效，并评估运营的响应优化成效。

3. 活动运营

活动运营效能评估的关键点包括目的目标、预算收益、目标客户、创意及形式、渠道资源、活动过程数据监测与响应能力等。在活动运营中是运营工作常见工作内容，也是运营工作的重要形式，需要对活动运营前、活动运营过程、活动结束后全过程的盘点等进行全面效能评估，才能保障活动运营效能持续稳定提升，促进整体运营能力的持续提升。活动运营效能评估内容如图 4-3 所示。

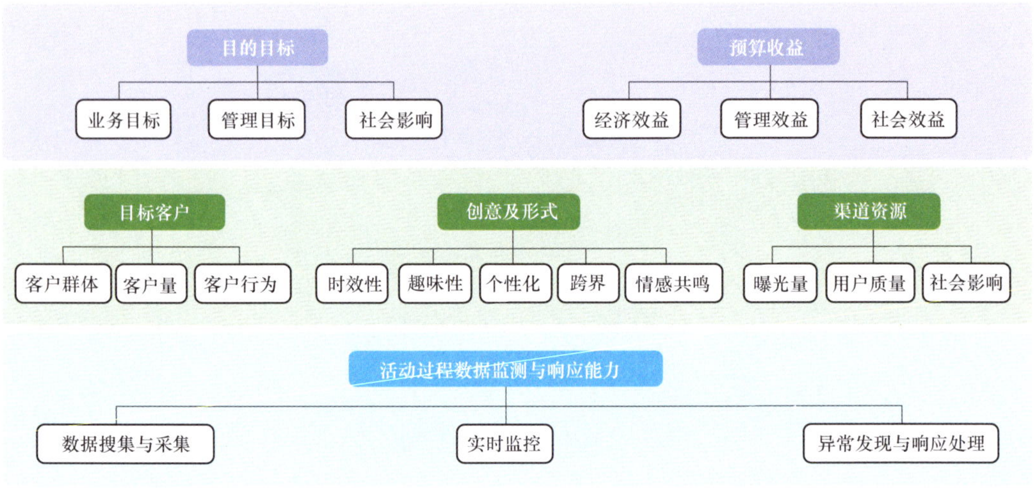

图 4-3　活动运营效能评估内容

（1）目的目标。主要评估活动的目的是否明确、准确，评估基于目前基础条件、运营能力和资源条件制定的目标是否合理等。

一项运营活动可能包括多个目的，包括业务目标、管理目标、社会影响等。例如供电企业经常开展的代扣、费控运营活动，其主要目的，一是鼓励客户办理“自动交费”避免客户忘交电费、晚交电费造成的停电甚至影响个人信用，同时提高供电企业电费回收效率与成本；二是将传统营业厅、银行等线下交费的客户吸引至线上，提升“一次都不跑”的服务效率，同时也降低供电企业服务成本。另外，代扣与费控每阶段的运营活动的目标是根据目前用户基数和已经发展的代扣和费控用户数，并根据运营预算综合评估制定的，一般通过统计分析出自然增长比例，再评估制定出运营活动的目标。

（2）预算收益。主要评估基于运营目标所需要投入的预算是否足够、预算的各项组成部分投入是否合理、是否会带来相应的预期收益、预期收益是否合理、是否有助于达成运营的整体目标。

（3）目标客户。主要评估活动所面向的目标客户群体及各阶段参与的客户量，进一步验证评估活动的目标和预算收益。同时，需要评估活动中的客户行为，搜集分析客户体验和意见，发现活动中存在的问题与风险，并及时进行优化调整。如在业务推广类的活动中，活动持续周期长，活动与业务流程衔接步骤多，容易出现体验不友好、某些情况无法参加等技术问题、活动权益规则设计不合理造成客户参与度低，以及存在“薅羊毛党”出现资损等问题，都可以通过对客户行为等相关数据分析评估发现。

（4）创意及形式。主要从活动的时效性、体验性、趣味性、个性化、跨界、情感共鸣等关键要素评估创意及形式是否具有创新性，这些关键要素同时也是提升创意及形式效果的主要手段。

1）时效性。一般是结合节日元素、社会热点，如微信春节摇一摇抢红包。

2）体验性。注意场景的设计，侧重用户的参与感和互动。

3）趣味性。不论男女老幼，趣味性、游戏化是吸引、粘住客户的重要元素，如集五福、穿军装、火炬传递等活动，可实现与客户形成强互动、高体验的效果。

4）个性化。支持客户表达自我，增强客户参与感、体验感，如年度账单标签，回顾全年消费分类，发现自己账单标签，鼓励客户晒账单表达自我。

5）跨界。运营跨界的案例即联合推广案例，如 ofo 与小黄人组成“最黄 CP”、农夫山泉与网易云音乐联合制作乐瓶，使整体运营效果发挥出“1+1＞2”的效果。

6）情感共鸣。可能本身内容并没有创意，但通过活动可以传递品牌的温度、参与者的温度，让客户为活动或产品感动，公益类比较适合制造情感共鸣。如 2018 年南京“电费零食”活动，零食不能吃，只有一张卡片，扫封面二维码可以为偏远山区的孤寡老人交电费，小卡片上写着一些暖心的人生感悟，一包零食钱能给老人实质性的帮助。

（5）渠道资源。主要评估渠道的特性与优劣、是否与活动内容相适应，需要评估投放渠道带来的曝光量、转化量、用户质量、社会影响，以及渠道所需的资金投入等。活动的规划与实施具有较强的时效性要求和资金投入限制，所以需要通过大流量渠道快速有效的曝光，获得更多的流量和有效客户。目的目标、预算收益、目标客户、创意及形式等要素主要偏活动的“内在”，而渠道可以理解为活动的“外在”，好的活动“内在”与适合的渠道“外在”相结合将获得乘法的效果。

（6）活动过程数据监测与响应能力。主要指评活动实施过程中对数据的监测以及响应控制能力，包括对运营活动数据的采集、实时监控、异常的及时发现与调整响应能力等。

运营数据的搜集目标即满足数据分析评估的需求，来源于活动的前、中、后全过程，需求来源于客户、活动负责人、产品经理、数据分析负责人、开发工程师、测试工程师等多种角色，各阶段、各角色对数据的需求也不一样。数据搜集主要通过对业务数据、运营数据、用户行为等相关数据进行搜集、采集、处理等工作。业务数据主要来源于相应的业务应用系统，通过系统间的接口进行交互。运营数据和用户行为数据主要来源于运营活动中各页面的数据埋点，主要包括点击功能按钮、区域、广告位类，下载、安装、点赞、评论、分享、收藏等行为类。数据埋点用于采集用户行为数据，深入分析用户在运营活动中的参与情况。

实时监控，即对经过搜集、采集、处理的数据开展实时监控，及时对活动开展的过程进行效能评估，通过数据评估指定环节、指定项目是否达到预期目标和效果，评估是否存在异常与风险。对于常规、常用并可直接通过数据上量化的效能评估，可固化形成效能评估的标准指标，对个性化或无法直接通过数据量化，仍需要人为对具体活动情况和数据进行分析判定的评估项目做数据挖掘、数据分析内容的进一步处理。

异常发现与响应调整主要通过对效能评估的标准指标进行监控，将超过正常值域范围的指标项作为异常及时通知、提醒运营人员进行处理。对于非标准指标，其数据值过大、过小都应引起运营人员的高度注意，并应有一系列措施进行及时、快速的响应处理。

例如，通过数据监控发现活动中的某一环节用户参与量很小，可能存在业务或体验问题造成用户流失，需要有针对性地进行核查，对存在的问题进行及时修正完善，快速迭代并监测该环节用户参与量是否正常回升。

再比如，通过数据监控发现权益奖品消耗过快且集中，需要引发异常预警，进一步分析是否存在“薅羊毛党”通过技术手段批量领奖而造成资损，及时通过加入黑名单、技术手段屏蔽等方式进行及时补救。

再如，通过数据监控发现活动效果非常好，用户参与量大，权益奖品消耗进度也快，整体活动进度快，目标将提前完成，这时需要多方相关人员决策是否需要调整目标、追加权益奖品，扩大成效收益。

4. 内容运营

内容运营效能评估内容包括内容定位、内容来源与生态能力、内容选题、内容包装形式、内容推送互动策略等，如图 4-4 所示。

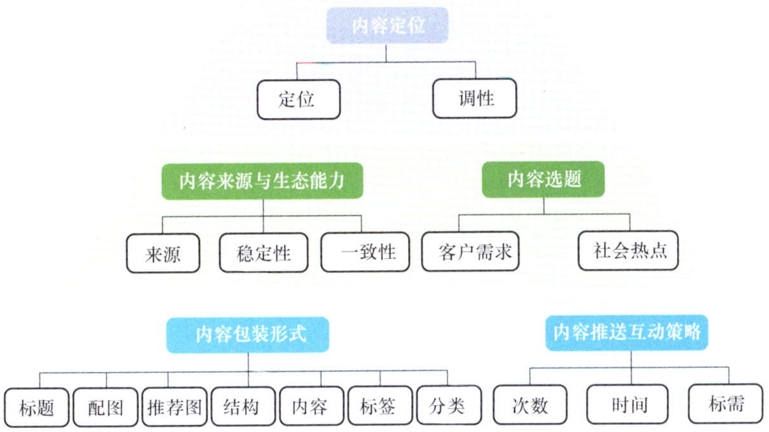

图 4-4　内容运营效能评估内容

（1）内容的定位。主要评估内容是否符合宣传者的定位和调性。如国家电网有限公司的定位是专注综合能源服务、注重企业经营职能、注重社会责任，内容定位应与能源服务、绿色清洁能源发展等相关，调性要权威、专业、科普、亲民、便民、利民等。

（2）内容来源与生态能力和内容选题。

1）内容的来源与生态能力。根据内容的定位和调性确定内容的主要来源，需要评估内容的来源及持续生产能力和内容生态的建立，保证内容的持续、稳定生产，保障定位和调性的稳定性、一致性。内容来源主要分为专业 / 专家生产内容（professional generated content，PGC）、职业生产内容（occupationally-generated content，OGC）、用户生产内容（user-generated content，UGC），电网公司属于专业技术类央企，目前内容多来源于 PGC、OGC，但由于其服务属性和企业转型的需要，也需要进一步培育发展 UGC。

2）内容的选题。需要评估选题是否与定位、调性一致，同时需要评估目标用户是否准确、是否满足目标用户的需求。想要好的成效需要进一步评估选题是否结合客户痛点、社会热点等。

（3）内容包装形式与内容推送互动策略。目前，互联网信息泛滥、时间稀缺，移动端阅读呈现碎片化特征，内容的包装尤为重要。内容包装形式需要从标题、配图、推荐图、结构、内容、标签、分类等进行评估。如标题是否可以快速吸引客户进入，配图与推荐图否能让阅读者体验到美感与舒适，文章结构和内容的设计编排与叙述形式是否会让阅读者感到轻松、愉悦，标签和分类是否标记准确，是否能快速、快捷的搜索和收获。同时，大篇幅的专业性论述会让读者感觉乏味、疲倦。

内容的推送与互动策略直接影响内容的阅读量和转化量，需要评估推送策略的时机与频次是否可能打扰客户、是否按需推送，例如电力公司的内容推送面向低压客户和高压企业客户，进一步评估推送内容是否能按客户群精准推送。实效性高、舆论关注点强等运营内容的推送需要灵活机动，跳出计划性内容的推送。在内容的互动策略上，需要评估是否可以引发读者共鸣，成功鼓励读者进行点赞、分享、评论等互动。同时，也需要评估内容对客户评论区的互动、引导能力，评论区客户精彩、趣味的评论同样可以吸引、活跃客户，所以需要评估优质评论的选取与回复等互动能力。

5. 用户运营

用户运营效能评估的关键点内容，一是用户体验和需求搜集分析工作的效能评估，运营是连接用户与产品的桥梁，桥梁畅通程度、稳固程度决定了运营的基础；二是对用户生命周期各阶段的运营策略和实施效果进行效能评估，主要包括引入期、成长期、成熟期、休眠期、流失期等阶段，是在客户体验基础上的发展，是做好用户运营的重点抓手；三是客户成长激励体系的效能评估，评估用户运营的相关策略、方法、手段是否向按既定体系的方向建设发展，在实施实践的过程中具体方式、方法是否适合，是否沉淀形成了适合自身发展的体系及相应的效能评估办法。用户运营效能评估内容如图 4–5 所示。

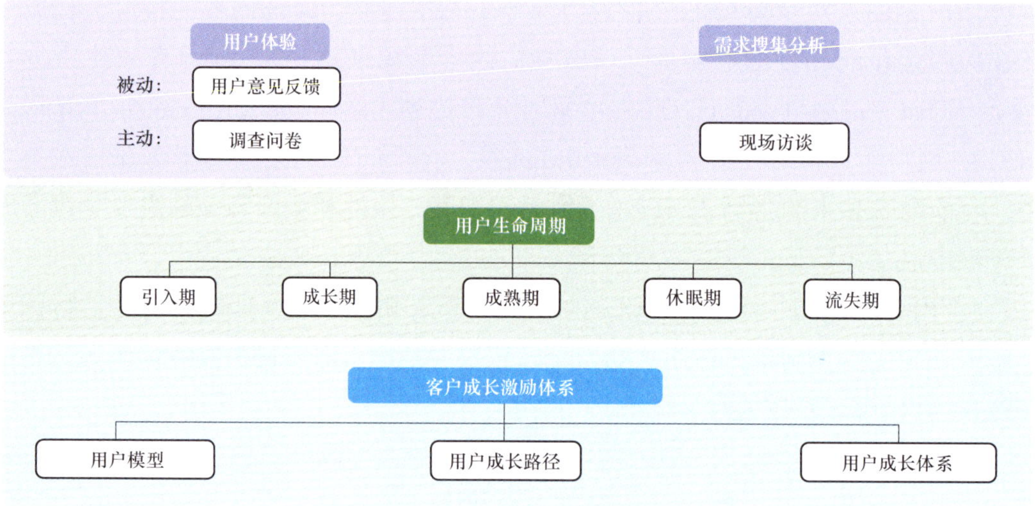

图 4–5　用户运营效能评估内容

（1）用户体验与需求搜集分析效能评估。一是被动方式，评估是否在相应渠道或产品中设置了用户反馈的功能入口，如 App、公众号、生活号等产品或服务渠道中是否设置了用户意见反馈专栏，入口是否便于找到，层级是否过深，是否定期开展了用户意见的分析与反馈；二是主动方式，评估是否定期或有针对性开展调查问卷、现场访谈等工作主动搜集、分析客户体验和需求相关问题。

（2）用户全生命周期效能评估。用户生命周期各阶段的运营策略和实施效果进行效能评估，是通过对引入期、成长期、成熟期、休眠期、流失期各阶段的运营策略与效能进行评估。引入期对应运营活动中的用户获取，主要评估获得的用户质量，包括下载转化率、注册用户数、注册转化率、单个用户获取成本（customer acquisition cost，CAC）等；成长期对应运营活动中的活跃，主要评估用户个人信息完成情况、实名情况、付费或业务转化情况；成熟期对应运营活动中的转化、传播，主要评估付费或参与业务的用户数、业务笔数、付费资金、人均付费金额、单个用户平均收入（average revenue per user，ARPU）、传播情况、分享用户数、分享次数、分享转化率等；休眠期、流失期对应运营活动中的留存，主要评估用户沉默周期及对应流失召回策略。

（3）客户成长激励体系的效能评估。主要评估三个方面，一是评估建立的用户模型是否满足用户深入分析、价值挖掘，是否适合自身业务发展等；二是评估用户成长路径是否切合用户需求，是否适合自身业务的发展；三是评估用户成长激励体系是否能支撑满足用户成长路径的实现。

1）用户模型的评估。需要评估模型是否包含用户属性特征、用户诉求特征、用户行为特征、敏感度特征、用户价值特征等主要维度，用户建模在不同行业差异性很大，其核心点是根据用户属性和业务特性进行深入分析、分类；还需要评估是否具备动态补充完善用户模型的能力，随着用户规模的发展，用户服务诉求也在不断发展变化，用户模型的动态补充、更新是保证用户模型价值的关键手段；同时，需要评估用户模型是否具备吸收、融合外部用户数据的能力。目前不少电力公司已深入开展了基于营销业务应用系统的客户标签、客户画像的用户建模相关建设，并在差异化服务、精细化管理方面取得了丰硕成果。随着“互联网 +”的快速发展，社会上也积累了丰富的个人实名基础信息、个人消费信息、个人信用信息，同时也形成了丰富的用户社会标签、画像，企业内部与社会外部的用户信息融合是推进用户信息价值挖掘的重点手段。

2）用户成长路径的评估。根据用户模型的分类与运营的主要分类评估是否细分了不同类型用户的成长路径，相应用户的成长路径是否满足用户需求的升级，是否满足自身业务发展的需求。用户成长路径不是简单的会员或积分等级制度，而是满足用户的不同层次需求。例如社区型产品的用户成长路径如下：

a）新用户 / 潜在流失用户——主流内容消费者。首先需要满足用户的基本需求，建立信任和价值关系，让用户更方便、更多地阅读到自己喜欢的优质内容，逐步培训用户的忠诚度，演进路线可以是无忠诚 – 习惯 – 满意 – 有感情 – 忠诚。

b）主流内容消费者——次核心内容贡献者满足用户基本需求后，需要为用户营造归属感，鼓励用户发帖即鼓励 UGC，用户收获阅读量、评论、点赞等，会给用户带来更多荣誉感、认同感、归属感。演进路线可以是用户经常阅读优质内容 - 具备一定生产内容能力 - 尝试生产内容 - 收到正面认同 - 持续生产 - 收到反馈完善。

c）次核心内容贡献者——核心内容贡献者。目标让次核心内容贡献者向核心内容贡献者发展，需要提升用户生产内容和影响力的能力，需要平台和用户共同完成，演进路线可以是平台挑选有潜力的用户 - 组织社群或活动 - 提高用户生产能力和积极性 - 平台主动扩大影响力等。

d）核心内容贡献者。核心内容贡献者也称关键意见领袖[1]（简称 KOL），生产的内容更优质，拥有更大的影响力，这样的用户一旦流失，将会造成一群用户的流失。所以需要通过组织一些聚会、培训等商业化活动实现 KOL 的精神与物质价值，重点维系 KOL 关系。

3）用户成长体系的评估。主要评估是否有明确、完整的激励行为、激励因素、激励方式、持续时间、展示形式、消费方式等。

a）激励行为。评估在用户成长路径中需要强化的行为，可以将其纳入激励行为中，所以激励行为也是根据整理运营情况而动态发展变化的。

b）情感激励（勋章等存在感、荣誉感类）、功能激励（授权给特殊管理类功能等）。需要评估激励的类型是否适合相应的产品或用户行为，如电商平台想激励用户保持一定的登录行为，适合采用物质激励，通过发放积分等虚拟货币，让用户在购物时可以用作支付抵扣，可以实现登录和购物行为的双重增长，而通过积累发放勋章等偏情感类的激励收效很差。

c）激励方式。主要评估激励体系中设置的用户任务和相应奖励是否明确、合理，即用户可以得到哪些奖励、需要完成什么任务才能得到，并需要进一步评估激励方式的即时性、畏难性、不确定性。即时性，评估体验是否满足用户完成任务后立即可以看到变化、得到奖励；畏难性，评估任务设置的难易程度是否与相应奖励匹配，避免因为难度大、周期长等因素造成用户直接放弃；不确定性，可利用不确定性提高任务的趣味性，如设置彩蛋，抽奖等方式。

d）持续时间。需要评估激励体系的实施周期不能过长，与活动运营的时效性一样，周期过长会造成用户热情消退，周期太短无法达到传播效果，需要结合激励方式进行综合评估。

---

[1] 关键意见领袖（简称 KOL）通常被定义为：为特定群体所接受或信任，并对该群体有较大影响力的人。

e）展示形式。评估展示形式是否直观、是否有效曝光，是否能够吸引更多用户关注、参与。如 QQ 的星、月、太阳等级设置引发用户间互相 PK 等级，及大量用户挂机升级、注册会员快速升级等行为。

f）消费方式。主要针对物质激励评估消费场景和消费能力，好的消费可以驱动用户更多地参与激励任务。

二、效能评估的主要标准

1. 策划阶段的预测评估

运营前策划阶段的预测评估主要包括预测评估运营总体目标、投入成本、运营策略与思路、阶段性规划、选择的投放渠道、主要运营推广形式、风险风控、支撑管理与资源等内容，通过预测评估保障策划阶段目标与方案的可行性。

2. 实施阶段的效能监测

实施阶段的效能监测主要包括产品与服务运营、客户服务、业务处理、客户运营、渠道运营、品牌影响、支撑管理、基础支撑等内容，通过对运营实施过程的全面监测可以及时发现产品或运营等存在的问题，并有针对性进行优化调整，保证各运营分项工作的成效，从而保障运营整体目标的达成。下面就运营监测指标的主要分类进行介绍。

（1）运营监测的指标分类。运营检测指标细分方法见表 4–1。

表 4–1　运营监测指标细分方法

序号	指标大类	指标中类	指标小类
1	产品与服务运营	公共服务	电子发票
2			能效服务
3			自助报修
4		供电服务	业扩办电
5			费用缴纳
6		新型服务	个人充电桩服务
7			分布式光伏服务
8			居民客户增值服务
9			企业客户增值服务
10			电子商城
11		信息互动	停电公告
12	客户服务	在线客服	坐席状态
13			业务受理
14			应急管理
15	业务处理	综合	一次都不跑
16			互联网 + 营销服务

续表

序号	指标大类	指标中类	指标小类
17	客户运营	客户画像	标签库建设推广
18			标签应用
19		客户激励	兑换积分池
20			积分兑换客户参与情况
21	渠道运营	传播	分享
22		活动运营	活动开展
23			活动转化
24		活跃	用户活跃
25			活动运营
26			重点功能通用指标
27			消息推送
28			在线活跃
29		获取	下载
30			用户注册
31			用户绑定
32			身份认证
33			客户迁移
34			外部流量转化
35		留存	用户留存
36		转化	业务转化
37	品牌影响	App 市场评价	App 市场评价
38		督办评价	服务评价
39			在线客服
40			投诉举报
41			我有话说
42			业务催办
43	支撑管理	中台服务	中台评价
44	基础支撑	系统运维	系统可用性
45			服务器性能
46			数据库性能

（2）效能评估诊断类关键指标。运营与业务开展过程中诊断类指标是对运营整体实施效能评估的有效工具，通过系统对指标进行实时监测，及时发现异常，及时进行运营策略、方法的调整。目前国家电网有限公司核心自有渠道“掌上电力”App的效能评估关键指标主要包括获取、留存、活跃、转化、活动运营五类。

其中获取类指标主要涵盖客户迁移、外部流量转化、下载、用户绑定 4 个小类，获取类指标细分方法详见表 4-2。

表 4-2　　获取类指标细分方法

指标大类	指标中类	指标小类	指标名称	指标说明
渠道运营	获取	客户迁移	用户迁移率	反映统计周期内旧 App（掌上电力、掌电高压版）注册用户中迁移到新 App 的注册用户数（根据注册账号、身份证认证、户号认证等多种方式确认老用户身份）累计占比
		外部流量转化	展现到点击转化率	反映多少次展现数量能带来一次点击展现。选择外部推广时，如百度搜索引擎推广，当客户搜索电力时，在出来的信息中“网上国网”App 下载链接出现的次数是一次展现
			点击到独立访客转化率	反映多少次点击能带来一个独立访客。独立访客通常由运维组人员定义，可采取 IP 或设备定义
			点击到注册转化率	反映多少次点击能带来一个注册用户
			点击成本	反映点击一次要消耗的金额。用户点击 App 中任何一个页面、功能板块的一次操作行为
		外部流量转化	注册成本	反映一次注册要消耗的金额
		下载	App 下载量	反映 App 在统计周期内下载次数
		用户绑定	绑定户号数	反映统计周期内用户使用 App 绑定户号的总数
			解绑户号量	反映统计周期内用户使用 App 解绑户号的数量（同一户号多次解绑算一次）
			注册用户数	反映 App 统计时间内累积注册用户总数

留存类指标主要涉及用户留存，留存类指标细分方法详见表 4-3。

表 4-3　　留存类指标细分方法

指标大类	指标中类	指标小类	指标名称	指标说明
渠道运营	留存	用户留存	客户月留存数	反映 App 注册用户的月留存数

活跃类指标主要包括活动运营、消息推送、用户活跃、重点功能通用指标 4 个小类，详见表 4-4。

表 4-4　　活跃类指标细分方法

指标大类	指标中类	指标小类	指标名称	指标说明
渠道运营	活跃	活动运营	活动转化率	反映统计周期内参与活动，并达成活动目标（达成活动目标以方案认定标准为准）的客户数在参与活动总人数的占比
			活动访问量（PV）	反映统计周期内各类活动运营的访问量
			活动独立访客（UV）	反映统计周期内各类活动的独立访客
			活动分享用户数	反映统计周期内各类活动的参与分享用户数
			活动分享量	反应统计周期内各类活动被分享的次数
			活动分享率	反映统计周期内活动运营的分享率

续表

<table>
<tr><th>指标大类</th><th>指标中类</th><th>指标小类</th><th>指标名称</th><th>指标说明</th></tr>
<tr><td rowspan="15">渠道运营</td><td rowspan="15">活跃</td><td rowspan="2">消息推送</td><td>消息通知触达率</td><td>反映“网上国网”App 向客户推送各类消息的点击打开情况</td></tr>
<tr><td>消息阅读量</td><td>反映“网上国网”App 向客户推送消息阅读数量</td></tr>
<tr><td rowspan="6">用户活跃</td><td>活跃用户数</td><td>反映“网上国网”App 用户活跃程度，统计时间内登录过 App 即为活跃用户</td></tr>
<tr><td>活跃用户率</td><td>反映持续使用 App 的用户数量占用户总量的比例情况</td></tr>
<tr><td>实时在线用户数</td><td>反映 App 客户每日实时在线人数</td></tr>
<tr><td>日在线客户峰值</td><td>反映 App 客户某个时段最大同时登录峰值数</td></tr>
<tr><td>老用户活跃率</td><td>反映老用户持续使用 App 的用户数量占用户总量的比例情况</td></tr>
<tr><td>活跃老用户数</td><td>反映“网上国网”“掌上电力”App 老用户活跃程度，统计时间内登录过 App 即为活跃用户</td></tr>
<tr><td rowspan="7">重点功能通用指标</td><td>重点功能点击量</td><td>反映用户对重点功能的关注情况，重点功能需根据用户使用情况定期确定</td></tr>
<tr><td>重点页面平均访问时长</td><td>反映用户使用 App 时在重点功能中各重点页面上的停留时间，重点页面需根据用户使用情况定期确定</td></tr>
<tr><td>重点页面跳出率</td><td>反映打开重点页面的用户中很快跳出的用户占比</td></tr>
<tr><td>重点页面复访率</td><td>反映用户多次访问重点页面的比率</td></tr>
<tr><td>重点功能服务完成率</td><td>反映使用该服务的用户中能够完成服务的用户占比</td></tr>
<tr><td>重点功能服务平均完成时间</td><td>反映完成该服务的用户所用的平均时长</td></tr>
<tr><td>重点功能页面的业务转化率</td><td>反映分析期间重点功能页面业务办理的转化比率</td></tr>
</table>

转化类主要涉及业务转化，详见表 4–5。

表 4–5　　转化类指标细分方法

指标大类	指标中类	指标小类	指标名称	指标说明
渠道运营	转化	业务转化	注册转化率	反映多少次注册能带来一次业务办理行为，暂定在 53 项功能中（除查询类 11 项功能），参加过活动外，用户完成任一业务即认定注册到业务办理成功转化

活动运营类指标主要包括活动开展、活动转化 2 个小类，活动运营类指标细分方法详见表 4–6。

表 4–6　　活动运营类指标细分方法

<table>
<tr><th>指标大类</th><th>指标中类</th><th>指标小类</th><th>指标名称</th><th>指标说明</th></tr>
<tr><td rowspan="2">渠道运营</td><td rowspan="2">活动运营</td><td>活动开展</td><td>活动开展量</td><td>反映统计周期内，正在开展中的活动数量</td></tr>
<tr><td>活动转化</td><td>活动单户成本</td><td>每个有效参与个人客户信用评级营销服务活动客户的费用投入</td></tr>
</table>

3. 总结阶段的效能评价

运营后总结阶段的效能评价主要包括运营总体目标的完成情况，各项运营推广成效的详细数据评估，各项运营推广工作的成效和优缺点，各项运营工作的成效排名、创新点、存在问题与改进措施、推广前景的评估与预测等方面内容。

三、相关行业的效能评估标准

经过多年发展，互联网行业形成了对网站、App、网络广告、微信、微博、头条号、短视频等新媒体进行效能评估的数据服务，以及提供行业分析咨询服务的公司，如百度统计、TalkingData、艾瑞数据、友盟等（这些公司推动了行业评估标准的形成，包括互联网行业对网站、App、微信等新媒体提供的专业指数评估，以及政府对政务网站和政务新媒体建设运营的标准与要求等）。

1. 网站评估相关标准

网站作为互联网基础载体见证了互联网的诞生、发展与辉煌，虽然目前互联网主要流量已转向移动端，但网站仍有着不可替代的作用。网站评估是通过分析网站数据，发现访客访问网站的规律和特点，并将这些规律与运营策略相结合，从而发现网站运营中可能存在的问题和机遇，为网站的运营策略优化提升依据，指导网站流量的监控、吸引流量、保留流量，并利用流量完成转化创造收益。网站评估的关键指标包括流量数量指标［浏览量（PV）、访问次数、访客数（UV）、新访客数、新访客比率、IP 数］、流量质量指标（跳出率、平均访问时长、平均访问页数）、流量转化指标（转化次数、转化率等）。

政府对政务网站提出了详细的评估指标，指标涵盖安全、泄密事故等严重问题，及站点无法访问、首页不更新、栏目不更新、互动回应差、服务不实用等方面，并设置了具体的评分细则。供电公司作为国家公共资源服务企业也需要关注地方政务服务网站和政务新媒体的相关建设运营要求。

网站数据监测与评估可及时发现问题，需要由现象看本质，由表及里地深入分析网站的流量来源、网站内容、网站访客。流量来源可以分为直接访问、搜索引擎、外部链接。网站内容监测对热点业务分析热点服务页面流量是否相匹配，网站的路径、服务功能是否存在优化空间。网站访客监测涉及对用户群细分，包括访客群体组成，其访问诉求与网站路径和服务页面规划是否相匹配，服务功能与服务体验是否存在优化空间。

下面介绍几种常见的网站评估工具：

（1）百度统计。百度为网站提供免费、专业的评估工具，为运营管理人员提供包括流量（趋势）分析、来源分析、网站（页面）分析、转化分析、访客分析、定制分析等数据分析服务，并形成相应各种维度的分析报告，帮助运营管理人员掌握访客如何找到、浏览网站，及在网站上做了什么，帮助网站运营管理人员改善优化使用体验。

（2）友盟网站统计（U-Web）。提供网站概况、流量分析（趋势分析、对比分析、当前在线、访问明细）、来源分析（媒体）、受访分析。可统计网站各页面被浏览情况，还可记录访客在页面上的鼠标点击行为、后续浏览行为。

（3）艾瑞 PC Web 指数。提供月度覆盖人数、访客人群性别、年龄、区域的分析等。

2. App 评估相关标准

App 的效能评估可以先从相关行业中了解自身 App 所处水平，具体可以从新增用户、活跃用户、启动次数、使用时长等维度比对自身产品与行业平均水平的差异及在行业的排名，发现短板。还可以评估渠道效果，分析客户主要从哪些渠道来、哪些渠道客户质量高等，具体可以深入从新增用户、活跃用户、次日留存率、单次使用时长等维度综合分析比对不同渠道来源的用户，找到适合自身的推广渠道，进一步扩大推广效果。吸引到用户下载和使用后需要进一步分析评估用户特征，了解用户使用终端类型、网络及运营商、地域、年龄、性别甚至消费能力的分布等特征，从而有针对性地制定精准策略，促进产品和推广的优化改进。同时，还需要进一步分析用户行为，通过设置埋点开展漏斗数据分析，对用户在 App 中每步行为、每步行为的转化率进行分析评估，以便提高整体转化水平。最后，需要持续关注产品的活跃度，评估产品受欢迎程度，具体从留存用户、用户使用时长、使用频率、访问页面、使用间隔等维度评估用户活跃度与黏度，需要通过运营手段、产品创新等手段持续保持产品的活跃度和产品的生命力。

下面介绍几种常见的 App 评估工具：

（1）友盟 App 移动统计（U-App AI）。提供灵活、智能、专业的数据采集、分析、管理功能，AI 赋能业务增长。在业务监测方面，提供自定义看板、行业对比、错误分析；在用户洞察方面，提供人群画像、用户分群、行为洞察；在业务增长方面，提供 AI 获客、用户管理、用户触达等服务。从应用基本情况 – 用户基本情况 – 事件触发监控 – 终端设备属性 – 生命周期转化深入挖掘，能提供用户统计、渠道统计、留存统计等多个维度的数据查询。

（2）Talking Data 移动应用统计分析。以统计 – 分析 – 转化 – 验证展开移动应用统计分析，将应用分析、推送营销、开发助手、应用管理分成导航入口，并设计邀请协作功能，偏向于数据共享，能将领导、开发和运营人员纳入一张办公桌上。渠道统计上分为新增设备、活跃设备、启动次数三类数据，单渠道提供新增设备、活跃设备、启动次数、人均启动次数、单次使用时长的趋势和详情等信息。此外，还提供了用户质量评估、电商业务分析、卸载分析、灵动分析、预警通知、推送营销等创新功能板块，比较适合在产品进入深度运营阶段使用。

（3）艾瑞指数。移动 App 指数提供了月独立设备数和环比统计、使用人群性别和年龄、使用区域的分布统计功能。移动渠道指数提供了应用在各下载渠道新装设备数统计和环比统计。移动终端设备指数分别提供了移动设备厂商品牌、iOS 机型、Android 机型的占比统计。

3. 新媒体评估相关标准

目前较热门的新媒体有微信公众号、微博、头条、抖音等，在数据层面主要对发文量（包括原创和转发）、阅读量、总在看 / 点赞量 / 评论量等进行效能评估。政府对政务新媒体也从安全 / 泄密事故等严重问题、内容不更新、互动回应差等方面制定了详细的评价细则。

下面介绍几种常用的评估标准或工具：

（1）清博指数。清博指数提供微信传播指数、微博传播指数、网红传播指数、头条传播指数、头条号视频传播指数、QQ 公众号传播指数、政务百家号传播指数、微信授权账号传播指数、抖音号传播力指数、融媒指数等。以下列举几个常见多媒体指数评估标准。

1）微信传播指数 WCI。微信传播指数 WCI 从“整体传播力”“篇均传播力”“头条传播力”“峰值传播力”四个维度进行评价，根据历史数据模型，优化指标权重等算法进行排名。

2）微博传播指数 BCI。通过微博的活跃度和传播度反映账号的传播能力和传播效果。BCI 重在评估账号的原发微博传播力，旨在鼓励高质量原创内容。

3）头条传播指数 TGI。通过对头条号账号的活跃度和传播度、互动度反映账号的传播能力和效果。

4）抖音号传播力指数 DCI。通过对抖音账号发布的短视频在数量、互动状况、覆盖用户程度综合体现政务抖音号在短视频平台的传播影响力，DCI 指标体系详见图 4–11 所示。

5）新媒体融合指数。针对政府、企业、媒体等机构组织的新媒体融合情况，基于多平台多维度分析，面向新媒体矩阵（微信公众号、微博号、头条号等）进行指数评价。

（2）Talking Data。Talking Data 提供微信公众号排行、微博影响力排行。

1）微信公众号排行通过对自媒体人的账号和文章进行甄别分析，获得排名。对公众号的总阅读数、文章发布数、头条阅读数、平均每篇阅读数、总点赞数的综合评定。

2）微博影响力排行通过微博账号的粉丝数、发博数、转评度等数据综合计算，提供微博综合影响力排行。所选时间段内微博账号的日均影响力根据粉丝数、转评度等数据进行综合计算。

第三节 效能评估实施

掌握、明确了效能评估的方法、原则、标准后可以实施能效评估，然后明确评估内容具体通过哪些数据落实，通过什么工具采集哪些系统的哪些数据，如何展现分析数据，分析得出如何制定出优化改进措施与方案，如何进一步健全、沉淀评估的原则与标准，推动形成良性的闭环螺旋式能力提升。下面从数据采集、效能分析、优化改进三部分介绍效能评估的实施过程。

一、数据采集

做效能评估要有依据，用数据说话，根据分析目的需要搜集不同的数据，主要包括用户数据、业务数据、运营数据等。

像微信公众号、支付宝生活号、头条、微博等大流量平台自身具备管理后台，为运营管理人员提供了用户分析、图文分析、菜单分析、访问分析、交易分析、组件接口分析等统计分析功能，支撑运营人员深入分析运营工作成效。

对于未形成完善运营系统工具的公司，通常会采用第三方数据工具（如GrowingIO、诸葛IO、友盟、神策数据等）进行数据埋点与采集，第三方工具提供通用的展示分析界面和运营分析模型。

在运营工作中也存在部分工作内容由第三方承接，如应用商店（华为、OPPO、VIVO等手机厂商应用市场及应用宝、百度、360等互联网应用市场）运营推广、多媒体渠道（抖音等）运营推广、第三方渠道（百度等）宣传推广等，这部分运营工作的成效数据需要由承接的第三方全面提供。同时，需要结合内部推广业务的增长情况，及带来的社会、企业、用户影响方面进行综合效能评估。第三方承接运营推广工作的报价模式一般分为按单价、成本报价，或按效果付费。

二、效能分析

公司或企业运用数据分析对自身运营团队进行内部效能评估，运营团队作为运营活动执行和管控主体对自身运营工作效能、对自身运营能力进行评估，主要可通过自建系统或第三方工具。效能评估的过程也是行业对标找差距、找短板，明确自身发展规划的过程，推动自身运营效能和运营能力持续发展提升。

（一）供电服务运营分析

开展供电服务运营分析主要涉及电力营销数据的采集和数据的分析。

1. 运营所涉及的相关数据

供电服务数据的采集对象主要包括用户数据、业务数据、运营数据等，其中：用户数据包括客户基础档案信息、联系信息等，来源于营销业务应用系统；业务数据包括客户用电信息、业务办理信息、投诉信息等，来源于营销业务应用系统、95598 客户服务系统、计量采集系统、费控系统等业务应用系统；运营数据包括活动方案信息、用户访问、参与等行为信息、奖品消耗信息、运营执行过程数据监控相关信息、App 应用商城的排名与评分、第三方推广渠道的粉丝量、曝光量、互动数据等。

由于供电企业属于国家能源核心机构，其数据安全重要性不言而喻，所以应采用自建系统开展运营管理、效能评估分析等工作。国家电网有限公司自行设计研发了运营支撑平台，开展运营全生命周期管理，相关运营活动的数据由运营支撑平台生成并管理，主要包括活动方案信息、页面访问量（PV）、独立访客量（UV）、参与等行为信息、奖品消耗信息、运营执行过程数据监控信息等。在产品运行和运营推广过程中主要通过数据埋点实现对用户行为进行监测，其中埋点是供电企业自行研发，埋点数据保存于供电企业的运营支撑平台中。

2. 运营支撑平台

运营支撑平台以运营指标分解、方案制定、活动执行为核心主线，注重流程简化和智能高效，依托大数据支撑手段动态筛选目标人群，通过用户属性灵活定义人群规则精准获取用户，辅助制定方案和配置活动，让运营人员能够通过向导式配置或者借鉴典型方案即可完成活动的准备；在活动过程中通过预警设置、通知设置、监控分析，让活动执行情况、奖品发放情况、奖品兑换情况、资金消耗情况、活动趋势变化等能够事中监控，实现对运营活动的事中监控、实时预警，保障运营活动的顺畅、安全实施。为满足对整体运营活动成效数据的可视化和监控需求，通过各项指标完成情况和各地区指标完成情况的统计，展示活动总体转化效果、活动的用户增长情况、渠道转化情况、优质活动排名、投放内容排名、推广成效评估等，支持对内容、活动、渠道、产品、用户等开展效能评估，促进客户增长、活跃，促进产品体验的优化改进，促进整体运营体系的健全完善。

（二）其他常用运营工具分析

1. 第三方常用运营分析工具

运营效能评估的常用工具主要是支持运营数据分析工具（如 GrowingIO、诸葛 IO、友盟、神策数据等）和国内互联网运营形成的行业标准（如清博指数、艾瑞指数等）。业界主流运营数据分析评估工具示例详见表 4–7。

表 4–7　　业界主流运营数据分析评估工具示例

工具名称	简介	特点
友盟	以“数据智能，驱动业务增长”为使命，基于卓越的技术与算法能力，结合实时更新的全域数据资源，挖掘出 40+ 标签大类，15000+ 客群标签、100+ 用户 / 行业分析指标，通过 AI 赋能的一站式互联网数据产品与服务体系，帮助企业实现深度用户洞察、实时业务决策和持续业务增长。 网址：https://www.umeng.com	产品包括移动统计（U–App）、网站统计（U–Web）、游戏统计（U–Game）、消息推送（U–Push）、移动广告监测（AppTrack）、社会化分享（U–Share）。其中移动统计（U–App）是国内较为成熟的应用统计工具。从应用数据的统计角度来看，产品的功能完整度较高，其后台模块规划主要沿应用基本情况 – 用户基本情况 – 事件触发监控 – 终端设备属性 – 生命周期转化深入挖掘，能提供用户统计、渠道统计、留存统计等多个维度的数据查询
Talking Data 移动观象台	是一款免费对公众开放的移动互联网数据查询产品，除提供应用排行、公众号排行、热门机型等基础移动端数据查询功能外，还不定期发布最权威的互联网行业数据调研报告，并针对热门行业、热门事件进行重点分析。 网址：https://www.talkingdata.com	移动端重点功能包括：应用排行，单款应用排名趋势、覆盖率、用户画像、用户属性、应用兴趣、消费偏好等特征分析与对比；苹果应用商店付费排行榜和爬升榜排名；公众号排行，不同领域微信公众号阅读量排名；微博影响力，不同行业领域微博综合指数影响力排名；终端指数，OS 与 Android 平台移动终端设备的品牌、机型、分辨率、操作系统、运营商、网络环境等设备趋势；市场洞察，基于大量移动互联网用户数据展现市场用户特征与画像；数据报告，包括行业报告、行业白皮书、企业期刊、行业观点、专题报告
诸葛 IO	是国内领先的数据智能决策平台，其核心在于对用户行为的深入分析与洞察，并从中挖掘产品快速增长的契机。通过以用户中心的分析理念和实践，为企业提供分析平台，提升数据分析与应用效率。同时，提供顾问式的数据智能解决方案，助力企业实现数据驱动的精准运营。 网址：https://zhugeio.com	UTSE 用户模型，通过 3 套 ID 标识（用户 ID、诸葛 ID、identifyID）可清晰地识别用户在多个设备访问或多个用户使用同一设备的场景。如某用户早晨在今日头条 App 阅读 20 分钟，中午阅读 10 分钟，下午在 PC 端登录阅读 10 分钟，不同设备的三次会话记录在同一个用户中，在留存分析、活跃分析中，可以分析出真实的用户留存，而非该用户在 App 的留存
神策数据	提供从采集、建模、存储、分析、智能应用的全流程数据驱动解决方案，提供神策分析、神策客景、神策自动化运营、神策智能推荐等产品，帮助企业驱动业务决策和产品智能。 网址：https://www.sensorsdata.cn	支持深度用户行为分析，支持私有化部署、基础数据采集与建模、二次开发，支持用户精准分群、用户标签体系的构建，支持分群标签、客群的健康度分析、流失预警等管理；通过用户精准分群灵活创建并管理营销活动计划，一键执行计划触达用户，实时分析活动效果；帮助企业实现对用户“千人千面”的个性化内容推荐，改善用户体验，持续提升核心业务指标

2. 第三方渠道效能评估

第三方渠道效能评估是针对委托第三方执行的运营工作，由第三方代为提供相应运营服务，并出具相应运营实施效果评估报告。

如应用商店优化（App store optimization，ASO），提升 App 在应用商店排行榜和搜索结果排名。再如与移动手机充值、饿了么等第三方渠道开展异业合作，第三方可以提供包括时间、位置、点击数据、领取量、核销量、核销率等成效评估数据，以及其他通用数据工具（如诸葛 IO、友盟）进行效能评估，如微信的“微信公众平台”与支付宝的“支付宝生活号平台”是渠道的管理后台，提供了相应的统计分析功能，帮运营者获得相应运营数据对运营工作进行监控、效能评估。微信公众平台管理后台提供用户分析、图文分析、菜单分析、消息分析、接口分析、网页分析等功能，支付宝管理后台提供用户分析、图文分析、菜单分析、访问分析、交易分析、营销组件分析、模板分析等功能。

目前电力公司省内运营与第三方渠道合作运营推广的线上渠道主要包括微信公众号、支付宝生活号、抖音、头条、微博等，效能评估主要依据曝光次数、点击次数、点击率、参与活动账户数、参与活动户号数、转化率等。其中微信营销号、微博营销号、抖音较特殊，主要根据主播自带粉丝量、曝光量、互动量评估。

线下渠道主要包括公交站牌广告、楼宇电梯广告、机场车站广告，及社区、商超地推等，效能评估主要依据扫码查看海报次数、参与活动账户数、参与活动户号数等。由于线下运营推广主要目标是提升品牌、产品的知名度和曝光量，所以很难直观通过数据评估成效。

3. 第三方渠道简介及优劣势

为了达到好的运营成效，需要充分汲取经验，通过真实的数据分析、效能评估形成适合自身运营发展的整套渠道资源、运营资源。下面综合互联网运营行业内普遍的共识，简单梳理了相关渠道介绍与优势。

第三方承接的宣传推广工作主要包括付费渠道、自媒体渠道、口碑渠道。

（1）付费渠道。主要包括线上广告、媒体广告、户外广告、社会化广告、App广告、商业拓展联盟。

1）线上广告包括搜索渠道、联盟广告、导航广告、大流量平台、T类广告等。搜索渠道（百度搜索、搜狗搜索、360搜索等）优势是流量大、效果好，劣势是关键词竞价操作难度大，需要专业的团队支撑，费用高；联盟广告（百度网盟、搜狗网盟、360网盟等）优势是流量大、费用不高，劣势是效果一般；导航广告（hao123、360导航等）优势是流量大、效果好，劣势是好位置费用高；大流量平台（头条、搜狐、网易）优势是流量大，劣势是效果中等；T类广告（cost per time，即按时长计费广告，腾讯网、新浪、网易、凤凰等）优势是流量大、效果较好，劣势是价格高。

2）媒体广告可细分为电视广告、报纸广告、杂志广告、电台广告。电视广告（央视、卫视等）优势是美誉度高流量高、效果好，但费用也高；报纸/杂志广告（人民日报、南方周末等）优势是可覆盖到主流人群，具有品牌效益；电台广告（城市广播、音乐广播等），客户群体属地化、特征化是优势也是劣势。

3）户外广告可细分为分众广告、地铁广告、公交广告、火车站、飞机场、电影院、广场液晶屏等。优势是流量大，曝光度高，效果好；劣势是不同户外位置人群相对固定，费用高。

4）社会化广告可细分为微信（公众号、微信广告）、微博（话题排行等）、社群等，优势是流量大、效率高、方便操作，劣势是创意性要求高。

5）App 广告可细分为应用商店、预装 App、超级 App、商业拓展联盟等。应用商店优势是流量大、效果好；预装 App（手机出厂预装 App）优势是流量大，劣势是有“流氓”属性用户体验差；超级 App（支付宝、滴滴、58 同城等）优势是流量大、群体多元，劣势是资源稀缺；商业拓展联盟（同业联盟、异业联盟、媒体联盟等）优势是流量互换，资源与能力共享，劣势是组织协同能力要求高。

（2）自媒体渠道。主要包括官方渠道、社群渠道。

1）官方渠道可细分为自有渠道（网上营业厅、“掌上电力”App、“电 e 宝”App）、自有服务与运营阵地，客户与流量有限时需要借助外部引流、拉新。官方媒体（微信公众号、支付宝生活号、微博官号）优势是可以借助平台大流量、效果好；新闻自媒体（头条号、腾讯、搜狐）、视频自媒体（优酷、爱奇艺、抖音）优势是流量大、曝光效果好，劣势是实际转化流量难以评估。

2）社群渠道可细分为综合（知乎、天涯、豆瓣、QQ 空间）、垂直（辣妈帮、汽车之家）、社交（微信群、QQ 群、豆瓣小组），优势是客户质量高，客户群体较为固定是优势也是劣势。

（3）口碑渠道。主要包括名人渠道、媒体渠道、粉丝渠道。

1）名人渠道可细分为明星、名人、意见领袖。优势是曝光效果好，劣势是需要结合大流量平台，整体费用高。

2）媒体渠道可细分为独立记者、知名媒体（报纸、周刊），优势是质量高、影响大，劣势是策划难度大。

3）粉丝渠道可细分为官方（微信公众号、支付宝生活号、微博官号）、社群（微信群、综合论坛、垂直论坛）、个人（用户原创内容 UGC，如朋友圈、微信、微博），优势是渠道用户活跃，是宣传推广的主要阵地和手段，劣势是需要长期运营资源投入。

三、优化改进

根据运营效能评估的结果分析问题，寻求解决方案，有效推动开展运营、产品、业务等不同层面的优化改进，实现产品 / 业务更多、更有效的曝光，吸引更多客户、高质量客户，实现更快速有效的优化迭代及更高效、更低成本的转化，促进产品 / 业务增长与发展。

（1）运营层面的优化改进。包括对运营具体宣传物料的主题、风格、投放策略等，线上、线下运营活动的策略、渠道选择、活动形式、权益设计、与客户交互的体验等。

（2）产品层面的优化改进。通过运营得到的用户间接反馈、直接反馈，主要从用户体验角度优化改进产品，包括视觉体验、交互体验、情感体验等方面。通过全面监测、及时评估、快速响应、A/B 测试等手段实现快速、有效的迭代优化，稳步提升产品实用性与用户体验，也进一步夯实了有效运营的基础。

（3）业务层面的优化改进。随着运营成效的沉淀扩大，用户群体也持续壮大并趋于活跃，对产品的要求也逐步提高，产品在服务效率、服务体验、服务能力等方面的提升势必涉及对基础业务层面的优化提升，尤其是传统线下业务迁移至线上后，对服务资源的协同调度能力、快速检测、诊断、响应的管理能力提出更高的要求。

第四节　效能评估的实践案例

如某供电公司全省代扣推广情况的总结，在框架上侧重评估总体目标完成情况，通过数据评估各项具体运营工作的成效，找到高效能的运营推广方式与手段，继续加大运营投入发挥优势，并找到低效能的运营工作，进行分析改进或放弃转投效能更高的方式与手段。

【案例 4-1】某省供电公司代扣业务推广服务项目总结报告。

一、项目概述

1. 项目背景

略。

2. 项目范围

代扣产品范围、运营推广范围。

3. 项目考核指标

项目周期（略）、考核指标（略）。

4. 项目目标

通过代扣推广项目，实现客户开通代扣、引导客户利用线上渠道交费，解决客户忘记或未能及时交费而影响正常用电的烦恼；提升智能交费[1]占比，缓解传统渠道服务压力等。

5. 项目完成情况

自动缴费服务推广活动持续 × 个月，开展了以业务探索期和业务发展期两个阶段

[1] 智能交费业务（费控业务）是一种利用现有智能电表进行预付费的电费结算模式，即客户在用电前需要存入相应的购电费，供电单位每日结算，按月结算。

的运营活动，目前签约智能交费的留存用户数达 ××× 万，超额完成项目的考核目标。

后期运营重点为留存、回流，逐步反馈跟进，以数据分析为主，研究客户异常特征寻找新的需求点。如每月奖励客户 3 次抽奖机会，增加客户留存率；设置每月任务模式，引导客户提高缴费金额、开启预存电费习惯等；也可将自动缴费服务打包为会员模式，增加各类增值服务，如天猫券礼包、饿了么会员权益、每日用电量实时查看、电力产品订购享折扣、免费流量券。以此提高客户对自动缴费业务的认知和满意度，增加客户活跃度。

点评：

第一部分项目概述，作为首章节应说明项目总体情况，包括项目背景、项目范围、项目考核指标、项目目标、项目完成情况等。

其中项目考核指标、项目目标分开，清晰说明了可量化目标与宏观目标，项目完成情况介绍了项目过程、结果、后续工作方向，其思路、结构值得借鉴。

二、实施内容与数据分析

1. 支付宝端内推广情况

（1）生活缴费栏目内应用广告配置活动如首页 banner、权益中心、弹窗、户号广告、缴费成功页广告等进行活动推荐，引导客户在线开通。

（2）通过在生活缴费生活号上传广告位、推送精准消息，宣传活动并引导在线开通。

（3）线上人传人推荐模式：通过活动推荐二维码或邀请链接，邀请好友开通即拿奖励，扩大活动消息触达和宣传，引导客户在线开通。

点评：

第二部分实施内容与数据分析，是报告的核心重点，需要用数据详细说明项目中各项运营工作、各阶段的完成情况、完成效果，直观排序对比呈现出效果的优劣差距，为后续运营推广策略、渠道与形式的制定与选择、效果评估提供参考依据。

支付宝生活缴费是核心流量入口，根据视觉和需求热点可以清晰看出不同位置广告位的流量和转化效果，如生活缴费首页顶部、欠费页、缴费成功页等曝光、点击、转化数量是其他广告位的数倍，而这些优势广告位资源的竞争也较激烈，在运营策划阶段需要提前规划、申请排期。

2. 多媒体合作推广情况

（1）微信、微博营销号及居委会社群。

（2）抖音网红宣传情况。投入资金、投放周期、曝光量、业务量环节增长等。

（3）饿了么异业合作。投入资金、活动周期、点击人数、点击量、用户拉新量、业务拉新量。

点评：

选择其他媒体合作时需要关注相应渠道效能，分析阶段性推广成效数据选择持续推广，还是加大或减小活动权益投入，甚至终止合作，需要将有限的权益资源集中投放在效果好的渠道，一般通过运营周报、月报等形式呈现，运营最终的总结报告侧重于对同类相关渠道进行数据比对，从投入的资金、人员、时间与收益的曝光、转化等综合效能分析，找出能效高的几个渠道，作为后续运营合作的备选合作渠道。

3. 多维运营数据分析

（1）全省代扣签约情况（UID 为支付宝账户）。

（2）各地市代扣签约情况。

（3）人推人传播推广情况。

（4）营业厅推广情况。

（5）运营活动阶段推广情况。

点评：

多维分析首先从业务角度入手，按全省、地市、营业厅、服务人员个人管理范围角度看周期内运营工作成效。然后从运营活动角度，按周期详细对比每个活动的运营成效数据，从阶段性时间及背后相应阶段的不同运营策略开展数据比对分析，找出用户关注、敏感、运营策略效果好的时间等，进而从得、失两方面总结运营工作的成效。

三、项目复盘总结

1. 创新点

热门媒体曝光、基于支付宝精准运营、异业合作交叉营销等。

2. 项目成效

活动运营策略（略）和推广渠道效果（略）。

3. 存在问题与改进措施

问题：疑刷量作弊领奖。措施：加入黑名单、优化规划、完善风控。

问题：部分用户解约率高。措施：分析客户群体，精准运营提升整体效能。

四、项目推广前景与价值

分析推广空间，分别总结相对投入低、产出高的高效能运营方式，寻找需要发力破局的短板等为后续运营推广输入经验。

点评：

通过数据对每项运营工作进行有针对性的具体总结分析，以及多维度不同视角的分析总结呈现成效，指出问题。最后在项目复盘总结部分，回归总体视角，从项目的创新点、项目成效、存在问题及改进措施、项目推广前景与价值等，全面总结项目相关工作的成效、价值与意义，并指出未来相关运营工作的优化、发展方向。

第五章　互联网 + 电力营销服务运营实践

随着互联网 + 的加快推进，为保障各渠道建设推广与运营工作的顺利开展，各网省亟需建设相应的运营框架、健全运营组织，构建多级协同运营机制，打造多级协同运营模式，不断完善运营能力，持续推动客户体验和客户黏性提升，推动后端业务融通的持续优化，推动公司数据共享能力持续提升。

本章以国网某省电力有限公司（简称省电力公司）为例，整体介绍国家电网有限公司各电子渠道的运营协同机制及相关运营案例解析。

第一节　运营工作协同机制

为加强省地联动、统一运营，省电力公司建立了省 – 市 – 县三级渠道运营体系，落实渠道运营工作。省客户服务中心，对上对接国网客户服务中心，对下对接地市（县）。省电力公司渠道运营组织架构如图 5–1 所示。

图 5–1　省电力公司渠道运营组织架构

目前，营销服务的电子渠道从运营主体分为一级运营渠道和二级运营渠道。一级运营渠道有“掌上电力（2019 版）”App、95598 智能互动网站（简称 95598 网站）、

“电 e 宝”平台；二级运营渠道有省电力公司微信服务号（简称微信服务号）及支付宝服务窗。电子渠道运营包括运营协同（活动运营、内容运营、渠道运营、客户运营）和运营支撑（数据管理、运营分析、系统支撑、问题管理、需求管理）两部分。

一、活动运营协同

要了解活动运营的流程，先要了解活动运营的分类，按照牵头单位的不同，活动运营可分为全网统推活动和省公司自主运营活动两大类。

全网统推活动，由国网客服中心牵头发起，各省公司、产业单位协同实施，活动资金由总部统筹安排，网省公司主要承担配合、宣传、属地实施工作；省公司、产业单位、地市公司自主运营的活动，启动前应向国网客服中心报备，活动资金由发起活动的省、产业单位、地市（县）单位统筹安排。省级自主运营活动由省公司客服中心统一组织，各地市（县）公司可以结合自身需求，提出相应的活动建议；产业单位自主运营活动由产业单位统一组织，省市协同配合宣传、实施。

活动实施流程如图 5-2 所示。

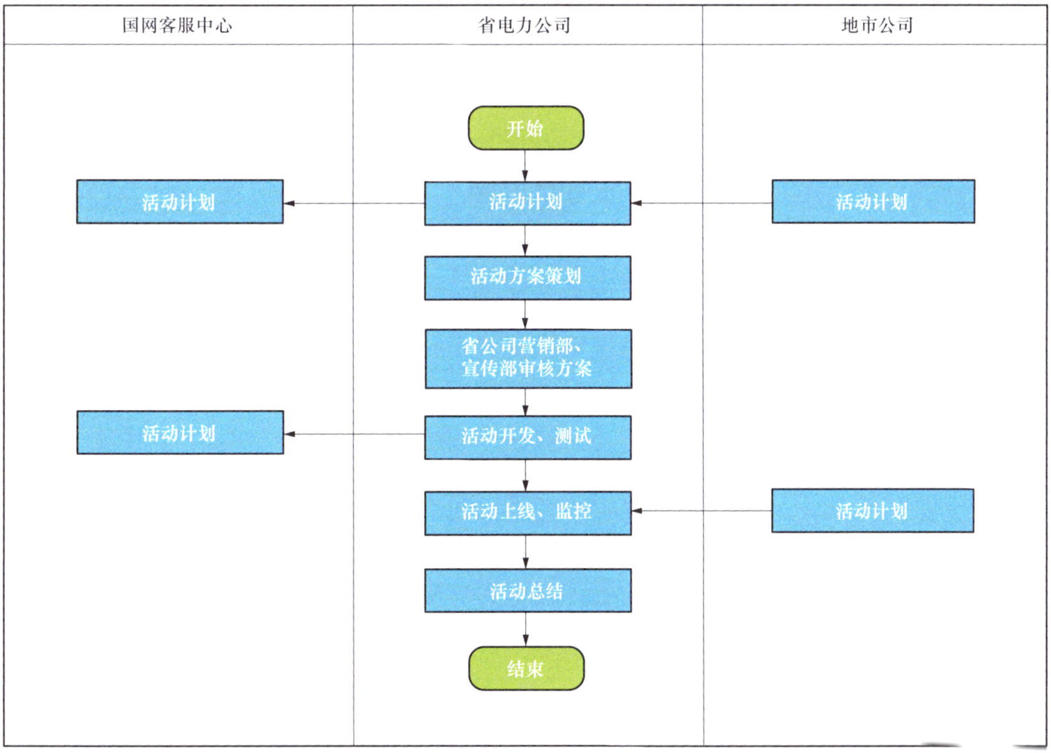

图 5-2　活动实施流程

1. 活动策划

省电力公司每年年底向国网客服中心报备下一年年度活动计划，按季度动态更新，活动实施过程中如临时调整需及时向国网客服中心报备。

（1）活动策划内容。包括主题及目标、范围及时间、活动规则、物料准备、原型设计、技术方案、风险评估及应急方案、宣传投放渠道及资源配置、员工培训安排、效果评估、常见问题回答、活动阶段性排期计划等。需要跨界合作的运营活动，由省公司客服中心提前进行商务沟通。

（2）活动审核。省公司客服中心实施活动计划时应提前1个月组织编制运营活动方案（含活动应急预案）并报送省公司营销部审核，需要技术开发的活动应考虑活动开发周期及安全评测周期，提前2个月完成活动方案编制并提交省公司营销部审核，省公司营销部收到省公司客服中心提报的活动方案后，应在5个工作日内组织相关部门完成对活动方案评审，并明确相关部门或单位的工作内容。

2. 活动实施

（1）活动开发。省电力公司需在开发启动前获取开发平台规范，活动程序的开发需遵循该规范进行。省公司客服中心组织相关厂商确定活动开发及测试上线计划，做好进度跟踪、质量管控等工作，活动开发结束后发布到测试环境，涉及功能改造需发版实现的按照发版流程管理执行。省侧运营活动在开发、测试工作需要国网客服中心在系统贯通验证等配合时，参照相关研发管理规范执行。各地市公司线上运营活动如需省公司客服中心支持开发，应提前2个月向省公司客服中心申请。

（2）活动测试。启动测试前，省公司客服中心应完成编写及评审测试用例，待发布上线后，各相关单位按测试用例对活动的功能性、易用性、兼容性、性能稳定性等进行测试；测试期间出现异常应提交至云效管理平台，修复后重新发版进行复测，如出现重大异常需调整上线时间，省公司客服中心应及时向国网客服中心及省公司营销部报备；活动功能测试及性能测试完成后提交安全评测。

（3）活动报备。省级运营活动开展前5个工作日向国网客服中心报备活动方案及95598知识库；各地市公司大型线下活动开展前5个工作日向省公司客服中心报备活动方案，向国网客服中心报备方案及95598知识库。

（4）活动执行。活动功能测试通过后发布至生产环境，需要平台发版，按照排期在生产环境发版后，由各级运营部门及时组织验证，上线后实时跟踪活动参与情况、线上问题直至活动结束。省公司、地市公司应在活动上线前5个工作日内完成宣传物料的准备发放工作。

3. 活动监控与评估

省公司客服中心对舆情风险、活动实施情况进行总体监测，并收集客户意见，根据实施情况优化调整；地市公司对属地、专业范围内推广工作开展情况进行监测，及时将实施效果、客户意见、突发情况等传递至省公司客服中心；活动实施过程中出现相关问题时，按照活动应急预案处理；省公司客服中心应及时固化活动常用功能模块，减少活动运营周期，支持活动快速上线。

活动结束后，省公司客服中心在10个工作日内完成活动总体总结报告报送省公司营销部，对活动开展情况进行评价，提出活动意见建议，并定期邀请行业专家对优秀实践进行总结归纳，在全省范围内分享推广。

各地市需每月总结本单位运营活动成效反馈至省公司客服中心。

二、内容运营协同

内容运营是对发布的广告、资讯、服务支撑信息、消息等内容采编、审核、发布等的管理。各渠道内容包括停送电信息，电力营业厅、电力交费点等服务网点信息，及属地服务指南、资费标准、服务承诺、用电常识、电力法律法规、常见问题等。内容发布流程如图5-3所示。

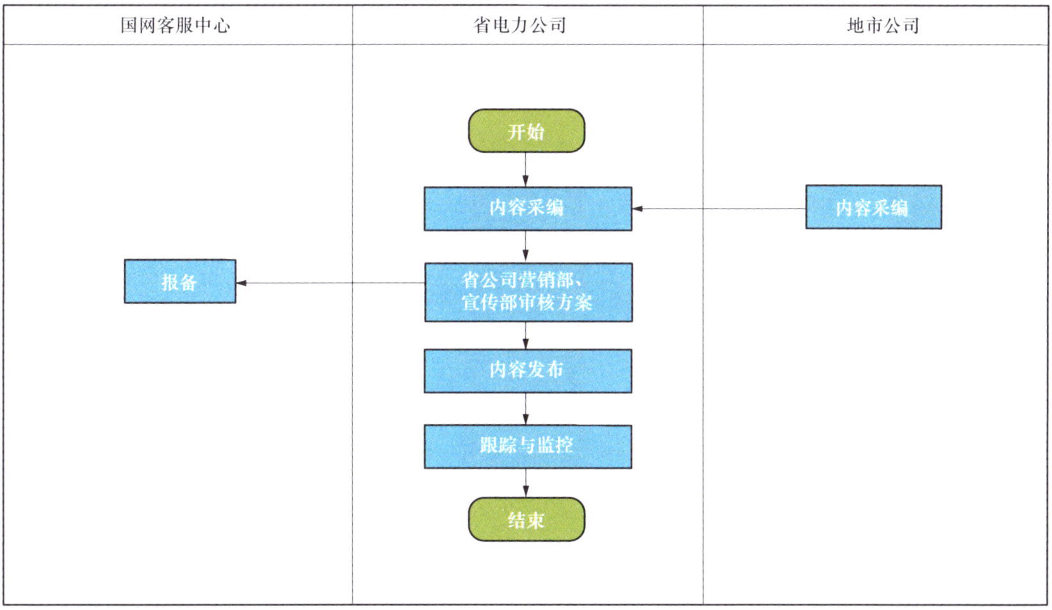

图5-3　内容发布流程

1. 内容采编

省公司客服中心负责省级层面的广告、资讯、服务支撑信息、产业单位服务支撑信息等内容的采编，通过征集优秀素材建立全省资讯储备库。地市公司负责本单位服务支撑信息、资讯的内容采编，并自行组织策划、采编、设计工作。

内容采编需符合国家电网有限公司企业形象定位，贴近用户需求，确保内容的真实性、准确性，符合国家法律法规及公司相关规章制度，避免发布带有敏感词的内容。

2. 内容审核及发布

内容审核原则上根据不同的内容类型，确定对应的审核部门，省级层面的内容由省公司营销部及宣传部审核后发布，各地市公司内容经本单位相关部门审核后，报备至省公司客服中心后发布。

广告上线前 3 个工作日内，将广告内容、发布人群、发布时间、详细介绍等信息报备审核。

资讯上线前需提交省宣传部审核，并在上线前 2 小时内，将发布时间、内容详情等相关信息备至国网客服中心。资讯默认按发布时间排序，如有重大资讯需进行首页置顶展示，可向国网客服中心提出申请，国网客服中心对置顶资讯的内容、置顶时限等进行审核，通过后进行置顶首页展示操作。

服务支撑信息管理、消息管理等经责任单位相关职能部门审核后自行发布。

以上发布内容到期后自动下线，如发布内容因舆情风险等因素需提前下线，由发布单位进行下线处理，在变更或下线前及时将变更或下线的内容、原因等信息录入知识库。

三、渠道运营协同

渠道运营指针对具体渠道本身的运营，包括品牌策划、渠道推广等工作。

（一）品牌形象策划

各渠道品牌形象策划依据国家电网有限公司的形象识别规范与形象风格等要求，开展个性化形象设计，做到形象风格既丰富又统一。设计内容包括但不限于形象宣传海报、单页、折页、易拉宝、桌牌、宣传册、个性化礼品等。

（二）渠道推广策略

省级层面渠道推广由省公司客服中心统一组织开展，各地市公司可根据推广需要提出相应的推广需求及建议，属地化渠道推广工作由各地市公司自行组织开展。

渠道推广开展前期，选取各类投放渠道进行调研评估，结合目标用户特征、渠道特点、性价比等因素，形成最优渠道投放组合，制定渠道投放方案。

投放确认阶段，渠道投放方案经省公司营销部、宣传部审核后开展渠道投放工作。

投放上线后，省公司客服中心进行推广数据的采集、监控，持续跟踪投放效果；建立渠道投放监控指标对投放内容进行数据分析与评估；结合渠道质量评估模型优化投放策略。渠道推广工作流程如图 5-4 所示。

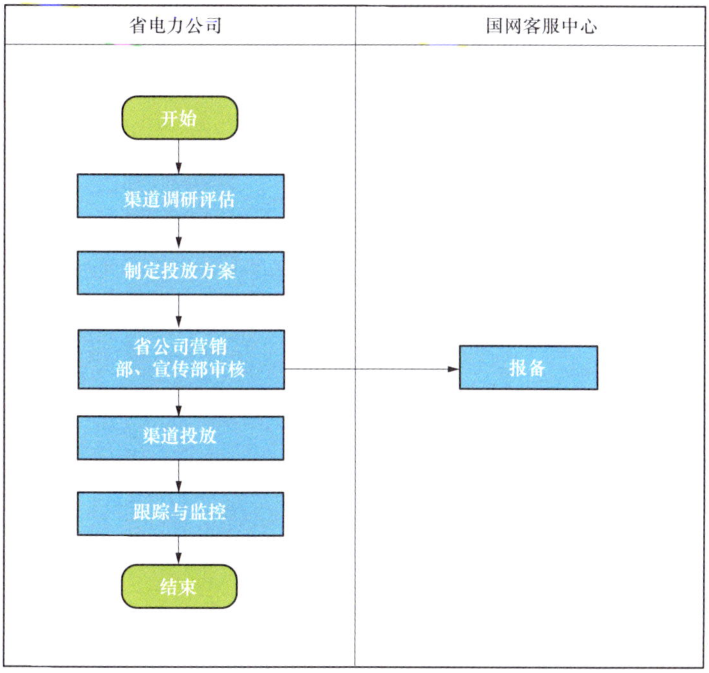

图 5-4　渠道推广工作流程

1. 线上渠道推广

（1）自有渠道用户转化。围绕用户关注度高的社会舆论话题、热点事件、生活用电话题等，通过自有渠道（如支付宝生活号、微信公众号等）开展用户互动，进行推广。该方式推广成本低，触达用户精准，但推广范围有限，受限于该渠道积累的用户数量。

（2）短信平台引流。通过客户分群，针对不同客户群体定制短信消息模板进行分时、分群消息发送。短信推广具有覆盖面广、到达率高、引流精准的特点，但短信策略的不同转化效果差异较大。

（3）品牌联合推广。拓展第三方品牌合作渠道开展联合推广，开展权益互换、流量共享、联合推广等推广。品牌联合推广能利用品牌双方优势资源，同时做到影响力与用户量的双向提升，获得较好的推广效益，但需要找准用户契合度较高的品牌，且洽谈合作周期较长。

（4）新闻网站软文投放。结合社会热点、生活用电场景编写推广软文，在主流大众媒体网站、本地网站进行投放。该种方式传播范围广，有利于搜索引擎抓取、收录，便于用户通过搜索获取产品、活动信息，提高品牌影响力，但转化率较低。

（5）社群推广。选取本地小区业主群、兴趣交流群等微信群、QQ 群进行活动消息群发，通过福利爆料的方式进行渠道的宣传与注册引流。社群消息推广的用户互动性强，转化率较高，但单个社群渠道覆盖较窄。

（6）红人大V推广。寻找粉丝关注量大的本地微博、微信网红达人、KOL（关键意见领袖）开展宣传合作。红人大V推广覆盖群体广泛，但易引起舆论话题，需要把握红人大V的定位，找准契合的用户群。

2. 线下场景引流

（1）现场推广。通过营业厅、社区服务、进厂服务等方式开展渠道推广，利用客户咨询用电业务契机，结合交费、办电、查电等需求向客户推介“掌上电力”App相关功能。现场推广针对性强，是培养种子用户的有效途径，但易受到网络、环境、话术等因素的影响。

（2）线下广告投放。综合评估目标用户分布情况、广告位曝光量、广告展现形式、投放成本等因素建立广告分级评估方法，选取性价较高的优势资源开展广告投放；线下广告投放有利于向用户提供国家电网品牌信用背书，扩大App知名度与影响力，是解决用户信任感的重要手段，但投放成本高，效果较难测评。

四、客户运营协同

除了方法上从活动、内容、渠道加强运营，最重要的是结合客户本身的实际需求判断运营的方向，因此对客户的运营必不可少。

（一）客户分群

客户标签是对客户进行分类、分组精准营销的重要手段。

1. 标签概述

标签是采用自然语言的方式描述业务对象特征，是对业务对象特征的符号化表示。客户画像是客户信息的标签化，通过不同维度的各种特征标签，抽象出一个客户的信息全貌。

电力客户标签库是融合营销数据、客户服务数据、配网数据等，构建多层次、多视角、立体化的客户全景画像，实现对电力客户特征的全面刻画，从而使业务人员能够快速获取客户基本信息、用电习惯、信用风险、行为特性等精细特征。电力客户标签库示例如图5–5所示，标签按流程开展全生命周期管理，客户标签按日、周、月和年动态自动更新，并与国网客服中心实现风险类、信用类、投诉类等标签共享应用。

2. 标签应用

电力客户标签库是实现客户精准营销的有效方法。通过对用户行为数据的采集和分析，获取用户行为轨迹和服务痕迹，构建客户画像，为用户提供更加精准的服务推送。

例如，从标签库获取“高存量积分”的客户群体，在该群体中抓取电子渠道（支付宝、微信等）交费偏好用户，通过精准营销，实现重点渠道客户引流。客户标

图 5-5 电力客户标签库示例

签库的业务应用场景包括：一是基于客户信用、电费风险评价标签开展差异化催费与电费风险防控工作，降低电费回收风险；二是在营业厅、移动作业终端业务办理环节嵌入客户标签，提醒业务人员待办与推荐服务，提高业务人员工作效率；三是基于优质客户标签，客户经理提供上门优化供电方案服务；四是基于潜在电能替代客户标签，开展电能替代推广工作；五是基于出租户标签，开展智能交费推广工作；六是基于线上渠道偏好、潜在峰谷用户标签，开展“网上国网”App 推广工作。

（二）客户激励形式

1. 有奖激励

有奖激励类型包括积分、红包等，均由国网电商统一发放。省级有奖激励运营包含资金储备、积分红包活动发放、积分兑换、积分对账，积分运作逻辑如图 5–6 所示。

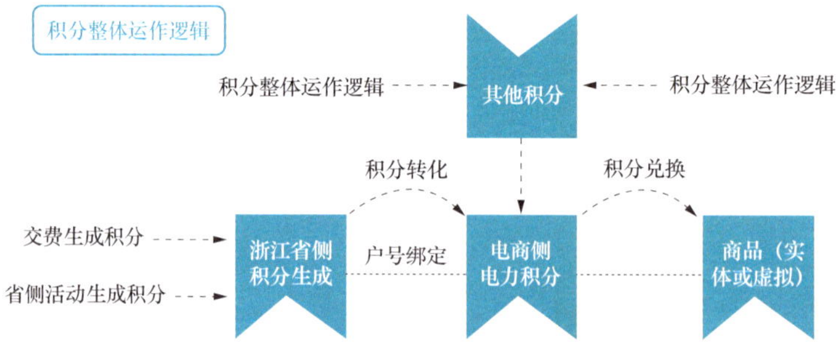

图 5–6　电力积分运作逻辑示意

2. 无奖激励

无奖激励是指通过开发趣味游戏、互动活动、增值服务等，如年度账单、能量豆、臻享 + 等形式，吸引客户长期留存，提升客户活跃度。

以国网浙江省电力有限公司为例，其微信公众账号运营中，用户可通过登录签到、阅读分享、查看账单、充值交费、下载度账单（2019）等日常任务获得成长值，会员等级，不同的会员等级可获得不一样的特权奖励，如初级会员每月可领取 1000 电力积分，中级会员每月可领取 2000 电力积分、享受线上交费 9.9 折等。这样既可提高用户的活跃性，也可培养用户习惯，增加用户对运营渠道的黏性。同时，用户通过参与活动获取电力红包、电力积分、实物等各种奖励，还能获取成长值，提升会员等级，如邀请好友注册、用电年账单等。这样可在短时间内有效提高用户活跃度，提高用户企业品牌形象。

第二节　运营支撑基础保障

一、需求管理

当电子渠道现有功能无法满足客户需求时，需要通过需求管理，对渠道功能进行不断优化，以满足个性化的客户需求。需求管理包括需求申请、需求审核、方案评审、需求实现、功能确认，流程如图 5–7 所示。

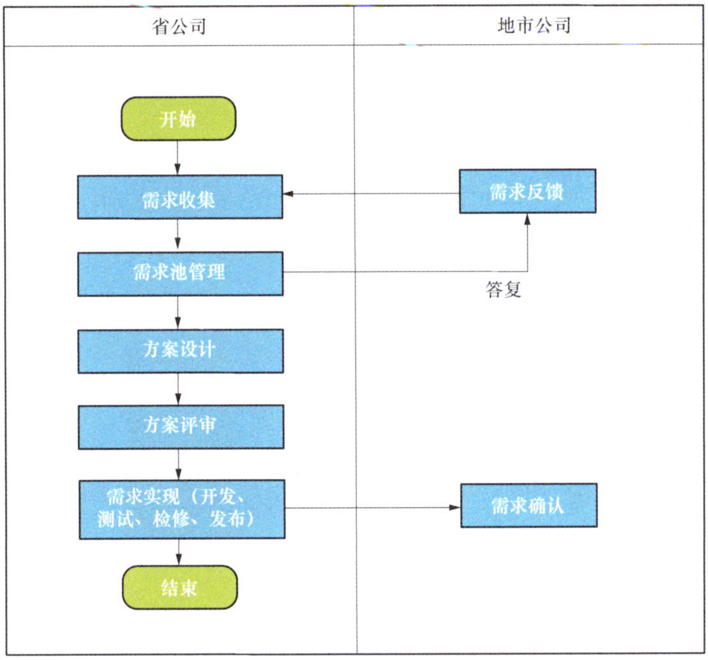

图 5–7　需求管理流程

1. 需求申请

地市（县）公司应安排专人收集本单位电子服务渠道应用中的建设需求，根据规定的模板按周提交省客户服务中心。如有紧急需求，可按日报送。

2. 需求审核

省客户服务中心应在 1 个工作日内对地市（县）公司提交的需求进行汇总及初步评审答复，无法答复则提交省营销部审核。

3. 方案评审

省营销部按周进行需求审核。对审核通过的需求，针对省级渠道需求，由省营销部下发至各渠道对应厂商编制需求实现设计方案，并组织评审；针对国家电网有限公司统推渠道需求，由省营销部按周提交至国网营销部评审。

4. 需求实现

方案评审通过后，由省信通公司组织开展需求实现相关工作，包括功能开发与测试、检修发布等。

5. 功能确认

需求开发完成后，需求提出地市（县）公司应组织开展功能确认工作，确认内容包括使用界面、业务环节、数据准确性等，并在 10 个工作日内书面向省客户服务中心反馈使用结果。如仍存在未解决问题，由省客户服务中心对接省信通公司直至需求解决。

二、数据管理

国家电网有限公司各渠道的数据量十分庞大，这些数据是运营的基础，有了对数据的分析，才能实现精准化运营，数据管理是渠道运营的基本保障。数据管理包括运营数据管理、两级数据需求响应协同机制和数据监测机制。

（一）数据协同

建立总部、省（市）公司建立两级数据运营的协同机制，规范两级协同工作流程。

1. 总部数据需求

总部层面数据需求由国网客服中心统一收集和下达，经国网营销部审核后下达给省（市）公司，若省级数据共享应用平台满足数据需求，则由省公司客服中心完成数据上报；若涉及技术改造，则省公司互联网部组织改造实施后，再进行数据上报。"网上国网"总部数据需求管理流程如图 5-8 所示。

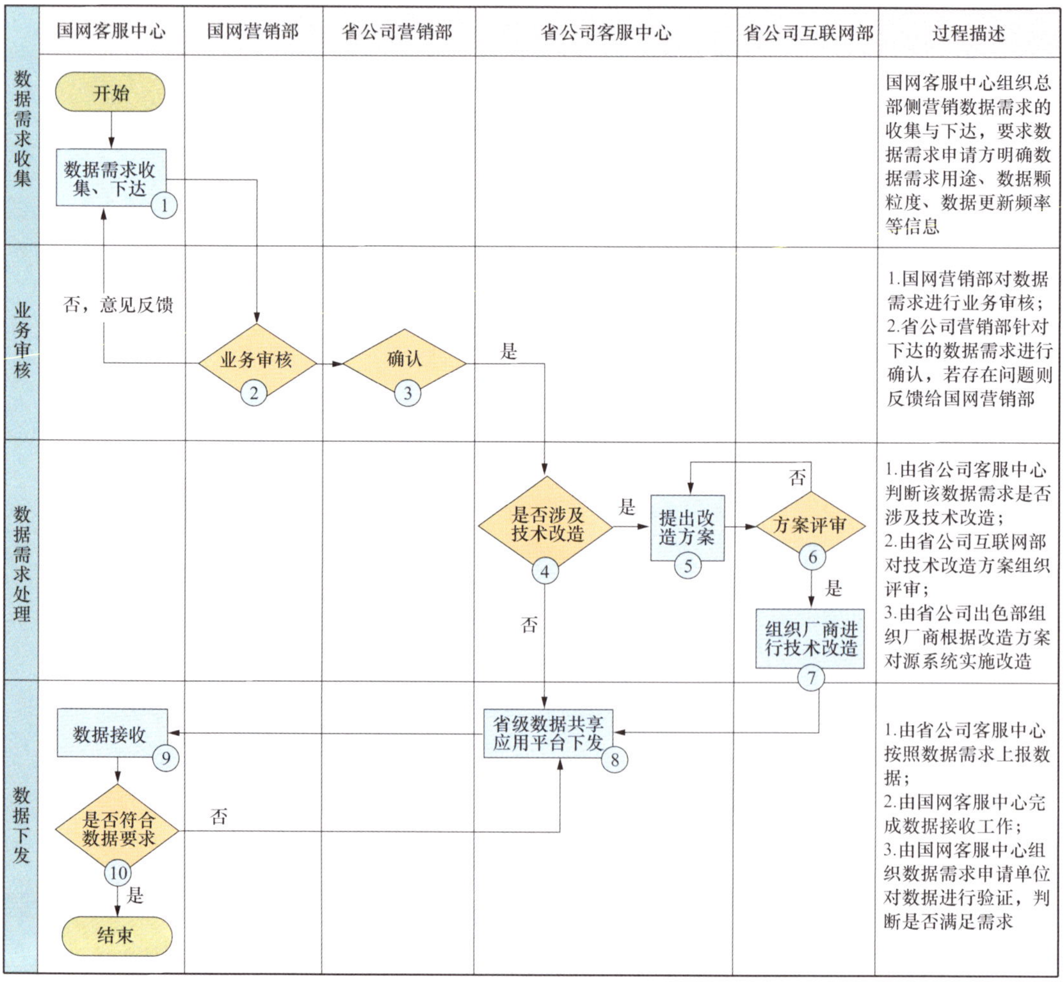

图 5-8 "网上国网"总部数据需求管理流程

数据需求如果未涉及技术改造，省公司客服中心接收到数据需求上报指令后，5 个工作日内上报国网客服中心；如果涉及技术改造，省公司客服中心按照需求时间要求，评估工作量，制定改造方案，并在 5 个工作日内反馈给国网客服中心。

2. 省（市）公司数据需求

省公司客服中心统一收集和提报数据需求，经省公司营销部审核后提交给国网客服中心，若数据服务目录满足数据需求，则国网客服中心完成数据下发与接收；若涉及技术改造，经国网营销部审核后提出改造技术方案，由国网互联网部组织改造实施后，再组织数据分下发。

数据需求如果未涉及技术改造，国网客服中心接收到数据需求后，5 个工作日内完成数据下发工作；如果涉及技术改造，国网客服中心按照需求时间要求，评估工作量，制定改造方案，并在 5 个工作日内反馈给省公司客服中心，流程如图 5-9 所示。

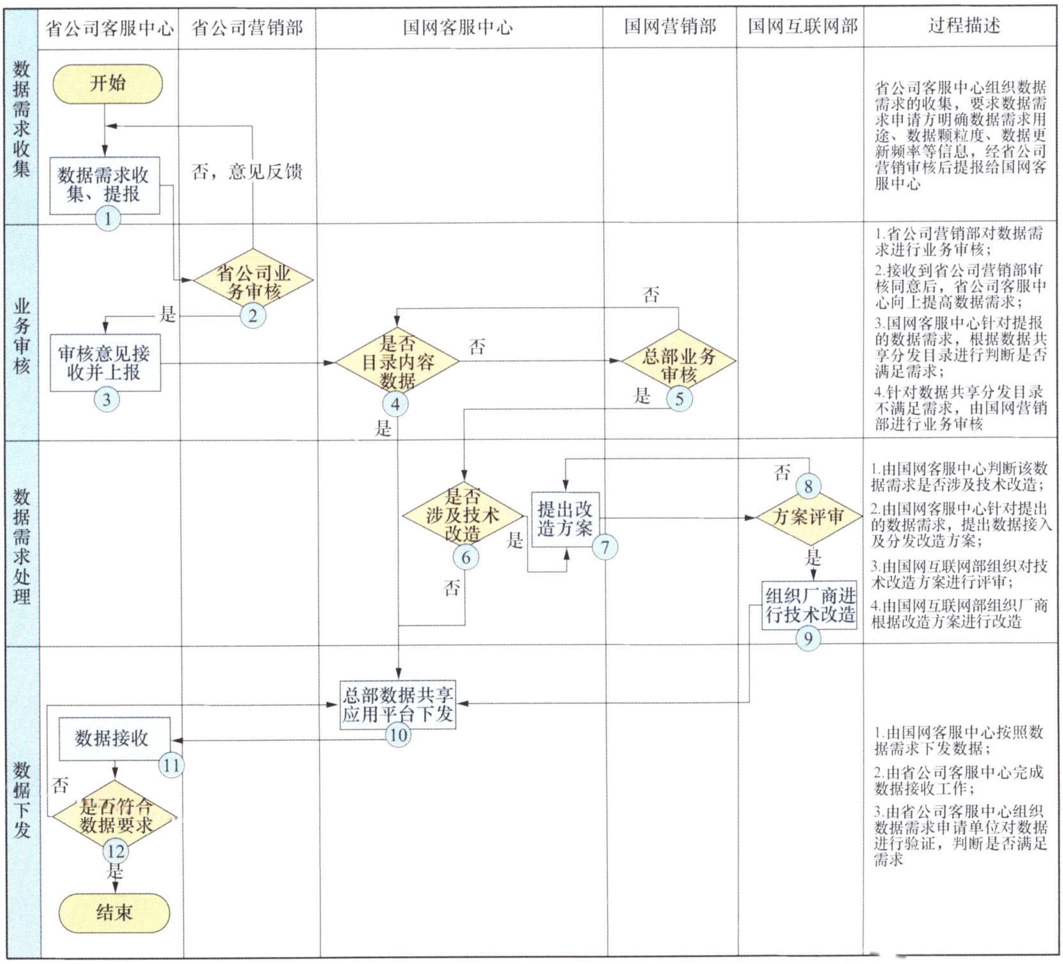

图 5-9 “网上国网”省级数据需求管理流程

（二）数据质量

从数据的准确性、完整性和一致性等方面考核数据质量，通过编制规则完成数据质量稽核，生成质量分析报告，推动总部原端数据的治理，提升两级数据共享应用平台的数据质量。

1. 数据梳理

以数据应用为需求，理清运营管理、数据分析、数据应用、发布共享等数据源需求，明确数据的接入范围。

2. 模型质量管控

模型质量管控包括数据模型结构完整性验证、明细数据质量的校验及运营指标的计算逻辑与结果验证。

3. 数据核查

基于业务应用、满足日常数据运营工作需求原则，根据总部下发的数据字典、标准编码，从数据的准确性、完整性和一致性编制数据稽核规则。基于稽核规则核查验证总部下达的业务数据，记录问题数据；根据问题的特征和现象，进行归类整理，形成数据质量问题清单；最后基于编制的数据核查规则，完成核查脚本开发，并固化相关工具中。

4. 数据质量分析

从反映业务运行和满足各类应用程度，开展数据质量分析，提出数据治理方案，形成质量分析报告，提交国网客服中心进行源端数据治理；针对发现的数据问题，按照问题管理流程跟踪落实，实现数据闭环管理。

三、运营分析

如何衡量运营成果的好坏，需要通过常态化的监测分析及运营活动的分析进行判断。

基于运营指标体系和阶段性运营推广工作，建立常态化运营监控机制，包括常态监测分析和活动分析。

1. 常态监测分析

（1）日常监测分析。可按日、周、月、季、年等统计周期，制定相应的分析模板，可依托信息化工具，对监测内容进行定制化开发，定时推送给相关运营分析人员。

（2）大屏监控。省（市）公司结合自身实际的情况，开展大屏展示设计，通过对实时、非实时全渠道、全景数据的监控，实现对运营工作的可视化展示。

（3）专项分析。根据确定的主题、专题等事项，开展专项深入的运营分析。

2. 活动分析

线上运营活动分析是运营分析的重要组成部分。活动分析贯穿活动策划、活动上线的全过程。活动策划准备阶段，根据运营活动方案及运营目标梳理活动统计埋点需求，搭建活动监控指标，常见活动监控指标见表 5–1。

表 5–1 常见活动监控指标

指标类型	指标内容举例
流量指标	各广告入口、页面的 PV、UV、访问时长
人员指标	报名人数、参与人数、中奖人数等
推广指标	推广渠道、推广效果、曝光频次、用户互动
业务指标	申请量、办理量、开通量、操作次数
服务指标	客户评价、服务满意

活动执行阶段。采集活动数据，通过运营支撑平台或第三方 BI 工具向活动运营人员提供可视化数据报表，帮助活动运营人员监控活动效果、发现问题；针对活动开展的资金、数据异常开展监控与分析，界定问题并及时解决。

活动总结阶段。利用数据建模和数据挖掘等方法，对活动进行全面总结，为后续活动及运营推广策略的优化提供支撑。

运营活动分析工作流程如图 5–10 所示。

图 5–10 运营活动分析工作流程

四、系统支撑

各渠道的运营开展离不开系统的支撑，以某省电力公司为例，系统支撑平台有省级运营支撑平台、数据共享应用平台等。

1. 省级运营支撑平台

省公司自建运营支撑平台即省（市）公司建立二级运营支撑平台的，需要实现两级运营平台基本功能的贯通，包括活动发布监测、资讯广告发布、产品上下架、热点功能配置、运营消息发布等。

省级运营支撑平台应能支持省级运营管理工作，实现“网上国网”等电子渠道接入、渠道监控、渠道分析、渠道管理，实现省、地、县三级协同运营。

2. 数据共享平台

数据共享应用平台是营销全业务统一数据中心，按照两级部署两级应用开展平台建设，总部、省（市）公司建立两级数据通道实现离线数据、实时数据交互共享。

以某省电力公司为例，省级数据共享应用平台是国网云架构下支撑营销专业大数据挖掘应用的基础数据平台，融合“网上国网”、微信、支付宝、营业厅、移动作业终端等渠道数据，用户行为数据以及营销业务应用系统数据，实现省侧营销数据融会贯通和集中规范管理。

（1）数据接入。通过实时同步、增量抽取、数据集成等方式实现数据接入，主要采用 OGG、KAFKA 等技术。营销业务数据可直接由原业务系统提供，纳入全业务统一数据中心贴源区管理。渠道数据通过数据同步、ETL 接入、集成接入等方式实现；外部数据通过集成接口、网络爬虫等方式接入；行为日志数据通过埋点数据采集工具采集，通过 Logstash 组件归集到省侧 ES 日志中心。

（2）数据存储与计算。数据贴源区基于前期全业务统一数据中心开展数据接入，采用 Redis 存储；数据仓库、数据集市大数据存储技术进行数据清洗、汇总；数据分析主要采用批量计算、流计算、内存计算等支撑多维分析。

（3）数据开发与管理。提供指标管理、数据集成开发、任务调度和数据统一管理等功能。

（4）数据共享服务。提供数据共享服务组件，作为数据共享平台数据访问的统一出口，以 RESTFUL、JDBC、WEBSERVICE 等技术方式实现明细数据和指标数据的对外输出。

（5）分析应用。提供自助式分析工具，同时基于融合后的数据提供运营分析和 App 行为分析。

五、运维保障

运维工作范围主要包括对省侧系统的应用服务及所涉及的基础软硬件开展的系统巡检、系统监控、系统检修以及应急处理工作。

1. 系统巡检

即对省侧系统的应用服务及所涉及的基础软硬件定期开展规定流程的巡检工作，主要包括应用服务巡检、服务器巡检、网络巡检、数据库巡检、中间件巡检、接口巡检、平台巡检。系统巡检过程中发现的问题应在云效平台及时登记，转入省侧问题管理流程做进一步处理。

2. 系统监控

即对省侧系统的应用服务及所涉及的基础软硬件进行实时监控，即时报送省侧系统告警或异常。发现系统突发事件时，由省侧运维通过电话即时报送至省公司互联网部、省公司营销部、省信通公司、省公司客服中心和相关业务部门。

3. 系统检修

即省侧系统的检修申请、检修执行、两票管理和紧急抢修工作。针对国家电网有限公司下达的系统检修，由省侧相关业务系统负责人在工作联系单要求时间内提交检修申请；针对自行上报的系统检修，由相关业务系统负责人提前一周以上提交检修申请。相关业务系统负责人向检修主管提交检修申请，申请通过后填写检修工作票、操作票，并在约定时间执行检修工作。检修执行结束后，由相关业务系统负责人在工作群中进行通报，验证省侧系统功能正常后结束检修。

4. 应急处理

即各电子渠道日常运行过程中出现大规模用户无法正常使用注册绑定、登录、支付交费、线上办电、查询用电数据等关键业务以及信息安全泄露的情况。应急事件发生时，各电子渠道应按照应急预案严格执行，并及时报备省公司营销部、省公司科信部、省信通公司、省公司客服中心。各电子渠道应具备完善的应急预案，省公司客服中心定期组织应急演练。应急事件处置完成后，各级电子渠道运维应急小组应及时报备省公司营销部及省公司客服中心，并负责组织相关厂商及相关负责人共同分析事件原因、回顾处理过程，评估影响范围，形成处置报告，并对应急事件处置细则执行效果进行总结，最终向省公司营销部汇报事件产生原因、解决办法及预防此类事件再次发生的措施。

5. 问题管理

电子服务渠道现有功能在日常应用中出现问题但不构成应急管理时，应实行问题管理，包括问题收集及提交、问题分析及提报、问题消缺及确认。

（1）问题收集及提交。县公司联络人收集汇总各渠道日常工作中发现的问题，报送至对应市公司联络人；市公司联络人收集汇总各县公司及市本级发现的问题，经初步研判和去重后，按要求登记至线上问题管理系统，报送至省侧问题管理专业组；省侧问题管理专业组汇总各地市公司上报的问题，经研判后根据问题内容进行分类、答复、提报或内部转派问题。原则上实时发现，实时提交；遇特殊情况，不得超过 1 个工作日。

（2）问题分析及提报。地市公司对收集的问题进行初步分析，去除重复问题及无效问题，对于可直接解答或处理的问题，参考常见问题手册直接进行答复或反馈至源端复验，其他问题指派至省侧问题管理专业组处理；省侧问题管理专业组对收集的问题进行进一步分析，省侧问题转派至运维保障专业组进行分析处理，其他问题提报至总部 186 服务平台。

（3）问题消缺及确认。省侧运维保障专业组进行缺陷评估，对于省侧平台故障实行消缺处置方案进行消缺处置；依赖国家电网平台接口 / 服务的问题上报至国网客服中心处理。消缺完成后，由省侧运维保障专业组开展测试，测试通过后将缺陷状态改为待验证状态，将问题指派至对应地市问题联络人；线上问题提出单位，在收到问题处置结果后 1 个工作日内完成复验工作，并根据实际情况通过电话或在线客服回访客户。

第三节　典型运营案例分析

近年来，国网浙江省电力有限公司（简称国网浙江电力）在线上渠道优化建设、线上线下服务协同运营等工作方面做了大量创新探索与实践工作，在业务创新、服务与产品宣传推广方面积累了丰富的经验，本节分别从渠道推广运营、产品推广运营、业务推广运营、用户促活运营、服务宣传运营等角度选取典型运营案例进行介绍。

一、渠道推广运营案例

【案例 5-1】国网台州供电公司“夏送清凉，福达万家”活动。

2017 年 7 月 20 日～8 月 31 日，国网台州供电公司以“迎峰度夏”为契机在全市范围开展电子渠道推广活动——“夏送清凉，福达万家”。

（一）需求分析

需求分析阶段的任务：一是明确业务需求；二是明确用户需求；三是通过分析和提炼，找到业务和用户利益的结合点，输出同时满足两者需求的运营方案。

1. 业务需求

落实国网浙江电力年度电子服务渠道推广目标，进一步加快台州地区电力用户线上渠道注册绑定率，培养用户使用“掌上电力”“电 e 宝”App 的习惯，从而提高产品的注册绑定量。

2. 用户需求

随着天气越来越炎热，居民生活用电量即将达到一年之中的最高峰，用户对减少家庭电费的支出有较强烈的需求。

3. 输出方案

国网台州供电公司策划开展“夏送清凉，福达万家”活动，以开通峰谷电能为居民客户优化用电模式、减少电费支出为切入点，鼓励用户下载并注册“掌上电力”App，足不出户线上办理峰谷电业务，不仅节省用户时间成本，更节约电费成本。既能够满足用户需求，又能在短期内使产品获得大量的用户。

（二）方案策划

“夏送清凉，福达万家”活动策划方案简表详见表 5-2。

表 5–2　“夏送清凉，福达万家”活动策划方案简表

活动主题	夏送清凉，福达万家
活动目的	1. 助力全市加快电子服务渠道推广，提高“掌上电力”“电 e 宝”App 注册绑定量。 2. 活动全渠道推广，收集有效数据，形成渠道效能分析报告，为今后精准营销打下夯实基础
活动对象	浙江台州潜在峰谷电低压电力客户（公司管控组筛选谷电电量占总电量 11% 以上，并未安装峰谷表的用户）
活动形式	活动期间，用户识别二维码或点击链接即跳转至“掌上电力”App 下载界面，完成下载注册。若用户需要办理峰谷表申请业务，需继续绑定户号，成功绑定后即可获得“电 e 宝”5 元电费红包。活动按“掌上电力”App 的账号发放，同一账号新增绑定多个户号也只赠送一次
宣传策略	建立 6+*X* 宣传渠道。6 个渠道为微信朋友圈广告推文、支付宝生活号推广链接、短信公众号、“掌上电力”App 首页置顶活动页面、台州移动公众号推文、各县市公司等当地有影响力的平台；*X* 渠道为营业网点展架宣传、小区宣传栏、邮政挂号信、传单等线下渠道
运营预算	含微信朋友圈宣传费用、支付宝渠道服务费、“掌上电力”App 渠道注册绑定礼、“电 e 宝”App 服务费、短信公众号服务费、台州移动流量费等，合计约 53.46 万元
风险评估	1. 线上活动风险：按照派送小红包的规则，将出现一些用户注册 App 后，显示电力户号已被绑定，无法参与此次活动，可能引发投诉风险。 2. 线下活动风险：可能出现参与客户突增、网络条件不佳影响业务办理等情况，需要提前准备应急机制，保障营业厅网点、WiFi 网速，营业厅人员需要熟练掌握“掌上电力”App 注册绑定相关业务

（三）筹备实施

1. 活动规则制定

活动规则见表 5–3。

表 5–3　活动规则

6+*X* 渠道		活动规则
线上渠道	微信朋友圈	用户识别微信朋友圈海报上的二维码，即跳转至“掌上电力”App 下载界面，完成下载注册绑定户号，即可领取红包
	支付宝生活号	用户通过支付宝首页搜索栏输入“浙江电力”，进入“国网浙江省电力公司”生活号，点击活动推文链接（或识别二维码），下载“掌上电力”App 并完成注册和绑定，即可领取红包
	“掌上电力”App	用户点击“掌上电力”App 功能页面，成功注册并绑定台州地区的用电户号，即可获得“电 e 宝”5 元电费红包
	短信公众号	通过识别短信公众号推文二维码或点击链接即跳转至“掌上电力”App 下载界面，用户完成下载注册绑定户号，即可领取红包
	台州移动公众号	用户识别第三方平台推文二维码或点击链接跳转至“掌上电力”App 下载界面，完成下载注册，绑定成功后，可获赠流量 100MB
线下渠道	营业网点	用户识别营业厅易拉宝上的二维码跳转至“掌上电力”App 下载界面，用户完成下载注册绑定户号，即可领取红包
	居民小区	用户识别小区张贴海报上的二维码跳转至“掌上电力”App 下载界面，用户完成下载注册绑定户号，即可领取红包
	邮政挂号信	用户识别挂号信上的二维码，跳转至“掌上电力”App 下载界面，用户完成下载注册绑定户号，即可领取红包

2. 投放素材包装

投放素材包括微信朋友圈海报、支付宝生活号图文、App 活动页面、营业厅易拉宝、小区张贴海报、邮政挂号信文案六类。对素材进行设计包装前，适当借鉴市类似成功案例，突出产品功能和用户需求的高度契合、参与活动能给用户带来肉眼可见的物质奖励等。

3. 投放注意事项

（1）微信朋友圈的海报素材要勤换。腾讯会识别海报上二维码的域名，活动效果太好会导致海报被屏蔽，传播容易出现断层。

（2）如果线下营业厅推广期间用户体量过大，工作人员服务质量降低，可能导致客诉量增加。

（3）有必要给各渠道的推广负责人、工作人员进行专门的指导培训，因为在实际推广过程中，用户可能有各种疑问，工作人员需要在最短的时间内提供解决方案。

（4）推广期间需要进行实时的数据监控。如果转化率有异常，需要立即复盘寻找原因。

（四）效能评估

活动持续 43 天，共新增注册 77803 户，新增绑定 44008 户，峰谷电办理用户 16984 人，共计 41166 人中奖，活动全程合计支出费用 515158.6 元。注册拉新成本人均 6.62 元，新注册并绑定成本人均 12.5 元。拉新成本控制在较低范围，产品的持续曝光和利益驱动机制带来了平稳的增长转化。

1. 渠道数据统计

活动期间共收集有效样本数据 41313 份，总体渠道统计数据如图 5-11 所示。其他渠道 28607 人，占比最大，超过 50%，地推渠道 11567 人，台州移动渠道 73 人，微信朋友圈渠道 101 人，县公司新媒体渠道 186 人，营业厅渠道 779 人。

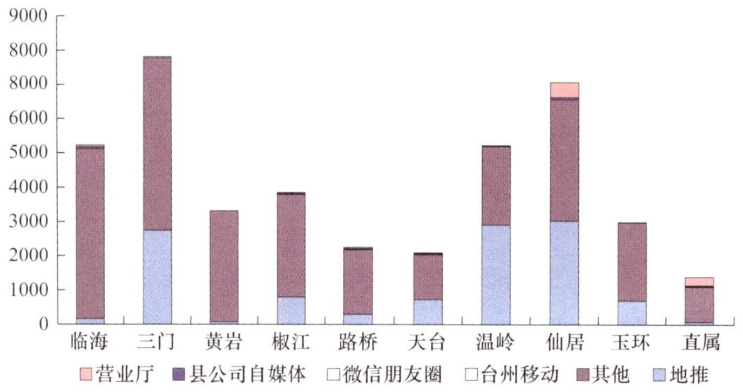

图 5-11 总体渠道统计数据

许多用户没有从特定的二维码进入 App 下载页面，原因一是腾讯公司对链接二维码放置控制严格，导致支付宝渠道、省公司微信公众号未放置专属二维码；二是活动推广期间，部分用户通过各渠道了解活动信息后自行到 App Store 或应用商店下载，效果统计数据存在一定偏差。

2. 基于决策树的多维渠道效能分析

通过决策树的方式对用户进行分析，可以看出绝大多数用户都是通过其他渠道下载 App，还有一些用户偏向于地推渠道，渠道与用户关系分析详见图 5-12。

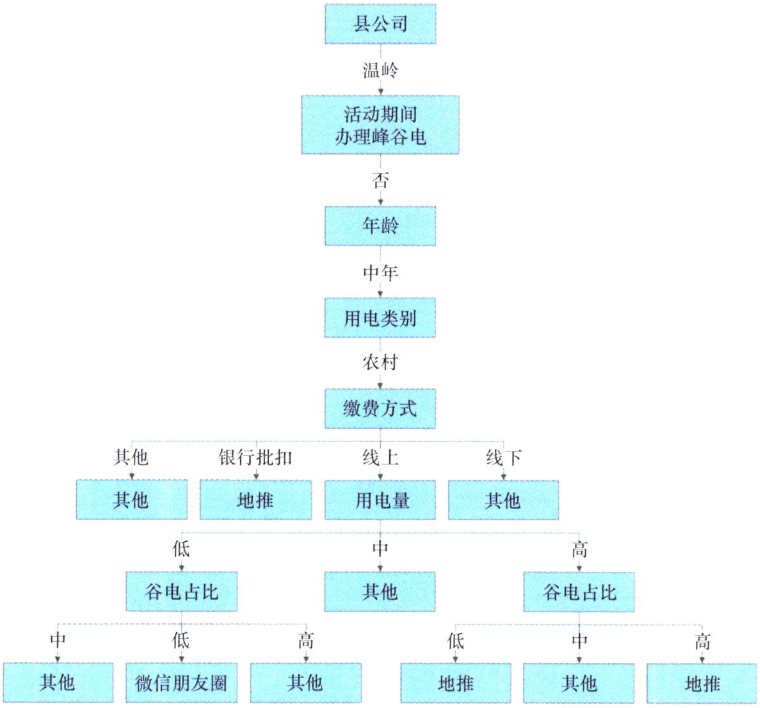

图 5-12 渠道与用户关系

偏向于地推渠道的用户类型有没有办理峰谷表的仙居地区用户、天台地区农村用户、温岭地区缴费方式为其他且没有办理峰谷电且交费方式为其他的中老年城区用户、温岭地区缴费方式为银行批扣且没有办理峰谷电且交费方式为其他的中老年农村用户。对于这类用户，在后续宣传推广活动中可以着重使用地推方式。

二、产品推广运营案例

【案例 5-2】国网杭州供电公司“晒账单！炎热夏季掌电有礼！”活动。

2017 年 6 月 16 日 ~7 月 7 日，针对杭州地区“掌上电力”App 低压居民客户，国网杭州供电公司开展了主题为“晒账单！炎热夏季掌电有礼！”活动。

（一）需求分析

为提高“掌上电力”App 的用户数量和产品黏性，运营人员对现有用户的行为习惯、主要诉求、活动参与量进行综合分析，发现通过第三方渠道查询用电情况的客户量较大，说明“账单查询”是用户现阶段存在的一个“痛点”，引导客户使用 App 相关功能具有较大的服务潜力。因此，以“免费抽奖赢好礼”为引线，以“晒账单”为主题开展“掌上电力”推广运营活动。

（二）方案策划

1. 活动参与流程设计

“晒账单”的本质是社交裂变，存量带动增量。前期需要给用户利益点，以物质或精神激励刺激用户参与。

（1）物质激励。采用转盘抽奖的玩法，通过电费充值卡、“电 e 宝”小红包等奖励吸引用户，奖品均可在“掌上电力”App 上充值 / 缴费。

用户下载注册 App 后，可获得一次无门槛抽奖的机会；查询并分享电子账单，可再获得一次追加的抽奖机会。电子账单活动流程详见图 5–13。

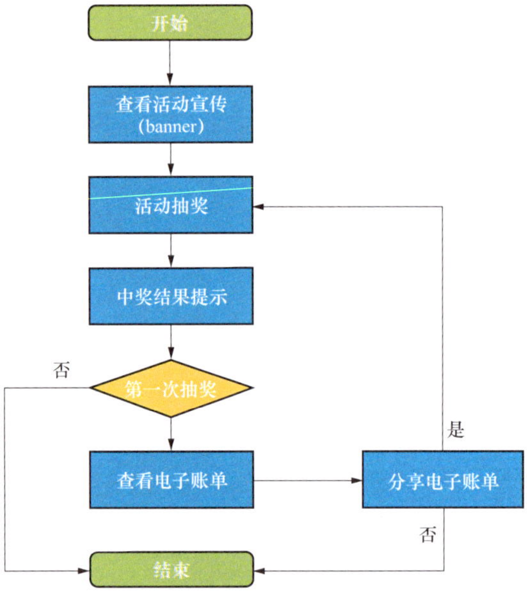

图 5–13　电子账单活动流程

（2）精神激励。包括优越感、存在感、成就感、认同感等。一份美观智能、独家定制、稀缺的电子账单，成功解决了某些用户需要详细了解用电情况的问题，具备“晒一晒”的价值，也能够激发出用户的参与感和优越感。

2. 抽奖页面的交互设计

站在用户的角度考虑，“大转盘”作为一款游戏型产品，设计上不应只是停留在“功能可用”层面，而是要符合“玩家”的要求标准。

所有绑定户号的“掌上电力”App 用户都可获得一次无门槛抽奖的机会，结束后系统将提示用户查看并分享电子账单，用户按照要求完成操作，即可获得第二次抽奖机会。

在页面设计上，需要重点凸出每个步骤的关键行为，如“抽奖”“查看”“分享”等。这样才能降低用户的理解成本和行动成本，确保用户按照预期的流程顺利参与。

3. 电子账单的内容设计

电子账单作为“掌上电力”App 的核心服务功能，关键在于能否帮用户更高效地了解用电情况。如果产品体验超出用户的预期，用户自然会传播。

活动中提供的电子账单直观展现了用户上半年电费分解分析、年度用电分析、用电高峰分析等，有效信息的表达一目了然，在内容上表现了产品特性。此外，融入了维度用电建议、用电小常识等贴心的情感化设计，结尾部分还埋下了“增加一次抽奖机会”的彩蛋，让用户产生兴趣，并最终促成分享转发的行为。

（三）筹备实施

在活动开始和活动中期准备了两期推文内容，国网浙江电力微信公众号分别在 6 月 16 日和 6 月 23 日投放两期活动宣传，总阅读量为 177215，占比 67%；支付宝服务窗分别在 6 月 16 日和 6 月 24 日投放两期活动宣传，总阅读量为 41341，占比 15%；杭州移动微信公众号在 6 月 16 日投放一期活动宣传，总阅读量为 13574，占比 5%；今日头条在活动期间每日投放，总阅读量为 33637，占比 13%。四个渠道总阅读量为 265767。

各渠道投放活动推文后的一周内，国网浙江电力微信公众号和杭州移动微信公众号峰值均出现在第一天，之后呈下降趋势；支付宝服务窗由于推文第一天发现图片错误而撤回重发，峰值出现在第二天，之后也呈下降趋势；今日头条则较为平稳，变化不大。各渠道阅读量趋势详见图 5-14。

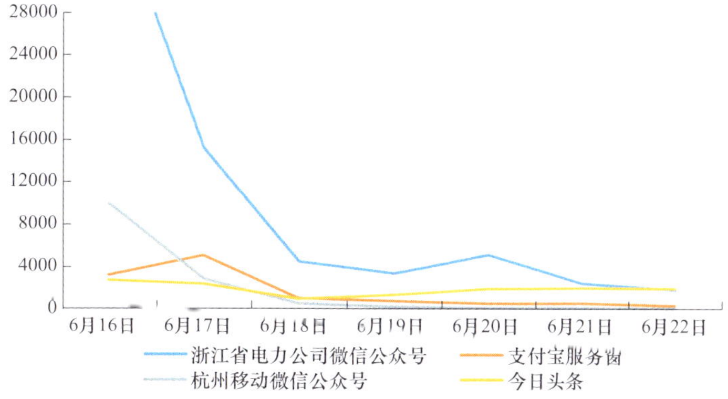

图 5-14 各渠道阅读量趋势

活动中推送两期推文，第一期推文标题为“【杭州专属福利帖】2万个电费红包空降杭州！陪您清凉度夏！”，在活动开始当天推送；第二期推文标题为“500元电费充值卡待领取！ 6月狂欢不停歇！”，在活动中旬推送。国网浙江电力微信公众号两期推文阅读数分别为71546和105669，增长47.7%；支付宝服务窗两期推文分别为11273和24334，增长115.9%。第二期阅读量均高于第一期阅读数，主要原因是第二期推文的标题让用户感觉活动力度更大，更有吸引力。

活动新增杭州移动公众号和今日头条两个第三方渠道，并在两个渠道推文末尾放置了专属二维码，跟踪渠道转化率（转化率＝通过该渠道进行注册的用户数/该渠道阅读量）。

活动期间，通过杭州移动公众号进行注册的用户数为51人，转化率为0.36%；通过今日头条进行注册的用户数为14人，转化率为0.042%。可以看出，两个渠道转化率极低，主要原因是相比在两个渠道上的其他App拉新活动（一键送红包再引导用户到App中兑换使用，活动力度大），“掌上电力”App活动门槛高、流程环节多（必须下载、注册、绑定后才可参与抽奖），用户流失严重。

（四）效能评估

活动期间国网杭州供电公司“掌上电力”App新增注册用户10847人，新增绑定19346户，共计6250人参与了大转盘抽奖活动，3546人参与了晒账单活动，奖品发放2971份，发放总金额30085元，拉新成本为2.8元/人。平均每天新增注册493人，较活动前（355人）提升了38.8%；活动期间平均每天绑定879户，较活动前（486人）提升了81%。

1. 新用户活动效果

活动漏斗数据分析详见图5-15。

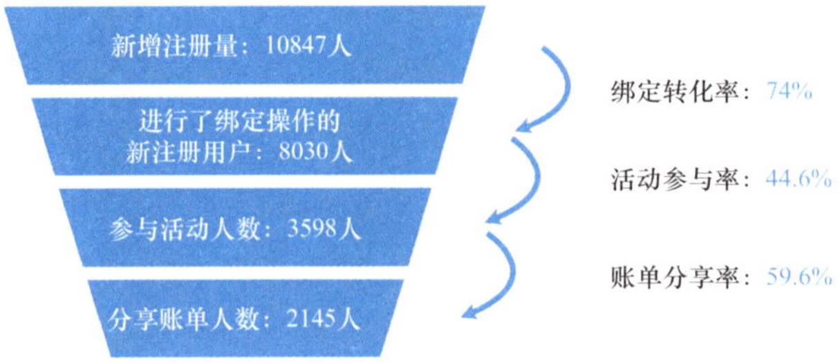

图5-15　活动漏斗数据分析

新用户注册绑定情况详见图5-16，可以看出，随着活动进行，注册量逐渐增加，其中进行绑定操作的新注册用户数和绑定率也呈上升趋势。

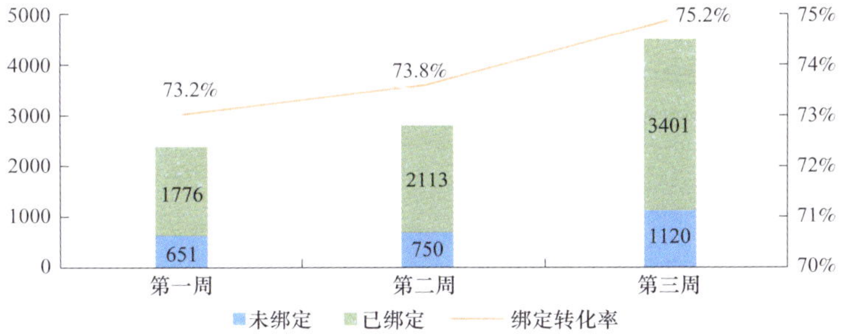

图 5-16 新用户注册绑定情况

绑定新用户活动参与情况详见图 5-17，可以看出，随着活动进行，虽然进行绑定操作的新用户数增长明显，但活动参与人数基本持平，活动参与率在第三周明显下降。

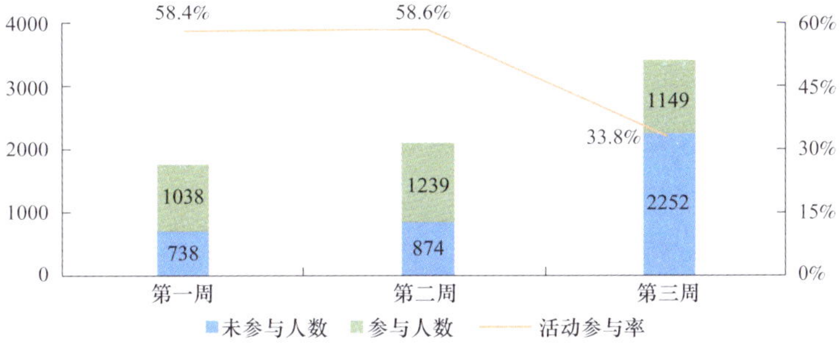

图 5-17 绑定新用户活动参与情况

新用户分享账单情况详见图 5-18，可以看出，第二周出现低谷，参与活动人数最多，但分享账单人数和账单分享率却最低。

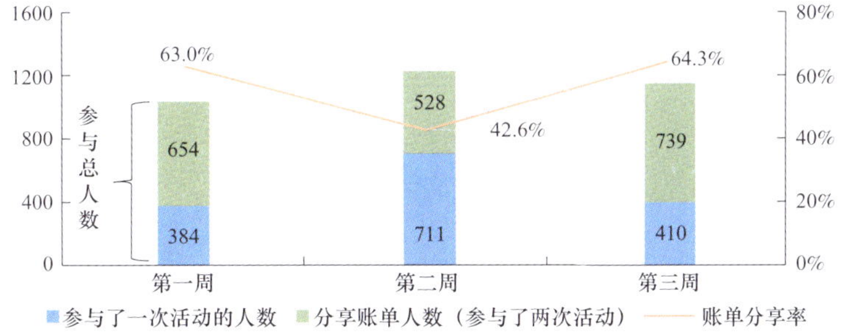

图 5-18 新用户分享账单情况

2. 老用户活动效果

老用户指 2017 年 6 月 16 号之前注册“掌上电力”App 的用户。

绑定老用户数量分析详见图 5-19，可以看出，活动对未绑定的老用户具有一定的吸引力，引导注册未绑定的老用户自主进行户号绑定操作，其中活动第二周情况最好。

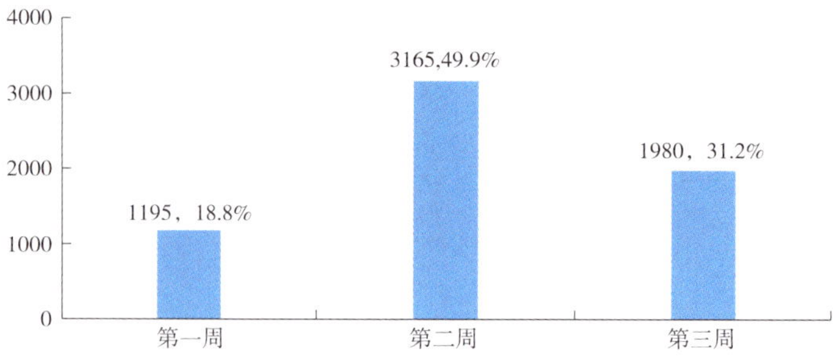

图 5-19　绑定老用户数量分析

老用户活动参与情况详见图 5-20，可以看出，老用户活动参与情况呈明显下降趋势。

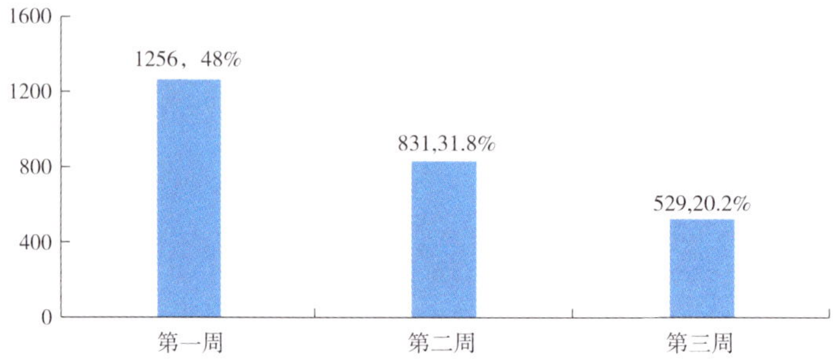

图 5-20　老用户活动参与情况

老用户分享账单情况详见图 5-21，可以看出，第一周老用户参与人数最多，但账单分享率最低，账单分享率峰值出现在第二周。

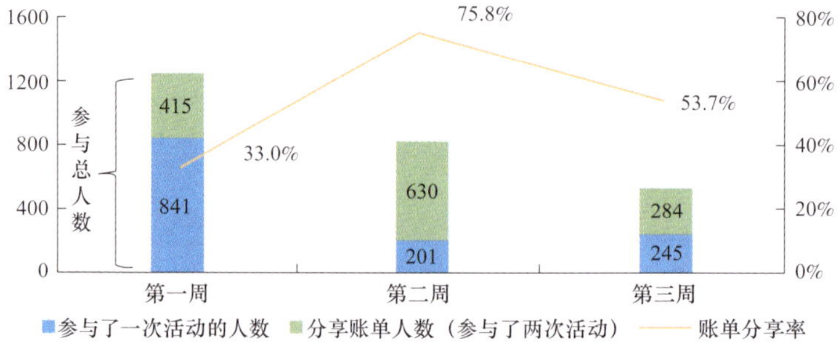

图 5-21　老用户分享账单情况

3. 新老用户活动效果比较

新老用户活动效果比较详见图 5-22，总体来看，活动对新老用户都具有一定吸引力，其中新用户比老用户更愿意参与分享账单的活动。

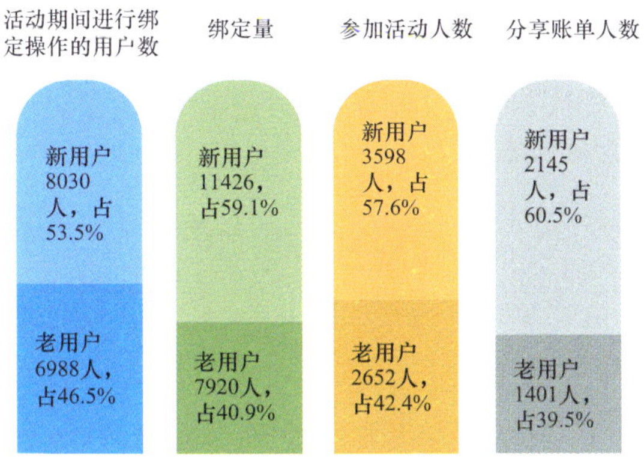

图 5-22 新老用户活动效果比较

三、业务推广运营案例

【案例 5-3】国网浙江电力智能交费推广活动。

国网浙江电力 2018 年推出智能交费服务，用户可通过互联网实时查询电费账户及余额情况，享受免费的短信提醒，设置自动充值金额实现永不欠费停电。即便因忘缴而导致停电，也能在最短 6 小时内远程复电。

（一）需求分析

智能交费本质是“先交费、后用电”，智能交费改变了用户的付费方式和交费习惯，用户对智能交费可能存在一定的抵制心理，对智能交费补充协议签约比较谨慎，一定意义上提高了智能交费推广门槛。因此在推广过程中需要有创新地进行精准营销，推广后需要结合智能交费的业务特点对智能交费的用户进行精准服务，增强用户对智能交费的认可度，提高智能交费业务口碑传播力度，降低用户流失率，将用户稳定固化为智能交费用户。同时，利用互联网媒体渠道，将智能交费业务特点和优势通过网络宣传告知用户，吸引和引导用户办理智能交费；将智能交费与网络热点和节日活动结合起来，让智能交费融入生活，贴近生活，用生活化的方式让用户接受智能交费。

（二）方案策划

活动策划简案详见表 5-4。

表 5-4 活动策划简案

活动主题	智慧用电季，礼享三重奏
活动目的	1. 提高居民用户的智能交费签约率。 2. 提高居民用户预存的积极性。 3. 便捷服务客户，转变传统交费习惯，提高公司电费回收效率
活动对象	浙江地区未开通智能交费的居民客户

续表

<table>
<tr><th>活动主题</th><th>智慧用电季，礼享三重奏</th></tr>
<tr><td>活动形式</td><td>三重礼主要包括一重签约有礼、二重预存有礼、三重分享有礼。
1. 线上，用户可在国网浙江电力生活号、支付宝生活缴费、活动吱口令手机短信参加智能交费推广活动。
2. 线下，在营业厅设置了海报、易拉宝、单页、立牌、桌贴等宣传物料。并在电费账单、催费单等加印了活动的二维码，用户可扫码参加活动</td></tr>
<tr><td>宣传策略</td><td>活动预热阶段，通过门户网站、报纸媒体、支付宝生活缴费广告位等开展广泛的宣传，以曝光为主要目的。
活动实施阶段，在国网浙江电力生活号、支付宝生活缴费核心流量渠道的缴费首页弹窗、角标、banner 广告位、户号广告位、交费成功页、活动吱口令精准手机短信等优势位置投放活动广告连接。在营业厅、现场服务等场景推荐客户开通智能交费业务。
总体目标：签约拉新 200 万用户，增加预存电费 2 亿元。
将活动实施分为 6 ~ 7 月（2 个月）、8 ~ 10 月（3 个月）、11 ~ 12 月（2 个月）三个阶段</td></tr>
<tr><td>运营预算</td><td>
<table>
<tr><th colspan="10">预算消耗人均10元</th></tr>
<tr><td>浙江电力活动目前预算</td><td colspan="2">2000</td><td colspan="2" rowspan="2">开通礼</td><td colspan="5" rowspan="2">推广人推人</td></tr>
<tr><td>目标值开通（万户）</td><td colspan="2">200</td></tr>
<tr><td colspan="3">人均（元）</td><td colspan="2">10</td><td colspan="5">2</td></tr>
<tr><td>月目标户数</td><td>28</td><td>57</td><td>280</td><td>570</td><td colspan="3">56</td><td colspan="2">114</td></tr>
<tr><td colspan="3">按人推人占比35%，200万中70万由此来</td><td colspan="2">2000</td><td colspan="5">140</td></tr>
<tr><td>30%完成周期（月份）</td><td>6月</td><td>7月</td><td>8月</td><td>9月</td><td>月均</td><td colspan="4">合计</td></tr>
<tr><td>月目标户数（万户）</td><td>52</td><td>50</td><td>50</td><td>48</td><td>50</td><td colspan="4">200</td></tr>
<tr><td>申请预算（万）</td><td>556.4</td><td>535</td><td>535</td><td>513.6</td><td>535</td><td colspan="4">2140</td></tr>
<tr><td>15%完成周期（月份）</td><td>6月</td><td>7月</td><td>8月</td><td>9月</td><td>10月</td><td>11月</td><td>12月</td><td>月均</td><td>合计</td></tr>
<tr><td>月目标户数（万户）</td><td>35</td><td>30</td><td>28</td><td>26</td><td>28</td><td>24</td><td>29</td><td>28.57</td><td>200</td></tr>
<tr><td>申请预算（万）</td><td>374.5</td><td>321</td><td>299.6</td><td>278.2</td><td>299.6</td><td>256.8</td><td>310.3</td><td>305.71</td><td>2140</td></tr>
</table>
</td></tr>
<tr><td rowspan="2">风险评估</td><td>业务风险：
1. 有业务交互相对复杂，用户对业务不了解，参加活动、签约有防备、抵触心理。
2. 签约后用户如果设置不当可能造成每月多次扣费，引发大量咨询或投诉</td></tr>
<tr><td>运营风险：可能出现“薅羊毛”等作弊行为，需要分别从活动规则、数据监控等技术手段进行保障</td></tr>
</table>

（三）筹备实施

1. 运营推广的实施情况

活动实施计划方案详见表 5–5。

表 5–5　　活动实施计划方案

<table>
<tr><th>里程碑</th><th>时间</th><th>实施工作内容</th></tr>
<tr><td>运营策划与筹备</td><td>5 ~ 6 月</td><td>开展运营方案的总体策划、物料设计、渠道资源排期申请等筹备工作</td></tr>
<tr><td>产品与活动开发</td><td>5 ~ 6 月</td><td>开展支付宝端智能交费产品与运营推广活动的设计开发、工作、测试工作</td></tr>
<tr><td>第一阶段运营</td><td>6 ~ 7 月</td><td>1.6 月 11 日活动正式进行电网及白名单系统内部测试，为期 4 天，6 月 15 日正式上线。广告入口为缴费首页弹窗、缴费首页 banner、户号广告位和欠费页广告。
2. 活动形式为送 136 元大礼包，开通得 56 元，预存电费可得 30 元，邀请好友可得 50 元。
3. 端外推广主要集中在电力公众号、线下营业厅等。
4. 杭州和宁波线下抄表员助推运营内容</td></tr>
</table>

续表

里程碑	时间	实施工作内容
第二阶段运营	8～10 月	1.8 月 1 日开始，替换活动页面 UI，去除 136 元字样，突出 56 元礼包内容。 2. 活动形式三重礼不做变动，对开通可得 56 元礼包中除 6 元电费红包之外的优惠权益进行增加，由原先 50 元天猫超市品类券，增加为多种选择，如天猫生鲜、淘票票等，增加更多权益。 3. 增加推广渠道，如自媒体矩阵、其他行业公众号推广等。 4. 原有线下抄表员在杭州和宁波进行的情况下，增加温州地区抄表员推广
第三阶段运营	11～12 月	1.11 月 1 日开始，经过和产品端优化互动，运营活动交互模型进行更新调整。 2. 提炼主题，设定智能交费三步曲，活动集中在开通业务上，将所有聚焦点、行动点都引向开通这个动作；并且弱化预存和邀请分享两重活动，将资金更大程度留在开通行为。 3. 将已下线的流量广告重新上线，增加更多流量入口，端外线下增加线下抄表员推广的权益力度刺激，从而实现线下引导线上开通的运营模式

2. 数据埋点和监控

本次活动预热、进行和收尾环节，对核心运营资源环节进行数据埋点监测与分析，以便及时发现问题、调整策略、解决问题，保证后期业务体验和运营活动的效果。

埋点监测数据详见图 5–23，分析认为：

（1）从活动页面权益选择进入产品开通渗透率平均 62.35%，无论总体流量是否增加，渗透率基本上在 60% 以上。

（2）10 月 27 日～11 月 1 日，增加户号列表活动入口后，进入到户号列表选择开通的平均渗透率 19.19%；11 月 2～4 日，平均 30.34%，上涨 11.16%，成效明显。

（3）后续页面的渗透率在 11 月 2 日有一个分水岭，转化率持平。

（4）9 天的时间，最高流失率也集中在 11 月 3 日，达到 23.67%。

时间	1027	1028	1029	1030	1031	1101	1102	1103	1104
活动汇总页	80,012	69,470	70,969	69,192	55,793	86,642	126,325	170,371	184,200
活动汇总页[领取礼包]	49,313	43,101	43.101	44,224	35,259	53,538	78,343	107,031	116,188
渗透率	61.63%	62.04%	60.66%	63.91%	63.20%	61.79%	62.02%	62.82%	63.08%
户号列表页	27361	24446	24206	28709	20013	29621	43919	66535	70239
户号列表页[去开通]	5090	4686	4652	5846	3832	5517	10626	22408	23288
渗透率	18.60%	19.17%	19.22%	20.36%	19.15%	18.63%	24.19%	33.68%	33.16%
费控-首页	5897	5405	5679	7125	4972	6553	12117	24302	25144
费控-首页[开通]	1803	1593	1923	2444	1950	1832	3176	4944	4996
渗透率	30.57%	29.47%	33.86%	34.30%	39.22%	27.96%	26.21%	20.34%	19.87%
转化率	6.59%	6.52%	7.94%	8.51%	9.74%	6.18%	7.23%	7.43%	7.11%
实际开通用户	1403	1246	1548	2069	1594	1459	2519	3774	3855
流失率	22.19%	21.78%	19.50%	15.34%	18.2%	20.36%	20.69%	23.67%	22.84%

图 5–23 埋点监测数据

3. 业务与运营的优化改进

通过对第一、二阶段客户参加活动体验业务的意见反馈、投诉，以及对运营数据的分析，为了进一步提高业务和运营活动的体验，顺利完成总体运营目标，开展专项业务需求分析及运营活动改进工作。

在优化业务与运营体验方面做了以下优化：

（1）为提高活动曝光效果，在生活缴费界面户号列表已新增活动入口，加大入口文字链接，引导客户开通智能交费。

（2）为方便用户查询参加活动的户号，提供支付宝授权根据手机号和身份证号自动查询户号，以列表形式供用户选择。

（3）用户签约后由需用户点击领取礼包改为直塞自动领取。

（4）优化自动扣款成功、失败的提示消息，让客户更容易理解、减少客户咨询、投诉。

（5）部分用户未充分理解业务参加活动，领取完奖品后希望解约，及时开通线下解约功能，同时提示用户解约后不再享受签约前的优惠，并优化签约规则补充，即提示用户开通6个月后方可解约，避免用户恶意签约、解约。

（四）效能评估

1. 运营阶段性总结分析

阶段工作完成情况详见表5-6。

表5-6　　阶段工作完成情况

阶段	跨度日期	完成情况
第一阶段	6月11日~7月31日	指标完成情况：上线活动2个月，开通达70万，预存流水2亿目标接近完成。从总结目标（开通200万，预存2亿）看，第一阶段开通数和预存数阶段性目标都顺利完成，同时预存2亿目标制定标准过低。 存在不足：活动上线后，对于智能交费概念包装不足，部分用户对于智能交费的认知不清晰，引起大量的咨询和投诉
第二阶段	8月1日~10月31日	指标完成情况：开通数量达90多万，完成合同约定90万目标，预存流水已接近10亿。第二阶段开通数量增长严重放缓，未达到预期，需要优化体验、调整策略，在第三阶段冲刺以便完成总体目标。 存在不足：考虑到投诉量，暂时关闭了缴费首页弹窗等引流入口，流量大幅下降，开通量增长缓慢，远不如第一阶段理想
第三阶段	11月1日~12月31日	指标完成情况：开通数量达120万，预存流水达13亿。开通数指标未完成，预存指标超额6.5倍完成。 存在不足：持续优化智能交费开通弹窗确认和免责弹窗，开通率一路下跌，通过埋点数据分析弹窗处流失的用户约70%，尽管后续去除了弹窗，但因为之前引流后的用户已经被过滤过一遍，所以当再次上线引流入口，作用已经并不明显了

2. 后续运营优化改进方向

（1）进行全面的阶段规划和盘点，避免一个活动贯穿至周期结束；

（2）增加更多趣味性的互动内容，注重从业务概念与理解入手进行包装；

（3）制定更加细致的执行方案，设置出现流量下降时的应急预案；

（4）提前规划每个阶段主题活动、主题 KV（主视觉海报）和主推点等；

（5）推广渠道方面需进行立体式的覆盖，将宣传的声音铺设至传统媒体及各大互联网平台；

（6）增加线下异业活动资源置换，更多地增加智能交费用户特权享受。

四、用户促活运营案例

【案例 5-4】国网浙江电力"端午大转盘"抽奖活动

2017 年 5 月 26 日，在端午佳节到来之际，为达到吸收新用户、回馈老用户的运营目的，国网浙江电力在官方微信公众号上，针对省内所有低压居民用电客户，开展了"端午大转盘"抽奖活动，壕掷 9.6 万，以华为 P10 plus 手机、kindle 电子阅读器、电费红包为奖励，开启线上抽奖游戏互动。

（一）需求分析

根据 2017 年上半年国网浙江电力微信公众号后台数据统计分析，微信服务平台已遭遇黏性焦虑。作为公司面对公众最大、最直接的服务窗口，只有拥有大量的活跃用户群体，才能真正发挥宣传、互动、引流的作用。因此，为了提高用户活跃度，结合端午传统节日策划了"端午大转盘"抽奖活动，希望引爆用户参与积极性。

（二）方案策划

1. 洞察用户需求，挖掘用户痛点

用户期望借助这个活动实现怎样的目的？用户为什么要参加这个活动？用户基于什么理由一步步操作下去。

想要用户马上行动起来，首先要提供用户需求的某种回报，满足用户"动机"，激活某些"需求""痛点"或"兴趣"。

端午大转盘设置了丰厚诱人的奖品，激活了用户"找福利"的心理动机。

2. 简化活动环节，降低参与门槛

要提高用户参与活动的发生率，一定要确保用户有足够的能力完成任务。活动流程设计上，过程可以复杂，但每个环节都要简单易行。

端午大转盘整个的活动宣传、引导过程中，向用户传递了"活动参与起来其实很容易""很轻松就可以完成""但回报是非常丰厚的"等信息。

在活动 H5 的设计上，也尽可能简单粗暴，仅包含转盘游戏和活动规则两个主页面。参与门槛设置得越低，越容易引爆用户的参与积极性。

同时，活动结合端午的节日特色，在设计中创意性引入手绘风格的粽子、龙舟等传统文化元素，制造不经意的小惊喜，有儿时过节的怀旧味道，增加了活动的趣味性，用户也愿意玩并分享。

3. 刺激用户分享，形成社交裂变

活动上线后，利用获利来刺激用户参与活动并将 H5 链接分享给好友或者转发至朋友圈，利用其社交链触达到更多人。

活动策划简案详见表 5–7 所示。

表 5–7　　活动策划简案

<table>
<tr><td>活动主题</td><td colspan="5">“端午大转盘”抽奖活动</td></tr>
<tr><td>活动目的</td><td colspan="5">1. 纳新，纳新之余通过活动奖励刺激僵尸粉，提高客户活跃度。
2. 在节日之际回馈新老用户。
3. 提升 WCI（微信传播指数）</td></tr>
<tr><td>活动对象</td><td colspan="5">浙江地区关注微信公众号的居民客户</td></tr>
<tr><td>活动形式</td><td colspan="5">在端午节期间，对所有关注微信公众号号的用户在微信公众号上进行大转盘抽奖活动。
线上加强宣传扩散活动推文的传播面和影响力；线下在各个网点营业厅窗口放置省公司统一设计的活动宣传资料，各单位自行安排印刷，积极引导协助客户参与线上活动</td></tr>
<tr><td>宣传策略</td><td colspan="5">预热：5 月 19 日推送一期推文作为活动造势
正式上线：端午节（包含端午节的一周：5 月 26 日 ~ 6 月 1 日）</td></tr>
<tr><td rowspan="10">运营预算</td><td>奖项</td><td>奖品</td><td>金额（元）</td><td>数量</td><td>合计（元）</td></tr>
<tr><td>惊喜奖</td><td>手机（华为 P10 Plus）</td><td>5000</td><td>5</td><td>25000</td></tr>
<tr><td>特等奖</td><td>kindle 电子阅读器</td><td>600</td><td>10</td><td>6000</td></tr>
<tr><td>一等奖</td><td>100 元电费</td><td>100</td><td>200</td><td>20000</td></tr>
<tr><td>二等奖</td><td>50 元电费</td><td>50</td><td>500</td><td>25000</td></tr>
<tr><td>三等奖</td><td>10 元电费</td><td>10</td><td>2000</td><td>20000</td></tr>
<tr><td colspan="3">备注 1：奖品寄送快递费</td><td></td><td>300</td></tr>
<tr><td colspan="3">备注 2：各地市根据自身情况所需对宣传物料进行印刷</td><td></td><td>自行解决</td></tr>
<tr><td colspan="3">总计</td><td>2715</td><td>96300</td></tr>
<tr><td colspan="5"></td></tr>
<tr><td>风险评估</td><td colspan="5">1. 参加活动用户多过、高并发造成性能瓶颈，影响活动稳定与体验。
2. 用户填写联系信息错误，影响兑奖与奖品发放</td></tr>
</table>

（三）筹备实施

活动时间为 5 月 26 日 ~ 6 月 1 日，面向浙江省所有低压居民用电客户。未关注公众号的用户，依照系统提示关注后才可进入游戏界面，公众号关注用户可直接进入游戏界面。

活动期间每位客户每天有三次转盘机会，中奖后不再进入游戏页面，直接进到中奖结果页面。中奖后跳转进入奖品页面，用户根据页面要求填写个人信息；每个微信号的个人信息只可提交一次，一经提交无法更改，若因提交信息有误不能领奖，奖品不再补发。

电力红包在活动结束后的 3 ~ 5 个工作日，直接充值至用户提交的户号对应的电费账户中。实物奖品在活动结束后的 3 ~ 5 个工作日内与中奖用户取得联系，并以快递形式寄送至用户手中。

活动流程如下：

第一阶段：活动预热（5 月 19～25 日）。线上公众号推文预告，国网浙江电力官方微信公众号发文预告，端午期间将开展大转盘抽奖活动，重点凸出奖品的价值，吸引用户关注；营业厅、各地市（县）渠道运营等线下渠道在各网点营业厅窗口放置省公司统一设计的活动宣传海报，积极引导协助客户参与线上活动。

第二阶段：活动正式上线（5 月 26 日～6 月 1 日）5 月 26 日 0:00。"端午大转盘"创意 H5 正式上线，将微信公众号推文底部"阅读原文"作为活动的入口，主动推送给用户；同一时间，通过微信公众号营业厅顶部 banner 页对活动同步进行发布。

第三阶段：活动结束后（6 月 2～8 日）。奖品发放：虚拟奖品，运营人员将抽中电费的中奖用户清单提交给技术支持，以后台充值形式直接将对应金额充值至用户指定电费账户；实物奖品，运营人员根据用户所填写的信息对中奖用户进行信息确认，将实物奖品以快递形式寄送至指定地址。

（四）效能评估

端午大转盘活动期间，用户分享率整体处于较高比率，上线第二天的分享率达到峰值 2.10%，环比增长超过 100%。说明活动用户整体的分享意愿较高，活动传播效果较好。活动期间总分享次数为 6116 次，总运营成本为 9.6 万元，单位用户获取成本为 12 元 / 人，单位分享次数成本为 16 元 / 次，相较于同类型活动运营效能良好。

活动上线后一周内，头条推文和 H5 页面在微信平台上获得超 30 万次线上曝光。活动参与人数共计 8 万人，推文分享次数共计 6116 次，推文期间用户流失率 3%～9%（远低于活动前一周的最高值 24.98%），成功达到刺激用户互动、增加用户黏性、降低用户流失三个目的。

1. 活动整体转化情况

活动整体转化情况分析详见图 5–24。

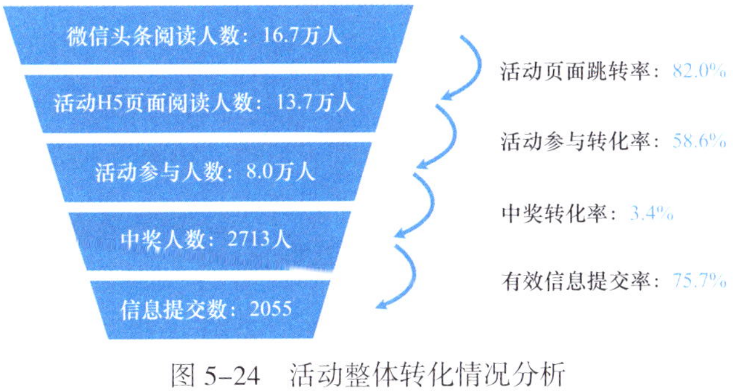

图 5–24　活动整体转化情况分析

2. 推文阅读情况

活动推文及 H5 页面每日阅读量统计详见图 5–25。端午活动期间，公众号推文阅读量达 19.6 万。

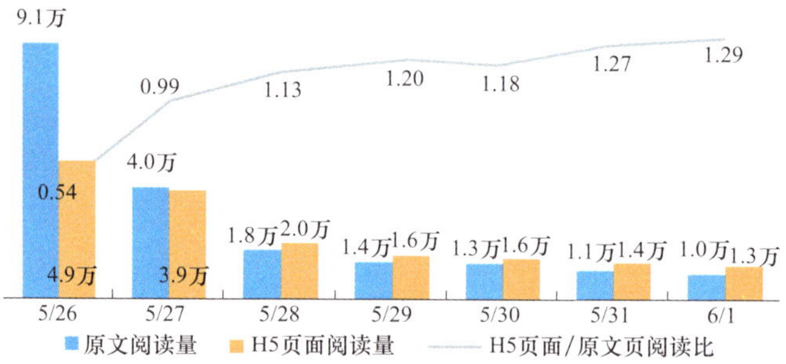

图 5–25 活动推文及 H5 页面每日阅读量统计

活动推广及 H5 页面每日阅读人数统计详见图 5–26。活动期间，公众号推文阅读人数达 16.7 万。

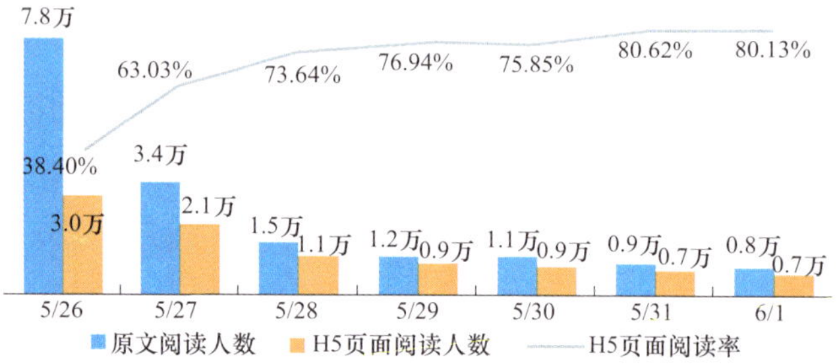

图 5–26 活动推广及 H5 页面每日阅读人数统计

3. 活动参与情况

活动参与人数情况统计请详见 5–27。活动期间，活动 H5 页面阅读人数达 13.7 万，参与活动人数达 79921 人，总参与率为 58.55%。

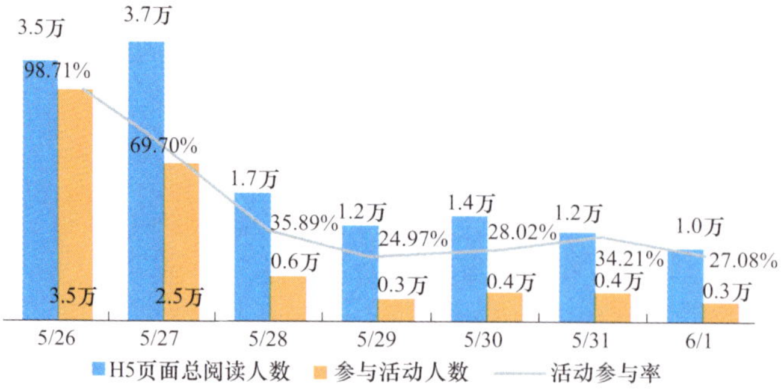

图 5–27 活动参与人数情况统计

活动中奖总人数 2713 人，整个活动期间，参与活动人数自第三日开始骤减，中奖率反而呈逐步上升趋势。活动中奖情况统计详见图 5–28。

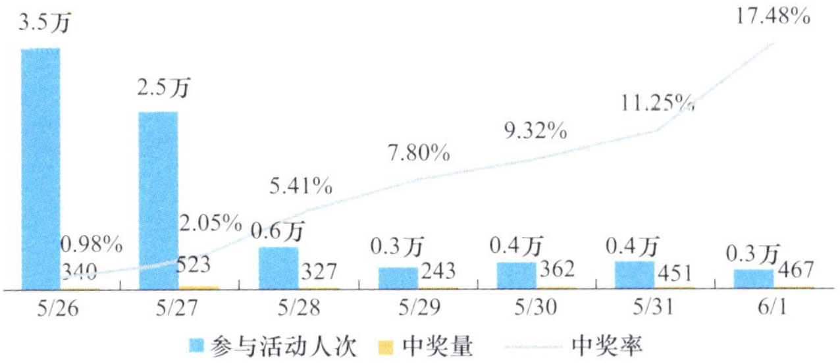

图 5-28　活动中奖情况统计

充值卡奖品每日中奖情况统计详见图 5-29。整体上看，一、二等奖数量都呈下降趋势，而三等奖抽中数量呈上升趋势。

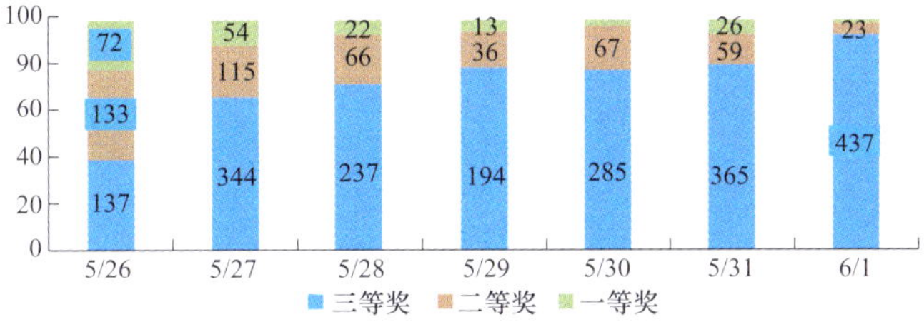

图 5-29　充值卡奖品每日中奖情况统计

实物奖品每日中奖情况统计详见图 5-30，整个活动期间实物类奖品抽中情况整体分布比较平均。

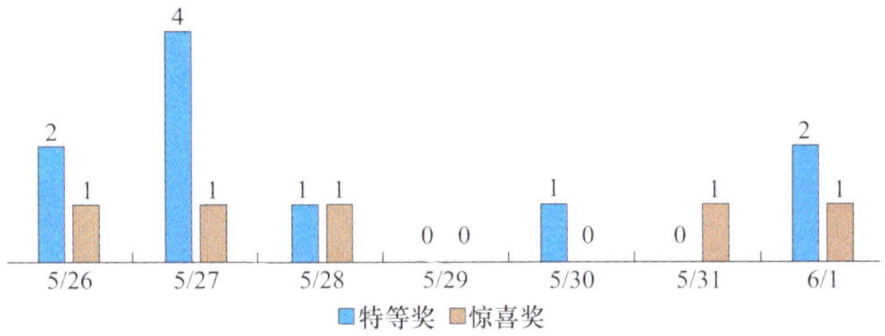

图 5-30　实物奖品每日中奖情况统计

4. 存在问题

（1）活动初期缺乏具体的、可量化的预期目标，导致后期分析中无法对活动结果好坏做有效比对。

（2）部分数据口径不统一，如按各图文页汇总的阅读总数与按日期汇总的阅读总数不对应。

（3）之前缺少相似活动，导致活动的分析结果很难进行优劣对比。

5. 优化改进方向

（1）增加活动合作，丰富用户渠道来源，加强微信分享的“病毒式”营销、口碑传播能力。

（2）活动期间往往前两天用户活跃度、分享力度较大，但之后用户热度迅速下降。后期活动运营中，可以在活动期间将图文页多次、少量推送，以保持用户关注度，延长用户热度衰减周期。

（3）用户数增加与用户分享存在一定的时差，活动期间的拉新力度一直呈现上扬趋势，直到第 7 天也未出现趋势下降的态势，说明活动的拉新周期不止一周，因此之后的活动可以分阶段开展，以增加活动周期，如活动预告－开展活动 1－开展活动 2－活动结束与奖励发放。

（4）新用户关注往往受到其他用户获取奖励后分享的刺激，因此在奖励投放上，可以适当在前期投放更多的奖励（即增加抽奖次数、中奖率等），后期减少奖励的投放。

（5）活动结束后，会出现一波用户流失高峰，如何运营活动末期的内容也是值得注意的重要一环。

五、服务宣传运营案例

【案例 5–5】2018 年年度账单活动。

2018 年国网浙江电力策划开展了年度账单活动，培养用户线上办电、查询、交费习惯，科普峰谷电知识，提高峰谷电办理户数，在冬季用电高峰来临之际缓解社会整体用电压力。同时，国网浙江电力实现了各电子渠道业务互通，提升电力客户服务体验，增加客户黏性与传播认同度，提高客户活跃度和公众号知名度，优化品牌，实现公司电子渠道的全方位推广。

在服务宣传运营方面，抓住具有时效性的社会热点话题——年度账单，通过电力消费的分析与包装，以回忆引发客户情感共鸣，以电力消费与生活结合达成客户自我实现，并激发客户“晒”、炫耀、比拼心理，被客户认可，打造出热点、群体效应，有效提高了服务渠道、服务品牌的曝光度、知名度，扩大了客户对服务渠道、服务品牌的感知和认同，提升了品牌的影响力。

（一）需求分析

自 2013 年支付宝发布全民年度对账单起，年度账单已成为年末岁尾大家津津乐道的话题，众多热门 App 也每年策划发布自己的年度账单，以用户使用偏好、消费等数据为核心，配以回忆、唤醒情感的精美插画，通过生动的动画或平面效果和优美的背景音乐，为用户生成个性账单、画像或名片等，激发鼓励客户分享、晒账单。电力消费也具有固定的周期性，为了结合社会行业热点吸引、鼓励客户关心用电消费习惯、关心线上供电服务，增强线上渠道客户的活跃度和黏性，同时吸引更多线下用户向线上用户迁移，可以策划供电服务的年度账单活动。

（二）方案策划

1. 活动方案总体概述

活动形式：在 1 月 25 日推文中，推送此次活动。

活动时间：1 月 25 日 ~ 2 月 19 日。

目标客户：浙江省低压用电用户。

2. 活动设计

设计年度账单 H5 画中画形式动态页面，用户输入户号密码后，查看自家过去一年的用电信息及是否已开通峰谷电，提供用电建议。查看完账单后，可参与刮卡抽奖。

3. 活动入口

推文底部“阅读全文”链接进入；营业厅顶部 banner 页进入；通过用户分享至朋友圈的链接进入。

4. 活动逻辑流程

活动逻辑流程如图 5–31 所示。

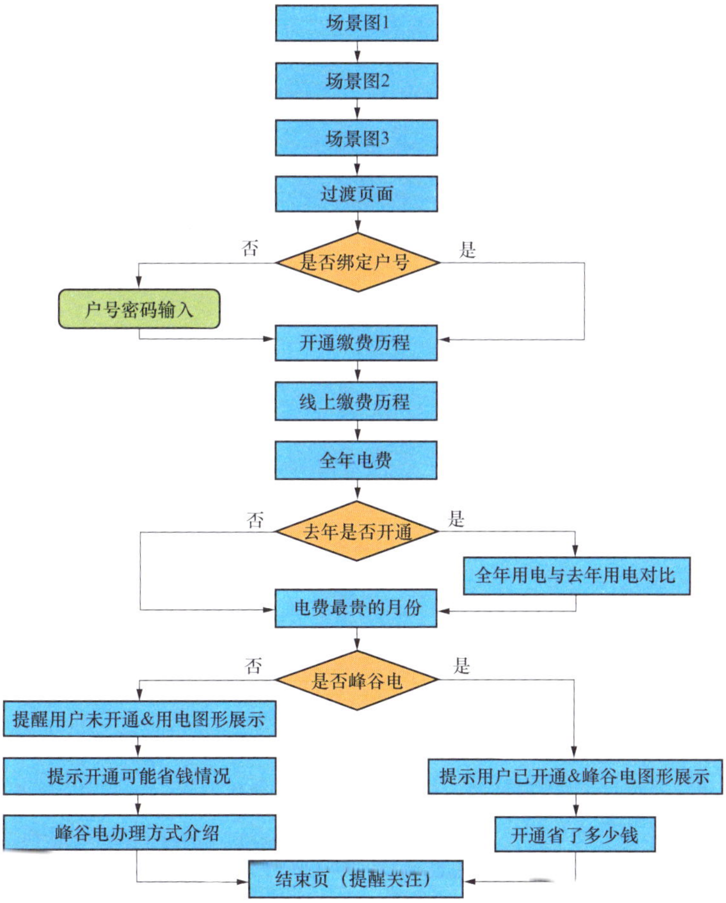

图 5–31　活动逻辑流程

5. 异常处理

（1）户号密码输入页，验证失败的处理；

（2）无法获取该用户的用电信息处理。

（3）H5 页面——画中画效果及所需技术支撑。

6. 页面设计样式

（1）页面设计一：年度账单活动开场页面详见图 5-32。

图 5-32　年度账单活动开场页面——我的生活用电场景

（2）页面设计二：年度账单活动过渡页设计详见图 5-33。

图 5-33　H5 页面过渡页设计

技术支撑：点击“立即查看”出弹窗“是否同意获取您的用电信息？”，点“是”进入下一页；点“否”停留在当前页。

（3）页面设计三：年度账单活动登录页设计详见5-34。

图5-34 年度账单活动登录页

1）技术支撑需求。

a）接入用户数据库，分两种情况：

①若为已绑定户号用户：默认显示当前户号，并设置下拉框，方便用户切换至其他已绑定户号；选择好户号后点击“立即查看”跳转至下一页用电分析；若想查看其他未绑定户号，则点击“查看其他户号”，跳转至未绑定户号密码输入页。

②若为未绑定户号用户：点击“查看其他户号”跳转至未绑定户号查询页。

b）需根据用户输入的户号密码信息，判断该户号是否为浙江低压居民用电用户，户号密码是否匹配，能否获取到其峰谷电数据。

2）异常情况处理。

a）户号密码验证失败。当用户输入非浙江户号，或户号密码不匹配，点击“查看”按钮时，弹窗提示“户号或密码不正确，请重新输入”。

b）无法获取该户号的用电信息。用户点击“查看”按钮时，弹窗提示“暂时无法获取该户号用电信息，您可以尝试切换其他户号进行查看”。

c）忘记密码。用户点击“忘记密码”按钮时，弹窗提示：使用身份证后六位尝试初始密码；拨打95598自助服务进行密码重置。

（4）页面设计四：用户个人交费与全年用电详见图5-35。

图 5-35　用户个人交费与全年用电

技术支撑需求：接入用户数据库，2018 年交费次数、第一次交费的时间，距今的天数；交费的形式（营业厅、银行批扣、支付宝、“电 e 宝”、电子托收、银联、“掌上电力” App、手工托收、95598 网站）。

（5）页面设计五：2018 年与 2017 年全年用电数对比详见图 5-36。

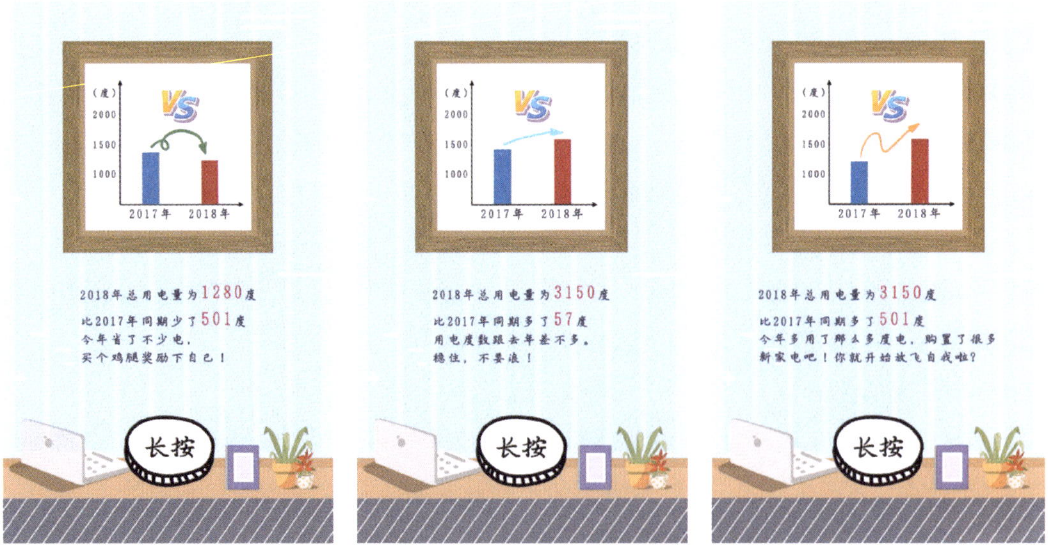

图 5-36　2018 年与 2017 年全年用电数对比

技术支撑需求：接入用户数据库，全年用电电费数与去年的对比，分三种情况：

1）2018 年用电数比 2017 年多 500 度以上：今年多用了那么多度电，购置了很多新家电吧！你是不是放飞自我啦？

2）2018 年用电数比 2017 年相差 500 度以内：用电度数跟去年差不多。稳住，不要浪！

3）2018 年用电数比 2017 年少 500 度以上：今年省了不少电，买个鸡腿奖励下自己！

（6）页面设计六：电费最贵的月份详见图 5–37。

图 5–37 电费最贵的月份

技术支撑需求：接入用户数据库，显示每月平均用电量、用电量最多、最少的月份。

（7）页面设计七：阶梯电价盘点详见图 5–38。

图 5–38 阶梯电价盘点

技术支撑需求：接入用户数据库，根据不同用户用电情况，呈现相应用电档数及用电提醒，分三种情况：

1）第一档：您家 2018 年用电量 × 度，处于第一档，习惯良好，继续保持哦！

2）第二档：您家 2018 年用电量 × 度，处于第二档，节约用电，再接再厉哦！

3）第三档：您家 2018 年用电量 × 度，处于第三档，用电量大，来年再省吧！

（8）页面设计八：峰谷电用电情况详见图 5-39。

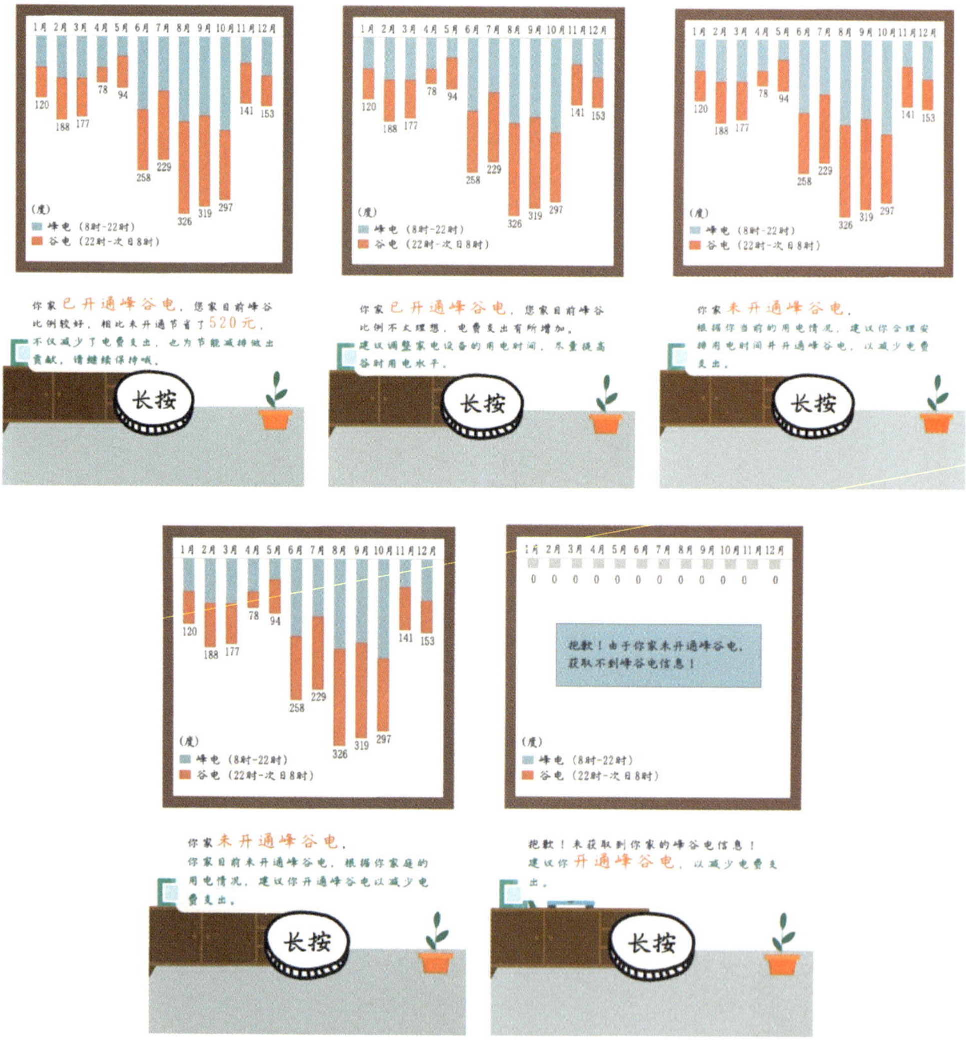

图 5-39　峰谷电用电情况

技术支撑需求：根据不同用户用电信息，呈现相应的已开通或未开通的图表及分析说明，分为以下五种情况：

1）已开通峰谷电，且谷电比例大于 11%（开通省钱）；

2）已开通峰谷电，且谷电占比小于 11%（开通不省钱）；

3）未开通峰谷电，但能获取到峰谷电信息，且谷电比例大于 11%（未开通，开通省钱）；

4）未开通峰谷电，但能获取到峰谷电信息，且谷电占比小于 11%（未开通，开通不省钱）；

5）未开通峰谷电，且获取不到峰谷电信息。

（9）页面设计九：2018 年账单总结页详见图 5-40。

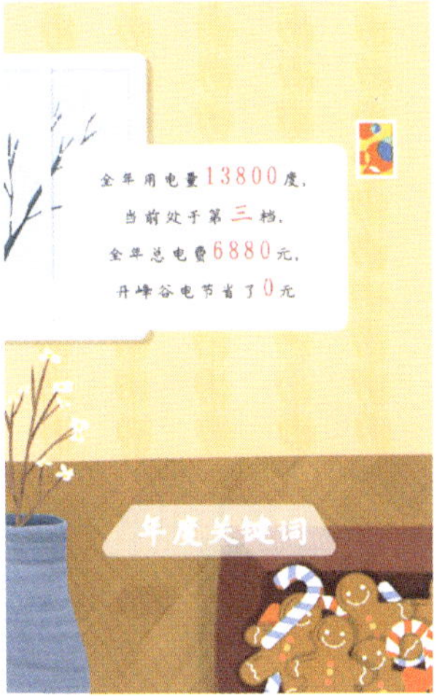

图 5-40 2018 年账单总结页

技术支撑：获取用户用电信息；点击“年度关键词”跳转下一页。

（10）页面设计十：年度账单总结页详见图 5-41。

图 5-41 年度账单总结页

技术支撑需求：根据不同用电量显示不同用户标签（关键词）及话术。关键词显示分为七种情况，见表 5-8。

表 5–8　关键词显示情况

用电度数	副文案	用户关键词
0 ~ 920	打败用户数 5%	我行我素 人家都用电，就你皮，用爱发电。
921 ~ 1840	打败 10% 用户数	发光体 自己肯定是个发光体，才能这么省电吧！
1841 ~ 2760	打败 30% 用户数	福气满满 天生自带福气的你，肯定会越来越幸运哒。
2761 ~ 3440	打败数 50% 用户数	电力十足 新的一年，你必将火力全开，创造新的人生！
3441 ~ 4120	打败 70% 用户数	光芒万丈 用了那么多电，终有一天，你将光芒万丈！
4121 ~ 4800	打败 90% 用户数	风驰电掣 我用电的速度，你别想跟我比，会受伤。
4800 度以上	打败 95%	壕 壕就一个字，我只说一次！

（11）页面设计十一：活动抽奖页详见图 5–42。

用户进入活动抽奖页分两种情况：

1）第一次进入刮奖：刮奖区“点我刮奖”开始刮奖，中奖后点“立即领奖”跳转至资料填写页。

2）第二次进入刮奖：提示已中奖，点击刮奖区跳转至网上国网宣传页。

图 5–42　活动抽奖页

刮刮卡规则：所有用户查看完年账单后即可参与抽奖活动。

1）此次活动人人有奖，每个户号限参与一次。

2）奖品设置：特等奖，1000 电费红包 +2000 积分，5 个；一等奖，50 元电费

红包 +2000 积分，400 个；二等奖，5 元电费红包 +2000 积分，15000 个；三等奖，2000 积分，不限。

3）奖品发放：奖品于活动结束后的 15 个工作日内陆续发放。所获赠的电费红包，将充入提交的户号中；2000 积分将发放至“掌上电力（2019 版）”App 同一户号中（200 积分兑换 1 元），用户可用积分兑换电费，也可兑换同价值商品。

（12）页面设计十二：中奖信息填写页详见图 5-43。

图 5-43　中奖信息填写页

技术支撑需求：户号栏默认显示当前户号（户号不可更改）；点击“提交”弹窗提示“资料提交成功”，点页面任意处跳转“网上国网”App 宣传页。

（13）页面设计十三：“掌上电力（2019 版）”App 宣传页详见图 5-44。

图 5-44　“掌上电力（2019 版）”App 宣传页

技术支撑需求：点击“回看账单”跳转至户号登录页；点击“立即分享”跳转至分享页。

（三）筹备实施

1. 项目实施整理计划

项目实施整理计划见表 5–9。

表 5–9 项目实施整理计划

工作事项	工作内容	开始时间	结束时间
活动方案策划	1. 方案内容策划 2. 奖品筹划 3. 期望目标、统计数据需求	2018 年 12 月 3 日	2018 年 12 月 7 日
活动页面设计	开展年度账单各页视觉、交互等设计	2018 年 12 月 10 日	2018 年 12 月 14 日
活动方案确定	给营销部介绍活动方案 活动时间点确定	2018 年 12 月 17 日	2018 年 12 月 17 日
活动开发	前后端活动开发	2018 年 12 月 18 日	2018 年 12 月 28 日
活动调试	调试活动应用	2018 年 1 月 2 日	2019 年 1 月 4 日
安全测评	应用安全测评	2018 年 12 月 14 日	2019 年 1 月 4 日
上线检修	上线检修申请	2019 年 1 月 7 日	2019 年 1 月 11 日
活动上线	进行种子用户测试、上线运维工作	2019 年 1 月 17 日	2019 年 2 月底，具体时间待定
活动总结	开展项目总结复盘工作	2019 年 3 月 4 日	2019 年 3 月 4 日

2. 物料投放

活动开始前，各地市根据自身情况所需对宣传物料进行印刷，费用自行承担。

3. 奖品采购

采购清单见表 5–10。

表 5–10 采购清单

奖项	金额	数量（个）	总额（元）
特等奖	1000 元 +2000 积分	5	5000
一等奖	50 元 +2000 积分	400	20000
二等奖	5 元 +2000 积分	15000	75000
三等奖	2000 积分	—	—
合计		15405	100000

4. 系统支撑保障

根据历史高并发情况，活动采取 4 台服务器支撑，并对活动上线后进行实时监控，随时调整带宽，以应对短时间内的高并发情况。

同时，为应对活动期间可能出现的大规模用户无法正常访问、业务数据不准确以及信息安全泄露、微信公众号系统异常或崩溃、活动业务逻辑错误等情况，专门建立了由省公司客服中心及微信公众号项目组成员、电子座席人员、信通公司技术人员、“掌上电力”技术人员组成的年度账单活动应急小组和活动情况上报渠道。在活动开始前三个工作日，应急小组各成员准备就位。

（四）效能评估

1. 总体活动成效

活动共计 49390 位用户查看了年度账单，活动参与成本为 0.99 元 / 人（实际奖品成本 / 参与活动用户数）。新增绑定用户数 16077 户，平均拉新成本为 3.06 元 / 户，平均拉新成本相对“电 e 宝”新春签到活动低 12.39 元 / 户，运营活动成效显著。

2. 活动参与情况分析

活动页面的访客数为 104948 户，其中，输入户号并完成查询账单的用户共 49390 户，活动转化率 47.1%，有效引导用户线上查阅电费电量。

访客数集中在微信推文发布的一周内，活动后期出现一定衰减趋势。从图 5–45 可以看出，活动的第一个高峰出现在第一周，主要是首篇推文带来的流量。第二周出现访问量的小高峰，是由于 2 月 1 日发布了第二篇推文，又吸引了一部分用户参与活动。由于春节来临和推文周期性衰减，第三周和第四周相对前两周参与户数趋于稳定，但活动后期整体访问量衰减明显。活动历时 4 周，从除夕开始，活动流量出现明显衰减，故以后的类似活动可适当缩短活动周期，保证活动效果，控制用户参与成本。

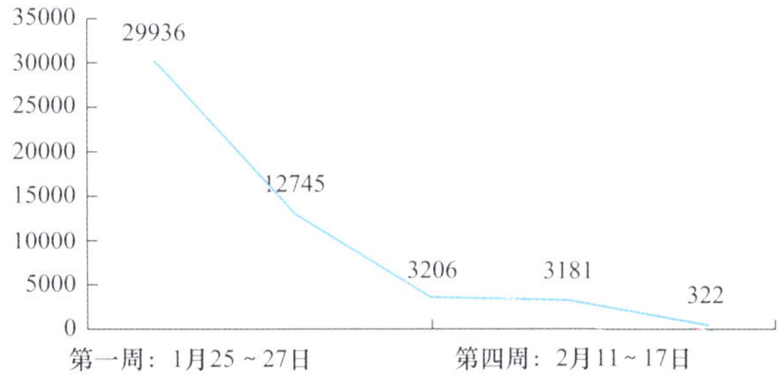

图 5–45 年度账单全省活动每天独立访客数趋势

3. 活动推广分析

活动分别于 1 月 25 日及 2 月 1 日推送“点这里，查看你的 2018 年度用电账单”和“你的 2018 年度用电账单已送达！请查收”两篇推文。活动期间，两篇推文阅读数共 352610 次，点赞数 8601 次。有效推广年度账单活动的同时，也增加了微信服务号的推广情况。活动期间微信服务号平台新增绑定户号 16077 个，环比增加 38.9%；共新增关注 25036 人，环比下降 31%。活动对激励用户绑定户号效果明显，但存在由于无法参与活动、活动参与步骤繁琐、活动页面卡顿等问题导致的用户流失现象。在第一期、第二期推文发布后三日新增关注户及绑定用户数呈递增趋势，但2月4～10日春节假期期间，用户对办理业务的意愿下降，新增绑定数处于谷值，年后又逐渐递增，故对于办电业务的活动推广建议避开节假日。微信公众号新关注、新增绑定户号数环比见图5–46。

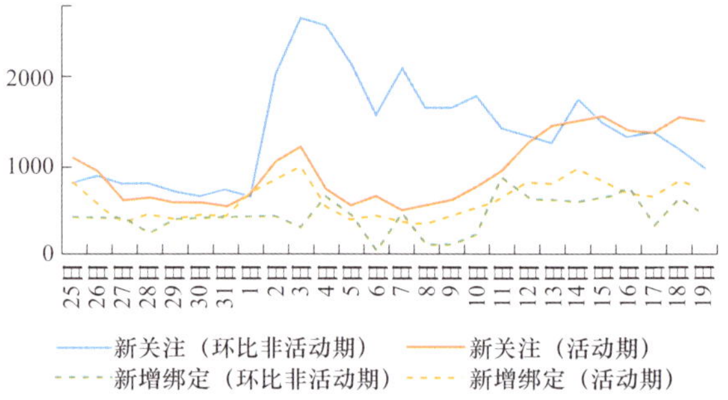

图5–46 微信公众号新关注、新增绑定户号数环比

4.“掌上电力（2019版）”App引流情况

通过扫描2018年度账单活动页面中“掌上电力（2019版）”App二维码引流共计14762次，占参与活动用户总数的29.9%。

5. 用户反馈情况

活动两次推文共收到微信公众号后台留言548条，第一期推文收到留言274条，第二期推文收到留言276条，均已及时解决客户疑问。留言内容主要包括咨询积分及奖品发放情况、咨询户号和密码、对年度账单数据表示怀疑、无法打开页面、表示对活动的支持。

活动期间，电子座席共收到相关问题的工单8个，其中年度账单数据异常2个、老款手机不兼容导致页面下载不了4个、输入户号后页面卡顿1个、积分未到账1个，均已及时解决。

“掌上电力（2019版）”App收到相关问题工单7个，均是积分发放类问题，均已及时解决，完成闭环。

6. 活动存在问题及改进措施

（1）活动形式和内容立意不够新颖。活动的活动推文日均阅读量较2017年度账单活动下降11%，活动链接的转发次数为25025，公众号推文的转发次数为768，相对较低，缺少自发式传播。虽然对活动页面做了创意性的设计，但由于活动形式和内容亮点不够，用户对互联网年度账单主题活动不再过度关注，导致推文阅读量和转发量都不够理想。在以后的活动环节设计上可以考虑融入有效的裂化方式，形成用户自发式的传播，如在完成年度账单查询进入抽奖环节时，增加转发活动多一次抽奖机会的环节，或邀请好友进行年度账单PK，看看谁使用峰谷电节约了更多的电费，以此提高用户自发转发的积极性，扩大活动的覆盖范围及影响力，让更多用户关注微信公众号。在活动内容上，联动自有渠道，联合支付宝蚂蚁森林平台，结合社会热点，如绿色公益、低碳生活，进行内容创新，吸引更多新用户参与活动，获得用户认同感，形成品牌效应，提高用户活跃度。

（2）活动宣传渠道单一，活动宣传力度有待提升。活动以微信公众号推文形式进行线上对外宣传，宣传渠道相对过于单一，宣传力度有限，参与活动的用户主要来源于微信公众号的现有粉丝及通过现有粉丝传播而新增的粉丝。在下次活动中可借助现有资源，在各地市（县）公司营业厅及“掌上电力”“电 e 宝”App 等渠道，以线上、线下相结合，多渠道联动的形式进行预热宣传，以增加活动的曝光度，提高关注用户数及户号绑定数。

（3）活动参与体验有待提升。活动访问用户共 104948 人次，但实际参与活动的用户数仅 49390 人次，在进行“输入户号－输入密码－查询年度账单”步骤上，用户转化率仅 47.06%。活动虽然在活动页面及过程中提示了查询户号及密码的方式，但依然有较多用户因无法获知户号和密码而放弃参与活动，特别是密码的获取渠道单一且操作繁琐，提高了参与活动的门槛，用户体验不佳。近两年，为吸引更多用户参与，互联网线上活动的操作越来越简单化，微信公众号及其他自有渠道的活动可以统一考虑调整用户信息的认证方式，使得类似活动操作简单化，提升用户体验。

（4）丰富电力积分应用场景。从活动期间用户反馈来看，绝大部分用户对电力积分不了解，大部分用户不懂如何获得电力积分。在用户在自有渠道上发生电力缴费等一些行为时，会产生相应的电力积分奖励，但这些电力积分都在营销系统里，只有用户使用“掌上电力”“电 e 宝”App 查询积分时，才能触发积分转化请求，用户绑定的户号在营销系统里的积分才能转化到用户“掌上电力”“电 e 宝”App 账户上。而且，电力积分的获取有专门规则，不是所有绑定该户号的用户均能获取该户号里的所有积分，用户对积分获取规则不了解，无法获取绑定户号所有积分，大部分用户的积分依然在营销系统里，没有被触发转化使用。在后续微信运营工作中，要继续加强电力积分的科普，活动设计上多与电力积分挂钩，促进用户对电力积分的使用，增强用户与各电子渠道的联系，有助于品牌的建立。

参 考 文 献

[1] 卢辉. 数据挖掘与数据化运营实战：思路、方法、技巧与应用. 北京：机械工业出版社，2013.

[2] 刘楠，胡皓. 互联网创业原创精品－互联网创业密码. 北京：电子工业出版社，2014.

[3] 张亮. 从零开始做运营. 北京：中信出版社，2015.

[4] 范冰. 增长黑客. 北京：电子工业出版社，2015.

[5] 米尔顿（美）. 深入浅出数据分析. 北京：电子工业出版社，2010.

[6] 黄有璨. 运营之光 2.0. 北京：电子工业出版社，2017.

[7] 李少加. 进化式运营. 北京：电子工业出版社，2016.

[8] 黄成明. 数据化管理. 北京：电子工业出版社，2014.

[9] 周鸿祎. 周鸿祎自述：我的互联网方法论. 北京：中信出版社，2014.

[10] 李善友. 颠覆式创新：移动互联网时代的生存法则. 北京：机械工业出版社，2014.

[11] 黎万强. 参与感：小米口碑营销内部手册. 北京：中信出版社，2014.

[12] 涂子沛. 数据之巅：大数据革命. 北京：中信出版社，2014.

[13] 徐志斌. 社交红利（修订升级版）. 北京：北京联合出版公司，2014.

[14] Dave Gray Thomas Vander Wal（美），张玳. 互联网思维的企业. 北京：人民邮电出版社，2014.

[15] Nick Bilton，欧常智，张宇，等. 孵化 Twitter：从蛮荒到 IPO 的狂野旅程. 杭州：浙江人民出版社，2014.